제2판

R과 SAS를 이용한

생존분석

김양진 지음

자유아카데미

머리말

생존분석(survival analysis)은 사건사 분석(event history analysis)이라는 명명이 더 어울리는 분야인 것 같다. 생존분석 또는 실패 시간 분석(failure time analysis)의 역사는 1900년 초기 공학계열에서 기계 부품의 수명 분석, 보험학에서 사망자 수와 사고 건수에 대한 분석으로부터 시작되었다. 1980년경 위대한 통계학자인 Cox가 제안한 비례위험모형 덕분에 생존분석의 적용 범위는 다양해졌으며 이후 비례위험가정 위배 시 적용될 수 있는 다이내믹 모형이 개발되었다. 또한 Counting process와 Empirical process의 적용을 통해 추정량과 검정 통계량의 이론적 성질을 규명할 수 있게 되었다.

이 책은 생존분석의 이론을 설명하기보다 다양한 생존분석이 적용되는 자료와 분석 방법론을 소개한다. 예를 들어 일반적인 우중도절단자료(right censored data) 이외에 좌절삭(left truncation), 구간중도절단(interval censored) 등 다양한 종류의 일변량 생존자료뿐만 아니라 군집생존자료, 재발사건자료, 경쟁위험모형 자료 등 다변량 생존자료에 대해서도 논의한다. 이 책에서는 실제 적용 예를 위해 여러 통계 패키지 중 R 프로그램을 사용한다. R은 free package라는 절대적인 장점 덕분에 사용자가 급속히 확산되고 있으며 전 세계 학자들이 제안한 방법론을 패키지로 업데이트한다는 점에서 굉장히 매력적이다. 하지만 금융과 의약학에서는 여전히 SAS 프로그램을 사용하고 있으므로 SAS 프로그램과 결과를 부록에 더하였다.

이 책에서 다루어질 내용은 다음과 같다. 우선 초보자를 위해 0장에서는 R 프로그램의 사용 방법을 간략하게 공부한다. 이 단계에서 범주형 자료를 이용하여 자료의 입 · 출력과 처리 방법을 익히고 로지스틱 회귀분석을 복습한다. 1장에서는 생존분석의 개념을 요약해서 설명하고, 생존분석 자료에서 자주 다루는 여러 가지 유형의 중도절단자료 형태와 다변량 생존자료의 실제 예, 그리고 각 자료의 특성을 소개한다. 2장과 4장에서는 생존분석 자료의 분포를 추정하기 위한 모수적 방법과 비모수적 방법 그리고 여러 가지 통계량들을 공부한다. 3장에서는 두 모집단의 비교를 위해 사용되는 방법들을 설명한다. 4~5장에서는 회귀분석, 즉 생존시간과 관련된 유의한 공변량을 찾기 위한 모수적, 준모수적 방법이 각각 소개된다. 비례위험모형(proportional hazard model)과 비례 오즈 모형에 대한 설명과 적용이 이 장에서 익힐 내용 중 하나이다. 6장에서는 프레일티 모형을 설명하며 이 모형의 적용 예로 군집생존자료(clustered survival data)를 분석한다. 7~8장에서는 여러 가지 유형의 다변량 생존자료에 대해 논의한다. 이 장을 통해 재발사건자료(recurrent event data), 경쟁위험모형(competing risk model), 다상태 모형(multi-state model)의 특징과 그 분석 방법을 공부할 수 있을 것이다. 9장에서는 기계학습에서 자주 사용되는 Lasso 기법과 tree 기법을 생존자료에 적용하는 방법을 간단하게 공부한다. 10장에서는 치유율 모형과 결합 모형 등 두 개 이상의 모형 결합 형태를 공부한다.

해가 거듭될수록 인공지능에 대한 관심이 커지고 있다. 이에 따라 강의실에서 만나는 통계학 전공 학생들은 통계학의 역할과 그 적용 범위에 호기심을 갖는 동시에 동요를 겪고 있는 것으로 보인다. 자료의 수집 과정과 분석에서 만나는 다양한 종류의 불완전한 자료 형태를 정확하게 파악하고 적합한 모형을 적용하며 올바른 해석을 하는 것이 데이터 분석가의 기본이다. 예측 모형의 구축과 평가는 이를 기반으로 하여야 이루어질 수 있다. 빅데이터는 통계학 발전의 기회이니 이를 잘 활용할 필요가 있으며 생존분석학에서도 관련된 연구가 활발하게 진행되고 있다. 이 책이 이러한 흐름을 따라가는 데 도움이 되기를 바란다.

좋은 책을 위해 최선을 다했지만 미흡한 부분이 있을 수 있다. 출간 후에 나올 수 있는 수정 사항 등은 자유아카데미 홈페이지(www.freeaca.com) 자료실에 제공할 예정이니 참고하기를 바란다. 마지막으로 이 책을 집필할 때 SAS 프로그램 작성에 큰 도움을 준 숙명여자대학교 통계학과 석사 과정생 정은정과 김나은에게 고마움을 전한다. 청파 언덕에 내리는 하얀 눈을 보며 한 해를 마무리한다.

2023년 2월

저자 김양진

목차

CHAPTER

00

R 프로그램 소개

이 장에서는 R에 익숙하지 않은 초보자들을 위해 R 프로그램의 간단한 사용법과 자주 사용되는 기본적 통계분석방법을 소개하고자 한다. R은 매우 다양한 통계분석방법과 통계 그래픽 방법을 제공해 주며, 기존에 내장된 함수를 이용하여 사용자가 직접 새로운 함수를 작성할 수 있다. Rstudio의 보급으로 인해 프로그램 편집 시 오류를 줄일 수 있으며 그래프와 관련된 패키지를 손쉽게 업데이트할 수 있게 되었다. R의 가장 큰 매력은 전 세계 통계학자들과 데이터 분석가들에 의해 개발된 최신 통계기법이 매일매일 업데이트된다는 것이다. 기존에 사용되고 있던 통계 패키지도 새로운 명령문이 더해져 더 많은 분석기법을 제공할 수 있으며, 최근에 발표된 논문에 의해 소개된 최신 통계 방법도 몇 개월 이내에 관련 패키지를 다운로드 받음으로써 실제 자료분석에 적용할 수 있다.

0.1 자료의 입력

자료는 크게 두 가지로 분류할 수 있다.

1. 프로그램에 의해서 포맷된 자료(SAS, SPSS, EXCEL)
2. 일반적인 텍스터 에디터로 작성된 자료(.txt, .out, .dat)

자료를 읽을 때, 다음의 세 가지를 명심해야 한다.

① 각 변수들은 어떻게 구분되는가?

② 결측치는 어떻게 처리되는가?

③ 변수명이 읽어 들일 파일에 포함되어 있는가?

예를 들어 c:₩에 있는 fem.dat라는 파일을 읽으려 한다고 하자.

```
> fem<-read.table("c:₩fem.dat", header=TRUE)
```

read.table이라는 명령문을 사용하여 확장자가 dat 또는 txt인 파일을 읽어 들인다. 이때 파일에는 변수명이 포함되어 있으므로 header=TRUE를 사용한다. 또한 결측치 자료에 대해서는, 예를 들어 IQ 변수의 결측치가 −99로 코딩되어 있을 때, 이를 "NA"로 고치기 위해서는 다음의 명령문을 사용한다.

```
> fem$IQ[fem$IQ==-99]<-NA
```

만약 결측치가 점처리(".") 되었다면, 다음과 같이 사용될 수 있다.

```
> fem<-read.table("fem.dat", header=TRUE, na.strings=".")
```

read.table 명령어는 변수 간에 공백으로 분리됨을 가정한다. 만약 탭(tab)으로 분리되어 있다면, 다음의 명령문을 사용할 수 있다.

```
> fem3<-read.table("fem.dat",sep="₩t")
```

엑셀의 CSV 파일을 읽기 위해서는 read.csv 또는 read.csv2를 이용할 수 있다.

0.2 기초 사용법

이 절에서 구체적인 예를 통해 기본적인 R 사용법을 익히도록 할 것이다. 이를 위해 사용될 자료는 Epi라는 패키지에 포함된 births 자료이다. 먼저 패키지를 불러오는 과정은 다음 그림을 따르면 된다.

① 윈도우 창의 패키지

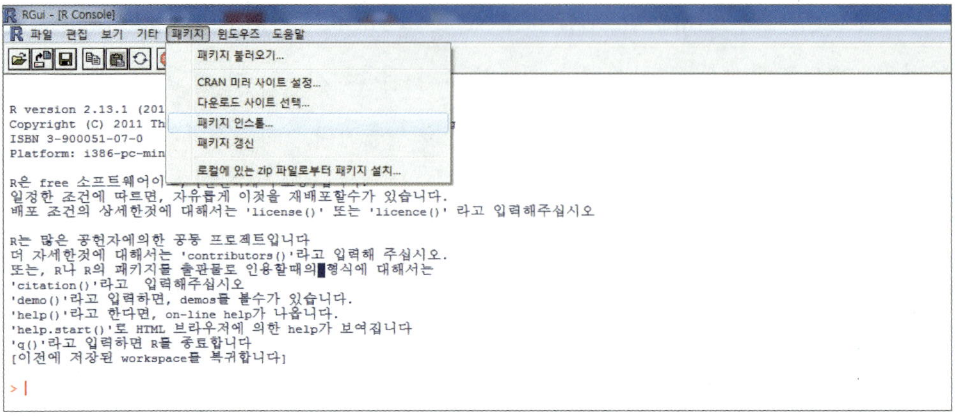

② 적절한 MIRROR 선택하기(현재 우리나라에서는 두 가지 선택이 가능, 어떤 것이든 좋음)

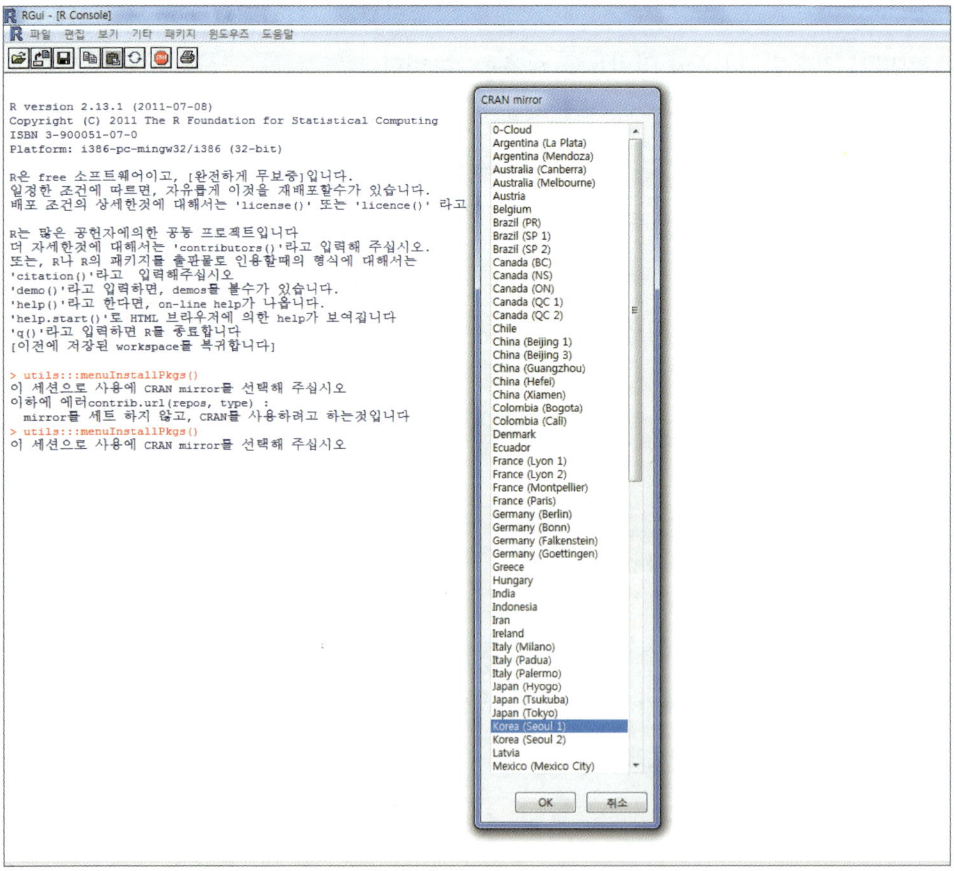

③ 필요한 패키지를 선택

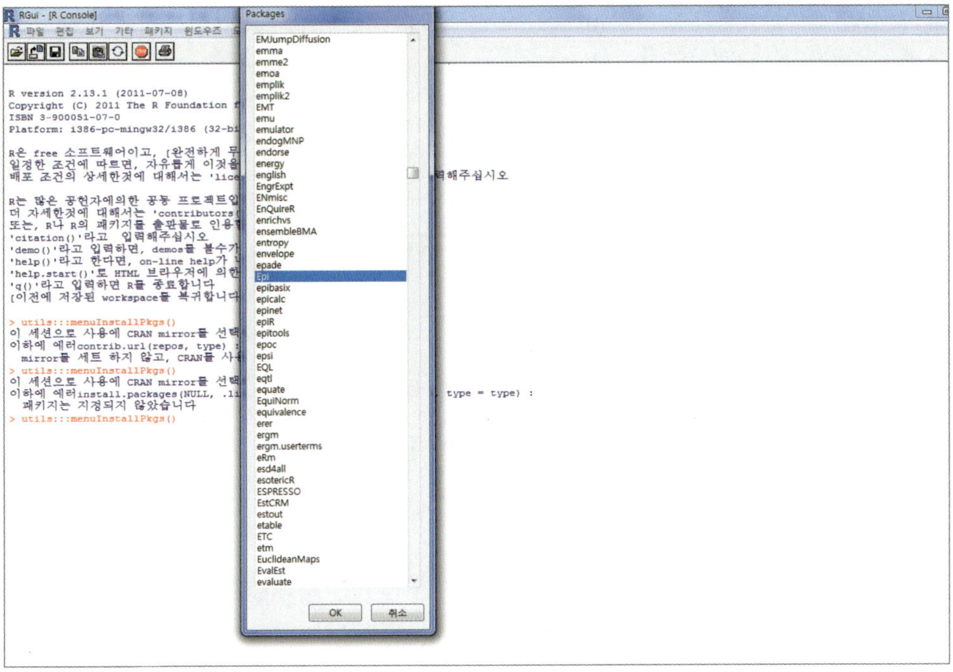

또는 패키지 설치를 위해서는 install.packages("Epi")를 사용하여 패키지의 자료와 분석함수를 사용할 수 있다.

Epi 패키지에 포함된 births 자료는 500명 산모를 대상으로 그들의 태아의 몸무게를 측정한 자료이다. 쌍둥이는 이 자료에 포함되어 있지 않다. 〉library(Epi)를 사용한 후, births 자료의 일부분을 보기 위해 〉head(births)를 사용한다. 〉names(births)는 자료의 변수명을 보여 준다.

```
> library(Epi)
> head(births)
   id  bweight  lowbw  gestwks  preterm  matage  hyp  sex
1   1  2974     0      38.52    0        34      0    2
2   2  3270     0      NA       NA       30      0    1
3   3  2620     0      38.15    0        35      0    2
4   4  3751     0      39.80    0        31      0    1
5   5  3200     0      38.89    0        33      1    1
6   6  3673     0      0.97     0        33      0    2

> names(births)
[1] "id"   "bweight" "lowbw"  "gestwks" "preterm" "matage"  "hyp"   "sex"
```

여기서 주목할 점은 id=2의 gestwks와 preterm에 대한 자료가 "NA(Not Available)"라는 것인데, 이는 결측치(missing value)를 의미한다. births 데이터는 8개의 변수를 포함하며 각 변수에 대한 자세한 설명을 보기 위해 다음과 같이 help(births)를 이용하면 별도의 윈도우 창에서 정보를 얻을 수 있다.

```
> help(births)
id:        Identity number for mother and baby.
bweight:   Birth weight of baby.
lowbw:     Indicator for birth weight less than 2500 g.
gestwks:   Gestation period.
preterm:   Indicator for gestation period less than 37 weeks.
matage:    Maternal age.
hyp:       Indicator for maternal hypertension.
sex:       Sex of baby: 1:Male, 2:Female
```

만약 자료의 일부분만 보고 싶을 때는 다음과 같은 명령문들을 사용할 수 있다.

```
> births[1,"bweight"]
[1] 2974
> births[1:4,2]
[1] 2974 3270 2620 3751
```

여기서 첫 번째 명령문은 첫 번째 산모의 태아 출생 시 몸무게("bweight")를 보여 주고, 두 번째 명령문은 첫 번째 산모부터 네 번째 산모까지의 두 번째 열(여기서는 bweight)의 자료를 보여 준다. 위 자료에서 hyp와 sex는 본래 범주형 자료이지만 R에서는 이들을 연속형 자료로 인식한다. 따라서 이들을 범주형으로 바꾸기 위해서는 다음의 factor 명령문을 사용한다.

```
> births$sex<-factor(births$sex)
```

위 명령문을 통해 sex는 범주형 자료로 다시 코딩된다. 만약 이 변수에 대해 Male, Female로 다시 코딩하기 위해서는 다음과 같은 명령문을 사용한다.

```
> births$sex<-factor(births$sex,labels=c("Male","Female"))
```

자료분석에 들어가기 전 자료의 기술 통계량을 구하기 위해 변수의 형태(연속형, 범주형)에 따라 다른 명령문이 사용된다. births 자료에서는 sex와 hyp는 범주형 자료로 table 명령문을 이용하여 빈도표를 구할 수 있다.

```
> table(births$sex)
  Male          Female
  264            236

> table(births$sex, births$hyp)
                  0     1
 Male           221    43
 Female         207    29
```

가끔 연속형 자료를 그룹화하여 범주형 자료로 변환해야 할 경우가 있다. 예를 들어 birth 자료에서 산모의 나이(matage)를 20–24, 25–29, 30–34, 35–39, 40–44로 분류하고자 할 때, cut 명령문을 사용하여 agegrp라는 새로운 변수를 만들 수 있다.

```
> births$agegrp<-cut(births$matage, breaks =c(20,25,30,35,40,45),right=FALSE)
> table(births$agegrp)

[20,25)          [25,30) [30,35) [35,40) [40,45)
  2                  68     200     194      36
```

여기서 right=FALSE란 오른쪽 경곗값을 포함하지 않음을 의미한다. 즉, [20,25), [25,30), [30,35), [35,40), [40,45)를 의미한다. 디폴트 right= TRUE가 적용된다면 (20,25]로 표현될 것이다. 기존의 변수를 이용하여 새로운 변수를 만들려면 다음을 이용할 수 있다. 예를 들어, bweight 변수에 로그를 취한 후 새로운 변수(logbw)를 births 데이터 셋에 추가할 수 있다.

```
> births$logbw<-log(births$bweight)
```

가끔 전체 자료 중 어떤 조건을 만족하는 부분 자료만을 이용하여 새로운 데이터 셋을 만들 필요가 있다.

```
> births$vlow<-births$bweight<2000
> births.low<-subset(births, vlow)
```

여기서 vlow라는 새로운 변수에 bweight가 2000보다 작은 관측에 대해 "TRUE", 2000보다 큰 관측에 대해서는 "FALSE"를 부여한다. 그런 다음 vlow가 "TRUE"인 관측만을 포함하여 birth.low라는 새로운 데이터 셋을 만든다. 또는 다음과 같은 명령문을 사용할 수도 있다.

```
> births.low<-births[births$bweight<2000,]
> head(births.low)

     id   bweight lowbw gestwks preterm matage hyp sex    agegrp  logbw    vlow
22   22   1203    1     32.80   1       39     0   Male   [35,40) 7.092574 TRUE
30   30   1780    1     40.45   0       35     0   Male   [35,40) 7.484369 TRUE
69   69   1946    1     37.89   0       33     1   Male   [30,35) 7.573531 TRUE
123  123  1663    1     35.14   1       37     1   Male   [35,40) 7.416378 TRUE
124  124  1546    1     37.85   0       34     0   Female [30,35) 7.343426 TRUE
142  142  628     1     26.95   1       32     0   Female [30,35) 6.442540 TRUE
```

0.3 범주형 자료분석

범주형 자료분석을 위해 유명한 UC Berkeley 대학의 입학 허가 자료를 이용한다. 데이터 셋 UCBAdmissions은 R에 내장된 자료이다. 먼저 3차원의 자료를 이해하기 위해 ftable 명령문을 이용한다. 이 테이블을 특정 file에 저장할 수도 있다.

```
> data(UCBAdmissions)
> ftable(UCBAdmissions)
                 Dept    A      B      C     D     E     F
Admit     Gender
Admitted    Male       512    353    120   138    53    22
          Female        89     17    202   131    94    24
Rejected    Male       313    207    205   279   138   351
          Female        19      8    391   244   299   317


> ucbflat<-ftable(UCBAdmissions)
> write.ftable(ucbflat,file="c:\\ucb.txt")
```

이 자료는 세 가지 범주[입학 허가 여부(Admit), 성별(Gender), 학과(Dept)]를 가지며 분석 목적은 입학 허가에 성차별이 있었는가이다.

```
> ucb.frame<-as.data.frame(UCBAdmissions)
      Admit    Gender   Dept   Freq
1   Admitted     Male      A    512
2   Rejected     Male      A    313
3   Admitted   Female      A     89
4   Rejected   Female      A     19
5   Admitted     Male      B    353
6   Rejected     Male      B    207
7   Admitted   Female      B     17
8   Rejected   Female      B      8
9   Admitted     Male      C    120
10  Rejected     Male      C    205
11  Admitted   Female      C    202
12  Rejected   Female      C    391
```

```
13  Admitted     Male    D   138
14  Rejected     Male    D    79
15  Admitted   Female    D   131
16  Rejected   Female    D   244
17  Admitted     Male    E    53
18  Rejected     Male    E   138
19  Admitted   Female    E    94
20  Rejected   Female    E   299
21  Admitted     Male    F    22
22  Rejected     Male    F   351
23  Admitted   Female    F    24
24  Rejected   Female    F   317
```

가장 쉽게 변수 간의 관계를 구할 방법은 xtabs 명령문을 이용하는 것이다. 먼저 3차원 표를 2차원으로 변환한다.

```
> atable<-xtabs(Freq~Gender+Admit,data=ucb.frame)

        Admit
Gender    Admitted  Rejected
  Male      1198      1493
  Female     557      1278

> pctab(atable)
        Admit
Gender    Admitted  Rejected   All      N
 Male       44.5      55.5    100.0  2691.0
 Female     30.4      69.6    100.0  1835.0
```

위 결과를 통해 남학생의 입학허가 비율이 여학생보다 더 높았다는 것을 알 수 있다(44.5 > 30.4). 통계적 추론에 근거한 독립성 검정을 위해 피어슨 카이제곱 검정을 적용하였을 때 p-value= 0.6831로 입학 허가에 대한 성별의 차이는 유의하지 않았다.

```
> chisq.test(ucb.frame$Admit, ucb.frame$Gender)

        Pearson's Chi-squared test with Yates' continuity correction

data:  ucb.frame$Admit and ucb.frame$Gender
X-squared = 0.1667, df = 1, p-value = 0.6831
```

하지만 본 자료는 학과라는 교락(confounding)변수가 존재하며, 따라서 학과를 층(strata)으로 간주하여 층 내 두 변수(입학 허가 여부와 성별) 간에 독립성을 검토해야 한다. Mantel-Haenzel 통계량이 사용되며, R에서는 "mantelhaen.test()" 명령문이 적용된다.

```
> mantelhaen.test(UCBAdmissions)

        Mantel-Haenszel chi-squared test with continuity correction

data:  UCBAdmissions
Mantel-Haenszel X-squared = 1.4269, df = 1, p-value = 0.2323
alternative hypothesis: true common odds ratio is not equal to 1
95 percent confidence interval:
 0.7719074 1.0603298
sample estimates:
common odds ratio
        0.9046968
```

위 결과에서 p-value=0.2323을 통해 학과 변수(Dept: z-변수)를 통제한 후에도 두 변수 간[성별(Gender:y-변수)과 입학 여부(Admit: x-변수)]에는 여전히 상관관계가 존재하지 않음을 알 수 있다.

남학생의 합격률이 높은 이유는 남학생 지원자가 입학 허가율이 높은 학과에 더 많이 지원했기 때문이다. 이 예제는 Simpson's paradox를 설명하기 위해 자주 인용된다. 즉, 세부 자료의 분석 결과와 통합한 자료의 분석 결과가 상반된 경우를 의미한다. 입학 허가 자료는 단과 대별로 남녀 간의 합격률을 비교하는 것이 바람직하다. 아래 결과를 통해 Dept=A에서 여성의 입학 허가율이 더 높음을 알 수 있다.

```
> ftable(round(prop.table(UCBAdmissions, c(2,3)), 2),
          row.vars="Dept", col.vars = c("Gender", "Admit"))

Gender       Male               Female
Admit        Admitted Rejected  Admitted Rejected
Dept
A            0.62     0.38      0.82     0.18
B            0.63     0.37      0.68     0.32
C            0.37     0.63      0.34     0.66
D            0.33     0.67      0.35     0.65
E            0.28     0.72      0.24     0.76
F            0.06     0.94      0.07     0.93
```

0.4 로지스틱 회귀분석

로지스틱 분석 예를 위해 태아의 저체중에 관련된 또 다른 자료를 분석한다.

189명의 산모와 태아의 자료에서 bwt가 2500(g)보다 작은 경우 low=1로 코딩된다. 산모의 인종(race), 나이(age), 흡연여부(smoke), 고혈압여부(ht), 자궁관련 질환 경험 여부(uterine irritability), 조산횟수(ptl), 병원 방문 횟수(ftv)가 공변량으로 고려된다.

```
library(MASS)
data(birthwt)
help(birthwt)
head(birthwt)

    low  age  lwt  race  smoke  ptl  ht  ui  ftv   bwt
85   0   19   182   2     0     0    0   1   0    2523
86   0   33   155   3     0     0    0   0   3    2551
87   0   20   105   1     1     0    0   0   1    2557
88   0   21   108   1     1     0    0   1   2    2594
89   0   18   107   1     1     0    0   1   0    2600
91   0   21   124   3     0     0    0   0   0    2622

> str(birthwt)
'data.frame':   189 obs. of  10 variables:
 $ low  : int  0 0 0 0 0 0 0 0 0 0 ...
 $ age  : int  19 33 20 21 18 21 22 17 29 26 ...
 $ lwt  : int  182 155 105 108 107 124 118 103 123 113 ...
 $ race : int  2 3 1 1 1 3 1 3 1 1 ...
 $ smoke: int  0 0 1 1 1 0 0 0 1 1 ...
 $ ptl  : int  0 0 0 0 0 0 0 0 0 0 ...
 $ ht   : int  0 0 0 0 0 0 0 0 0 0 ...
 $ ui   : int  1 0 0 1 1 0 0 0 0 0 ...
 $ ftv  : int  0 3 1 2 0 0 1 1 1 0 ...
 $ bwt  : int  2523 2551 2557 2594 2600 2622 2637 2637 2663 2665 .
```

여기서 race 변수는 연속형 자료로 코딩되어 있어 factor ()와 같이 범주형 자료로 변환이 필요하다. 다음의 로지스틱 회귀 모형을 적용해 보자.

```
> birthwt$racef<-factor(birthwt$race, labels=c("white","black","other"))
> fit1<-glm(low~age+lwt+racef+smoke+ptl+ht+ui+ftv, data=birthwt,
           family=binomial)
> summary(fit1)
Coefficients:
               Estimate     Std. Error    z value    Pr(>|z|)
(Intercept)    0.480623     1.196888      0.402      0.68801
age            -0.029549    0.037031      -0.798     0.42489
lwt            -0.015424    0.006919      -2.229     0.02580 *
racefblack     1.272260     0.527357      2.413      0.01584 *
racefother     0.880496     0.440778      1.998      0.04576 *
smoke          0.938846     0.402147      2.335      0.01957 *
ptl            0.543337     0.345403      1.573      0.11571
ht             1.863303     0.697533      2.671      0.00756 **
ui             0.767648     0.459318      1.671      0.09467 .
ftv            0.065302     0.172394      0.379      0.70484

(Dispersion parameter for binomial family taken to be 1)
    Null deviance: 234.67  on 188  degrees of freedom
Residual deviance: 201.28  on 179  degrees of freedom
AIC: 221.28

Number of Fisher Scoring iterations: 4
```

위 자료 분석 결과에서 유의적인 변수 선별을 위해 AIC에 기반한 후향 제거법을 적용해 본다.

```
> step(fit1)
Start:  AIC=221.28
low ~ age + lwt + racef + smoke + ptl + ht + ui + ftv

           Df    Deviance    AIC
- ftv      1     201.43      219.43
- age      1     201.93      219.93
<none>           201.28      221.28
- ptl      1     203.83      221.83
- ui       1     204.03      222.03
- racef    2     208.75      224.75
- lwt      1     206.80      224.80
- smoke    1     206.91      224.91
- ht       1     208.81      226.81

Step:  AIC=219.43
low ~ age + lwt + racef + smoke + ptl + ht + ui
```

```
                Df      Deviance    AIC
- age           1       201.99      217.99
<none>                  201.43      219.43
- ptl           1       203.95      219.95
- ui            1       204.11      220.11
- racef         2       208.77      222.77
- lwt           1       206.81      222.81
- smoke         1       206.92      222.92
- ht            1       208.81      224.81

Step:  AIC=217.99
low ~ lwt + racef + smoke + ptl + ht + ui

                Df      Deviance    AIC
<none>          201.99  217.99
- ptl           1       204.22      218.22
- ui            1       204.90      218.90
- smoke         1       207.73      221.73
- lwt           1       208.11      222.11
- racef         2       210.31      222.31
- ht            1       209.46      223.46

Coefficients:
(Intercept)  lwt       racefblack  racefother  smoke    ptl      ht       ui
-0.08655     -0.01591  1.32572     0.89708     0.93873  0.50321  1.85504  0.78570
Degrees of Freedom: 188 Total (i.e. Null);  181 Residual
Null Deviance: 234.7
Residual Deviance: 202  AIC: 218
```

위 결과를 통해 신생아의 저체중에 영향을 주는 공변량은 lwt, race, smoke, ptl, ht, ui이었다. 위 모형에 기반하여 모형의 예측력을 판단하기 위해 민감도(sensitivity; true positiveness)와 특이도(specificity;true negativeness)에 기반한 ROC 곡선과 이 곡선 아래 면적인 AUC (Area under curve) 값을 계산할 수 있다.

$\log\frac{\hat{p}_i}{1-\hat{p}_i}=\hat{\beta}x_i$ 로 계산될 때, 민감도와 특이도는 각각

$$se(c)=P(\hat{p}_i > c|y_i=1),\qquad sp(c)=P(\hat{p}_i < c|y_i=0)$$

로 정의되며 $ROC(c)=(1-sp(c),se(c))$ 를 이용하여 여러 c 값을 통해 작성된다.

이때, AUC는

$$\Pr(\hat{p_i} > \hat{p_j} | y_i = 1, y_j = 0)$$

이며 값이 클수록 고려하는 모형의 예측력이 높음을 의미한다.

아래 자료의 분석 결과 AUC=0.7462로 태아의 제시된 모형을 통해 저체중여부를 판단할 확률은 74.6%임을 알 수 있다. ROC와 AUC에 대한 자세한 설명은 9.1절에서 다루어진다.

```
> install.packages("pROC")
> library(pROC)
> roc(birthwt$low, fit1$fitted.values, plot=TRUE, col="red")
Setting levels: control = 0, case = 1
Setting direction: controls < cases
Data: fit1$fitted.values in 130 controls (birthwt$low 0) < 59 cases (birthwt$low 1).
Area under the curve: 0.7462
```

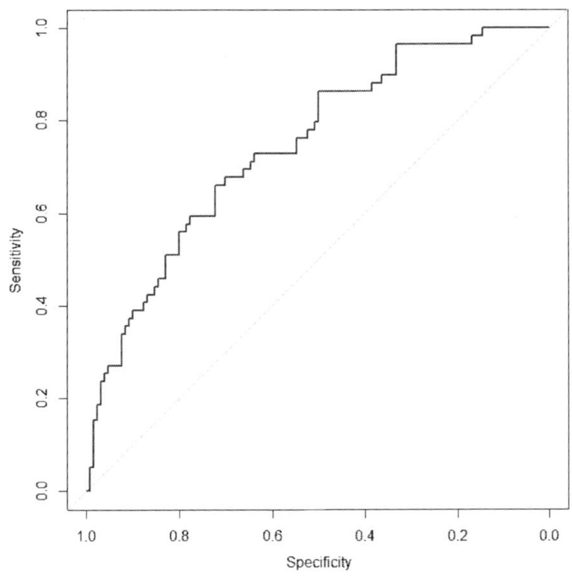

0.5 그래픽 작성

이 절에서는 R을 이용한 간단한 그래픽 작업을 소개한다. 주로 새로운 그래프를 만드는 과정, 기존의 그래프에 부가적인 선이나 글자를 삽입하는 방법 등 자료분석의 시각화를 위해 여러 가지 옵션을 익힘으로써 많은 정보를 얻을 수 있다. births 자료를 계속 이용한다. 〈그림 0.1〉은 두 가지 그래프를 한 면에 동시에 보여 준다. 이를 위해 par(mfrow=c(1,2))가 사용된다. 왼쪽은 bweight 변수의 히스토그램을, 오른쪽은 gestwks와 bweight의 산점도(scatter plot)를 보여 준다. xlab=" "과 ylab=" "을 이용하여 x축과 y축에 변수명을 입력한다.

```
> par(mfrow=c(1,2))
> data(births)
> hist(bweight)
> plot(gestwks,bweight,xlab="Gestwks", ylab="Birth Weight")
```

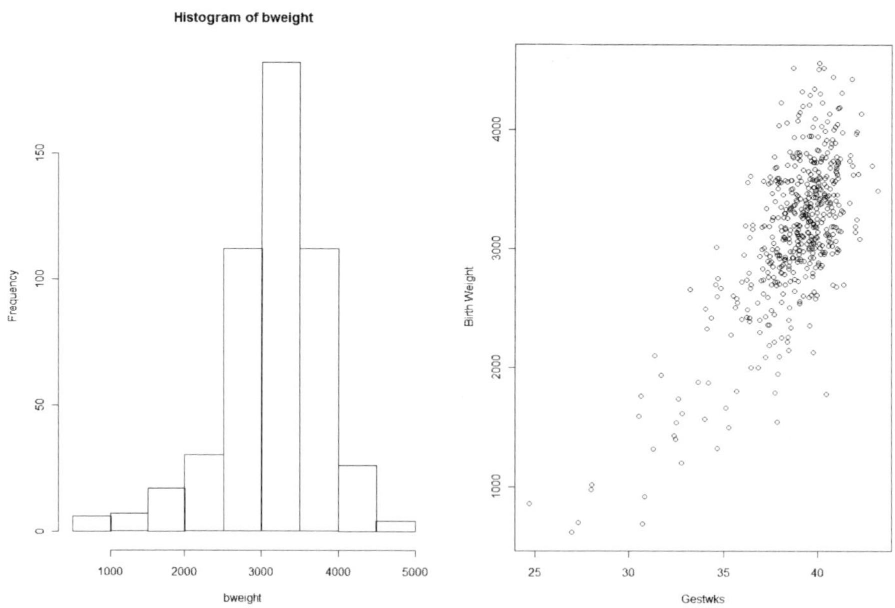

그림 0.1 히스토그램과 산점도

<그림 0.2>는 위 산점도를 태아의 성별별로 다른 색을 이용하여 그린 것이다. 여기서 plot에 있는 "type=n"은 두 변수의 범위에 맞게 축을 생성하기 위한 것이다. 그런 후 sex에 따라 두 그룹을 나누어 blue와 red로 두 그룹의 "gestwks"와 "bweight"의 산점도를 그렸다. "legend"를 이용하여 두 그룹에 대해 설명하며 "title"은 그림의 제목을 붙이기 위해 사용된다.

```
> plot(gestwks, bweight, type="n")
> points(gestwks[sex==1], bweight[sex==1], col="blue")
> points(gestwks[sex==2], bweight[sex==2], col="red")
> legend("topleft", pch=1, legend=c("Boys", "Girls"), col=c("blue", "red"))
> title("Birth weight vs gestational weeks in 500 singleton births")
```

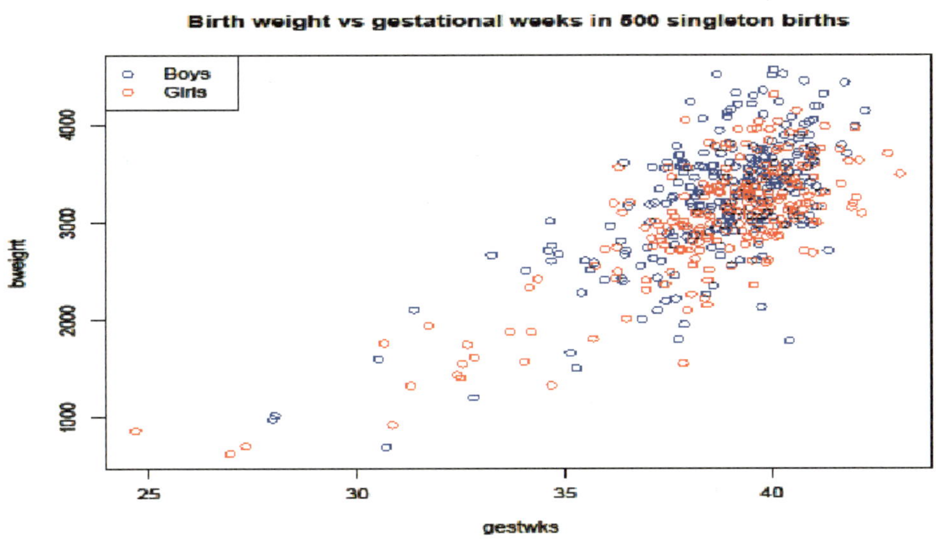

그림 0.2 태아 성별에 따른 임신기간과 출생 시 몸무게의 산점도

CHAPTER

01

서론

관심 있는 반응변수가 어떤 사건의 발생 시간(time to event)일 때, 이와 관련된 총체적인 통계분석을 위해 생존분석(survival analysis)이 적용된다. 사회과학 분야의 자료분석에서는 사건사 분석(event history analysis)으로 명명되기도 한다. 생존분석의 예는 범죄학에서 출소자의 재범 발생 시점, 공학에서 부품 수명, 의약학에서 수술 후 질병의 재발 시점 또는 사망시간 등으로 그 적용 범위는 여느 통계분석과 마찬가지로 다양하다. 생존분석의 주요 목적은 생존함수(survival function) 또는 사건 발생 분포의 추정과 생존함수 또는 위험함수(hazard function)에 영향을 주는 공변량(covariate) 또는 예측변수(predictor)를 찾아내어 그 연관 정도를 구하고자 하는 것이다. 최근에는 머신러닝과 AI 분야에서 널리 적용되는 빅데이터 분석 방법의 적용을 통해 고차원 자료분석이 가능해짐으로써 예측력을 높일 수 있다.

여기서 공변량 또는 예측변수란 일반적으로 연구자가 통제할 수 있는 처리(treatment) 또는 실제 관심 요인은 아니지만 반응변수에 유의한 영향을 줄 수 있는 요인들을 포함한다. 이런 요인들의 포함은 그들의 효과를 보정시킴으로써 실제 알고자 하는 처리의 효과를 정확하게 구할 수 있다. 예를 들어 위암을 앓고 있는 환자들을 대상으로 새로 개발된 치료법을 적용하기 위해서는 연령 및 질병 상태가 비슷한 동질적인 환자들을 대상으로 기존 방법과 새로운 방법을 비교하는 것이 가장 바람직하다. 하지만 많은 경우 이러한 동질적(homogeneous)인 실험 대상을 구하는 것은 불가능하며, 따라서 연구자가 통제할 수 없는 요인들을 모형에 포함함으로써 그 효과를 통제하고자 한다.

생존분석이 다른 통계분석방법들과 구별되는 가장 큰 특징은 중도절단자료(censored data)를 포함한다는 것이다. 생존분석 자료는 유한한 시간 내에서 일어나는 사건만을 측정할 수 있다. 예를 들어 관측이나 실험이 종료되었음에도 사건이 발생하지 않은 경우, 이를 우중도절단(right censored)되었다고 한다. 그리고 그들의 사건 발생 시간은 중도절단 시점 이후의 어떤 시점이라는 정보만을 얻을 수 있다. 이러한 경우에 중도절단된 자료를 생략하고 정확하게 측정된 사건 발생 시간만을 이용하여 보편적인 통계분석방법을 적용할 경우, 과대 추정된 잘못된 결과를 얻게 된다. 따라서 중도절단자료의 사용은 결과의 정확도를 높이는 데 매우 중요하다.

이 장에서는 생존분석에서 사용되는 용어와 기본 개념을 정의하고(1.1절), counting

process 개념을 간략하게 설명할 것이다(1.2절). 또한 구체적인 예를 통해 연관된 통계 문제를 명시한다(1.3절). 특히 여러 가지 중도절단자료 형태에 대한 충분한 이해는 실제 자료에 대한 응용 능력을 키우는 데 도움이 될 것이다.

1.1 용어와 기본 개념

이 절에서는 생존분석을 이해하기 위해 용어와 기본 개념을 공부한다. 반응변수를 $\tilde{T}$ 라 표시하며 관심 있는 사건의 발생 시간을 의미한다. 여기서 $\tilde{T}$ 는 0보다 큰 값을 가지는 확률변수로 확률밀도함수(probability density function) $f(t)$와 분포함수(distribution function) $F(t)$를 가진다. 일반적 통계분석에서는 관측치의 평균과 분산 등을 이용하여 요약 통계량을 구할 수 있지만 생존분석에서는 중도절단자료로 인해 이러한 통계량들은 기술 통계량으로 널리 사용되지 못한다. 대신 직접적으로 분포함수를 추정함으로써 분포함수를 이용하여 요약치를 구할 수 있다.

n명의 관측 개체에 대해 사건 발생 시간 $\tilde{T}_1,\cdots,\tilde{T}_n$은 서로 독립이고 동일한 분포 F를 가진다고 가정한다. 한편 우중도절단 시간 $C_1,\cdots,C_n$도 서로 독립적이고 동일한 분포 F_C를 가진다고 가정하자. 만약 $\tilde{T}_i \le C_i$이라면 $\tilde{T}_i$ 를 관측할 수 있지만, 그렇지 못한 경우 C_i가 관측된다. 일반적으로 우중도절단 시간은 다음의 세 가지 유형으로 나눌 수 있다.

- type 1 **우중도절단**: 이 유형의 중도절단은 공학 연구에서 주로 이루어진다. 모든 실험 개체들은 미리 정해진 시점, 가령 C까지 관측된다. 즉, 모든 실험 개체의 우중도절단 시간이 동일하다($C_1 = C_2 = \cdots C_n = C$). 따라서 중도절단 시점 전에 사건이 발생하면 그들의 $\tilde{T}_i$를 관측할 수 있고, 그렇지 않은 경우 $C_i = C$가 사용된다.
- type 2 **우중도절단**: 전체 실험 개체 중 미리 정해 놓은 사건 발생률, 예를 들어 전체 실험 개체 중에 70%가 사건을 가질 경우에 관측을 중지한다고 하자. 따라서 언제 관측이 종료될지는 알 수 없다. 이 경우에도 모든 관측 개체는 같은 중도절단 시

점(비록 알려져 있지 않지만) $C_i = C$를 가지게 된다.

- **임의(random) 우중도절단**: 앞의 두 유형의 우중도절단은 모든 개체의 연구 시작 시점이 동일함을 가정으로 한다. 하지만 실제 자료에서는 서로 다른 시점에서 연구에 참여할 수 있다. 또한 연구가 종료되지 않았음에도 불구하고 여러 가지 이유로 더 이상 연구에 참여하지 못할 수도 있다.

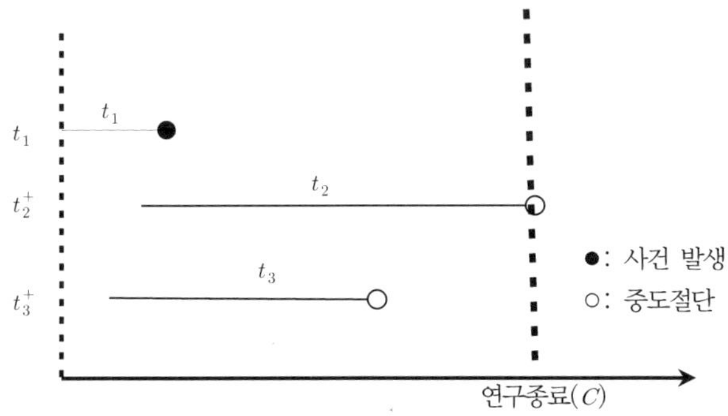

그림 1.1 중도절단자료의 예

〈그림 1.1〉에서 첫 번째 관측대상은 $t=0$, 즉 연구 시작 시점부터 시작하여 t_1 시점에서 사건 발생을 겪었으며, 두 번째 관측대상은 연구 시작 후 1개월이 지난 후에 연구에 참여하여 연구가 종료할 때까지 사건을 경험하지 않음을 보여 준다. 세 번째 대상은 연구 시작 15일 지난 후에 연구에 참여하여 어떤 이유로 t_3 시점에서 중도절단하게 되었다. 일반적으로 중도절단의 이유는 다음 세 가지로 분류할 수 있다.

① **연구종료**: 연구가 종료될 때까지 사건이 일어나지 않았다. 이를 행정상 중도절단(administrative censoring)이라고도 한다. 이 경우 중도절단은 관심 있는 사건과 무관하다고 할 수 있다.

② **추적 실패(Loss to follow up)**: 연구자가 연락 두절된 경우 더 이상 추적 조사는 불가능해진다. 특히 다음 두 가지 경우는 편의된 결과를 가져올 수 있다. 예를 들어 임상연구에서 참여자가 상태가 호전되어 치료법에 대한 필요를 느끼지 못해 자의적으로 연구에서 중도탈락할 경우 추정된 생존율은 과소추정될 수 있다. 반면에 약물의 부작용 등으로 연구에서 일찍 탈락한 경우는 더 높은 생존율로 잘못

추정될 수 있다. 따라서 추적 실패가 발생할 경우, 그 원인을 조사하는 것이 필요하다.

③ **경쟁위험모형**(Competing risk): 다른 종류의 사건 발생으로 인해 관심 있는 사건이 중도절단된 경우 경쟁위험모형을 고려해야 한다. 여기서 중도 절단은 더 이상 독립 가정을 적용할 수 없다. 이 모형에 대한 보다 자세한 설명은 8.2절에서 다루어질 것이다.

따라서 우리가 사용할 수 있는 자료는 중도절단되지 않은 실험 대상자의 정확한 사건 발생 시점($\widetilde{T}_i$)과 중도절단된 대상자에 대한 관측 중단 시점(C_i)이 된다. 즉, 중도절단된 대상자에 대해선 중단 시점까지는 사건이 발생되지 않음을 알 수 있으므로 중도절단 시점이 사용된다. 이러한 자료는 $\{(T_i,\delta_i), i=1,\ldots,n\}$로 표현되며 여기서

$$T_i = \min(\widetilde{T}_i, C_i), \qquad \delta_i = I(\widetilde{T}_i < C_i)$$

를 의미한다.

명확한 이해를 돕기 위해 다음의 예제가 사용된다. 다음은 70명 환자들의 수술 후 암 재발 시간에 관한 자료이다(여기서 +는 중도절단을 의미한다).

4.5 4.6+ 11.5 11.5 15.6+ 16.0 16.6+ 18.5+ 18.5+ 18.5+ 18.5+ 18.5+ 20.3+ 20.3+
20.3+ 20.7 20.7 20.8 22.0+ 30.0+ 30.0+ 30.0+ 30.0+ 31.0 32.0+ 34.5 37.5+ 37.5+
41.5+41.5+ 41.5+ 41.5+ 43.0+ 43.0+ 43.0+ 43.0+ 46.0 48.5+ 48.5+ 48.5+ 48.5+
50.0+ 50.0+ 50.0+ 61.0 61.0+ 61.0+ 61.0+ 62.0+ 64.5+ 64.5+ 67.0+ 74.5+
78.0+ 78.0+ 81.0+ 81.0+ 82.0+ 85.0+ 85.0+ 85.0+ 87.5 87.5+ 87.5+ 94.0+
99.0+ 101.0+ 101.0+ 101.0+ 115.0+

예를 들어, 이 연구에서 반응변수는 재발이 일어날 때까지 걸리는 시간이며, $F(t) = \Pr(T \le t)$는 수술 후 t 시점 바로 전까지 재발할 확률을 의미한다. $S(t)$는 **생존함수**(survival function)로 분포함수를 이용하여 다음과 같이 정의될 수 있다.

$$S(t) = \Pr(T \geq t) = 1 - F(t-)$$

즉, 생존함수는 t 시점 이후에 재발할 확률, 또는 t 시점 바로 전까지 재발하지 않을 확률이다. 생존함수는 비증가함수(non increasing function)로, $S(0) = 1$이며 일반적으로 $S(\infty) = 0$이 된다. 다시 말해서 $t = 0$일 때(연구 시작 시점) 모든 환자는 재발하지 않은 상태이다. 하지만 시간이 지날수록 한 명씩 재발을 경험하고, 시간이 아주 많이 지난 후에는 모든 환자에게 암이 재발함을 가정한다. 하지만 모든 환자에게 암이 재발할 때까지 연구를 지속할 수는 없으며 어떤 시점에서는 연구를 중지해야 하므로 모든 환자의 재발 시간을 측정할 수 없게 된다. 따라서 일부 환자의 재발 시간은 측정하지 못한 채 연구가 종료되며, 이때 측정되지 못한 관측치를 우중도절단되었다고 한다. 다음은 위 자료를 분석하기 위한 R 프로그램과 그 결과를 보여 준다. survfit 함수를 이용하여 생존함수를 추정한다. 자세한 내용은 2장에서 공부한다. 여기서 사용될 자료는 생존시간(또는 중도절단 시간)(time)과 사건 발생 여부를 보여 주는 지시함수(cen)로 구성된다.

```
> rec<-read.table("c:\\book\\data\\ rec.txt", col.names=c("time", "cen"))
> head(rec)
      time     cen
1      4.5       1
2      4.6       0
3     11.5       1
4     11.5       1
5     15.6       0
6     16.0       1
...

> fit<-survfit(Surv(time,cen)~1, data=rec)
> fit

     n    events   median   0.95LCL   0.95UCL
    70      12       Inf       Inf       Inf
> summary(fit)
Call: survfit(formula = Surv(time, cen) ~ 1, data = fan)

 time   n.risk   n.event   survival   std.err   lower 95% CI   upper 95% CI
  4.5     70        1       0.986     0.0142       0.958          1.000
```

```
 11.5    68    2   0.957   0.0244     0.910      1.000
 16.0    65    1   0.942   0.0282     0.888      0.999
 20.7    55    2   0.908   0.0361     0.840      0.981
 20.8    53    1   0.891   0.0392     0.817      0.971
 31.0    47    1   0.872   0.0427     0.792      0.960
 34.5    45    1   0.852   0.0460     0.767      0.947
 46.0    34    1   0.827   0.0510     0.733      0.933
 61.0    26    1   0.795   0.0581     0.689      0.918
 87.5     9    1   0.707   0.0980     0.539      0.928

> plot(fit, xlab="Hour", ylab="Survival")
```

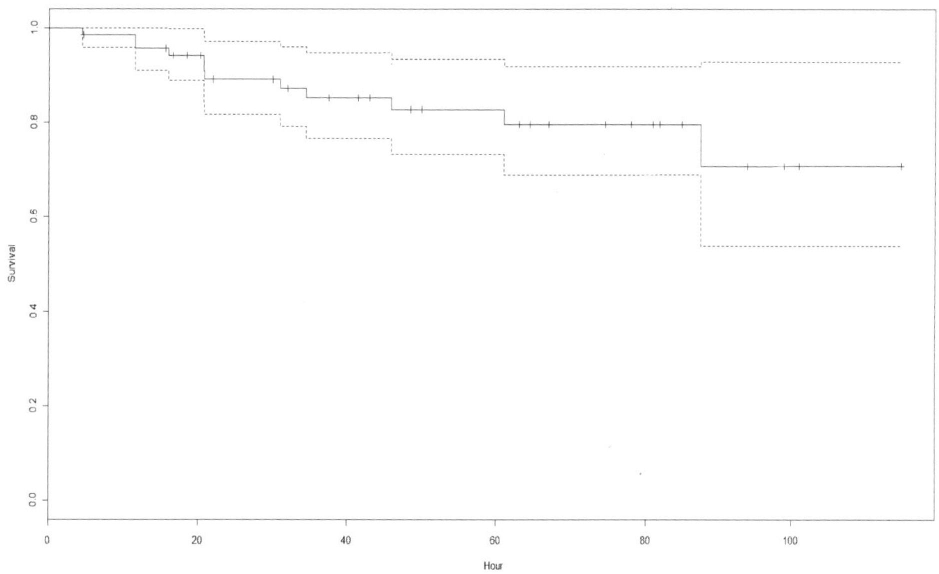

그림 1.2 암 환자 자료의 재발 생존함수와 신뢰구간

위 결과를 통해 70명 중에서 12명만이 재발을 경험했음을 알 수 있다. 또한 R 결과는 각 시점에서의 위험 개체 수(n.risk) 재발 횟수(n.event), 생존율(survival), 표준오차(std.err)와 연관된 95% 신뢰수준을 보여 준다. 〈그림 1.2〉의 생존함수 그래프를 통해 낮은 재발률을 가짐을 다시 한번 알 수 있다. 이 자료의 특이점은 median(50% 생존율)을 추정할 수 없다는 것이다. 즉, 일반적인 생존함수는 시간이 지남에 따라 점점 감소하는 데 반해 위 그래프는 연구종료 시점까지 70%의 높은 생존율, 즉 30%의 낮은 재발률을 보여 준다. 이 자료와 같이 낮은 사건 발생률을 보여 주는 또 다른 예로는 재

범률이 매우 낮은 범죄 유형의 자료(반응변수는 범죄자가 출소 후 다시 범죄를 범할 때까지의 시간), 완치율이 매우 높은 암 연구(cancer study) 자료 등이 있다.

이러한 유형의 자료에 대해서는 **완치율**(cure rate) 또는 교정률(correction rate)을 고려한 **완치율 모형**(cure rate model)을 적용할 수 있다(Sy and Taylor(2000), Kim and Jhun(2008)). 이 모형에 대해서는 10.1절에서 논의된다.

생존분석에서 가장 자주 언급되는 **위험함수**(hazard function)는 매우 중요한 함수로, 임의의 시점 t에서 사건이 발생할 확률을 의미한다. 일반적으로 통계학에서는 연속형 확률변수가 특정 값을 가질 확률을 구하기 위해 다음과 같이 정의되는 확률밀도함수(probability density function)가 사용된다.

$$f(t)=\lim_{h\to 0}\frac{\Pr(t\le T\le t+h)}{h} \tag{1.1}$$

사건이 발생하기 위해서 관측 개체는 그 시점까지 위험 그룹에 속해있어야 한다. 따라서 이러한 조건은 사건 발생 확률을 구하기 위한 식에 반영되어 다음의 조건부 확률(conditional probability)인 위험함수(hazard function)를 정의할 수 있다.

$$\lambda(t)=\lim_{h\to 0}\frac{\Pr(t\le T\le t+h|T\ge t)}{h}=\frac{f(t)}{S(t)}=\frac{\frac{d}{dt}(1-S(t))}{S(t)} \tag{1.2}$$

위 식에서 확인할 수 있는 것처럼 위험함수는 확률이 아닌 확률 비로서, 1보다 아주 큰 값을 가질 수 있다. 식 (1.2)에 근거하여 **누적위험함수**(cumulative hazard function)를 다음과 같이 정의한다.

$$\Lambda(t)=\int_0^t\lambda(u)du=-\log S(t) \tag{1.3}$$

〈표 1.1〉은 생존분석에서 자주 적용되는 몇 가지 모수 분포(parametric distribution)

들의 확률밀도함수($f(t)$), 생존함수($s(t)$), 위험함수($\lambda(t)$)와 평균($E(t)$)을 보여 준다.

표 1.1 밀도 함수, 생존함수, 위험함수와 평균(완전 자료)

분포	$f(t)$	$S(t)$	$\lambda(t)$	$E(t)$
지수	$\lambda e^{-\lambda t}$	$e^{-\lambda t}$	λ	$1/\lambda$
와이블	$\alpha\lambda t^{\alpha-1}e^{-\lambda t^{\alpha}}$	$e^{-\lambda t^{\alpha}}$	$\alpha\lambda t^{\alpha-1}$	$\Gamma(1+\frac{1}{\alpha})/\lambda^{1/\alpha}$
감마	$\frac{\lambda^{\beta}t^{\beta-1}e^{-\lambda t}}{\Gamma(\beta)}$	$1-\int_0^{\lambda t}\frac{u^{\beta-1}e^{-u}}{\Gamma(\beta)}du$	$\frac{f(t)}{S(t)}$	$\frac{\beta}{\lambda}$

종종 $S(t)$를 이용한 그림은 생존함수의 형태에 대한 정보를 제공해 준다. 예를 들어 $(t, \Lambda(t))=(t, -\log S(t))$를 그렸을 때 원점을 지나고 직선의 형태를 보인다면, 생존함수는 지수분포를 따른다고 할 수 있을 것이다(즉, 지수분포하에서, $\Lambda(t)=\lambda t$와 같이 와이블 분포에서 $\log(-\log S(t))=\log\lambda+\alpha\log t$을 통해 와이블 분포의 적합을 고려할 수 있다. 생존함수추정을 위한 모수적 방법과 비모수적 방법론에 대한 자세한 설명은 4장과 2장에서 각각 논의될 것이다.

1.2 Counting process

이 절에서는 생존분석에 대한 이론과 개념에 대한 이해를 돕기 위해 counting process를 간략하게 소개한다. 더 자세한 내용을 공부하기 위해서는 다음 두 책이 많은 도움이 될 것이다.

Statistical Models Based on Counting Processes(Anderson, Borgan, Gill, and Keiding, 1993),

Counting Processes and Survival analysis(Fleming and Harrington, 1991).

통계학의 목적은 주어진 자료를 잘 설명할 수 있는 모형의 추정이라고 할 수 있다.

하지만 최적의 모형이라 할지라도 주어진 자료(DATA)를 완벽하게 설명하는 것은 불가능하며, 따라서 모형(MODEL)에 의해 설명되지 못하는 부분은 오차(ERROR)로 표현된다. 즉,

$$\text{DATA=MODEL+ERROR} \tag{1.4}$$

이다. 이 같은 일반적인 개념은 생존자료 $\{(T,\delta),\ T=\widetilde{T}\wedge C,\quad \delta=I(\widetilde{T}<C)\}$에도 적용된다. 예를 들어 $\widetilde{T}$는 사망 발생 시간, C는 연구종료 또는 연구탈락에 의한 중도절단 시간이다. 여기서 관측 가능한 시점은 사망 발생과 중도절단 중 먼저 일어난 사건의 발생 시점이 된다. 연구 종료 전에 사망하면 사망 발생 시간을 알 수 있으나, 연구가 종료되었음에도 여전히 사망하지 않으면 사망 시점을 알 수 없으며 유일한 정보는 사망 시점이 연구종료 시점보다 큰 어떤 시점이라는 것이다. 이러한 생존분석 자료는 다음의 counting process로 다시 정의될 수 있다.

$N_i(t)=I(T_i\le t,\delta=1)$: i번째 관측 대상이 $[0,t]$까지 경험한 사건의 총합

즉, $N_i(t)=1$은 $\widetilde{T}\le t$일 때며, 점프 크기가 1인 우연속(right continuous) 계단함수(step function)이다. 또 다른 중요한 확률 과정으로 **위험지시함수**(risk indicator), $Y_i(t)$가 정의될 필요가 있다.

$Y_i(t)=I(T_i\ge t)$: i번째 개체가 t 시점에 위험 그룹인지 보여 주는 지시함수

이제 식 (1.4)를 Counting process에 적용하면

$$N(t)=\Lambda(t)+M(t)\ (\text{=MODEL+ERROR})$$

로 표현되며, 여기서 $\Lambda(t)$는 compensator라고 하고, 생존분석에서는 누적위험함수를 나타내며 $M(t)$는 마팅게일(martingale)이다. 따라서 마팅게일 $M(t)$는 오차의 확장된

개념으로

$$M(t) = N(t) - \Lambda(t) = N(t) - \int_0^t \lambda(s)ds$$

데이터와 모형 차이가 된다.

일반적인 확률과정(Stochastic process) $X(t)$에 대해 $X(t) - A(t)$가 마팅게일로 표현되고 $A(t)$는 예측 가능한(predictable) 확률과정일 때(adapted되고 좌연속일 때), $A(t)$를 compensator라 한다. 일반 선형회귀모형에서 오차에 대해 정규분포의 가정이 절편과 기울기에 대한 통계적 추론을 가능하게 하듯이, 마팅게일의 성질은 생존분석과 연관된 모형의 통계적 추론에 있어서 주춧돌이 된다. 따라서 마팅게일에 대한 여러 가지 성질을 소개한다.

먼저 확률공간(Ω,F,P)이 정의된다. 여기서 F는 σ−field이고 P는 확률측도일 때, 자료와 연관된 모든 정보는 다음의 sub σ−field인 history로 정의되는 filtration $(F_t : t \geq 0,\quad F_s \in F_t$ for all $s \leq t)$에 포함된다. F_t에 대해 마팅게일 $M(t)$는 좌극한(left limit)을 가진 우연속 확률과정(right continuous stochastic process)이며 다음의 성질을 가진다.

① $M(t)$는 history에 adapted 되었으며,

② $E|M(t)| < \infty$ for all t,

③ $E(M(t)|F_s) = M(s)$ for all $s \leq t$.

따라서 $E(dM(t)|F_{t-}) = 0$ for all $t > 0$가 된다. 만약 $sup_{t \in [0,1]} E[M^2(t)] < \infty$를 만족하면 마팅게일은 제곱적분가능하다(square integrable)고 한다. Counting process와 compensator의 관계는 다음의 Doob−Meyer decomposition 성질에 의해 규정될 수 있다.

> Theorem 1: Cadlag adapted process X가 두 개의 local sub-martingales의 차이로 표현될 때, X는 compensator를 가진다고 한다.

counting process는 local submartingale이며 유일한 compensator를 가지게 된다. 예를 들어, $N_i(t) = I(T_i \le t)$, $Y_i(t) = I(T_i \ge t)$일 때,

$$N(t) = \sum_{i=1}^{n} N_i(t), \quad Y(t) = \sum_{i=1}^{n} I(T_i \ge t)$$

이며 $M(t) = N(t) - \Lambda(t)$로 $E(dM(t)|F_t) = 0$을 이용하여 다음을 유도할 수 있다.

$$Y(t)d\Lambda(t) = dN(t)$$

따라서 $J(t) = I(Y(t) > 0)$일 때, 누적 위험 함수의 추정량은

$$\hat{\Lambda}(t) = \int_0^t \frac{J(s)}{Y(s)} dN(s) \tag{1.5}$$

가 되며, 식 (1.5)를 Nelson−Aalen 추정량(2장에 설명됨)이라 하고 다음의 식으로도 표현한다.

$$\hat{\Lambda}(t) = \sum_{i=1}^{n} \frac{dN(T_i)}{Y(T_i)} \tag{1.6}$$

식 (1.5)의 Nelson−Aalen 추정량은 다음과 같이 분리 표현될 수 있으며,

$$\hat{\Lambda}(t) = \int_0^t J(s) d\Lambda(s) + \int_0^t \frac{J(s)}{Y(s)} dM(s)$$

오른쪽의 두 번째 항은 마팅게일이기 때문에 $\hat{\Lambda}(t)$는 불편 추정량임을 알 수 있다. counting process 개념은 비례위험모형과 다상태모형을 이해하는 데 중요한 역할을 한다.

1.3 실제 예와 연관된 통계 문제

이 절에서는 1.1절에서 논의된 우중도절단자료 외에 생존분석에서 자주 발생하는 다양한 종류의 생존자료를 실제 예를 통해 설명하고 연관된 통계 문제를 다룬다. 여기서 다룰 대부분의 자료는 Klein and Moeschberger(1997)에서 발췌되었다(KMSurv 패키지).

1.3.1 청소년의 마리화나 시작 시점에 대한 연구(left censored, doubly censored data)

10대 청소년을 대상으로 마리화나를 처음 사용한 나이를 묻고자 하였다(Hamburg et al., 1975). 이에 대한 질문에 다음의 세 가지 답변이 가능할 것이다.

① 마리화나를 처음 사용한 나이를 정확하게 답하는 경우
② 사용한 적이 없는 경우
③ 언제 시작했는지 기억하지 못하는 경우

여기서 그룹 ②는 마리화나 흡연 시작 시점(T)이 현재 시점(C)보다 크므로($C < T$), **우중도절단자료**(right censored data)에 속한다. 하지만 그룹 ③의 학생들은 그들의 마리화나 흡연 시점(T)이 현재 시점(C) 이전의 어떤 시점이라는 것만을 알고 있으므로, $T < C$가 된다. 이와 같은 자료 형태를 **좌중도절단**(left censored data)이라고 한다. 종종 우중도절단과 좌중도절단 자료를 통틀어 **이중절단자료**(doubly censored data)라 하며 이는 1.3.3절에서 소개될 **이중구간중도절단**(doubly interval censored data)과 구별해야 한

다. 〈표 1.2〉는 나이별로 세 그룹에 속한 학생 수를 보여 준다. 예를 들어, 13살에 마리화나를 피우기 시작한 청소년은 24명이었고, 13살에 아직 마리화나를 경험하지 않은 청소년은 15명이며, 1명의 청소년은 13살 이전에 마리화나를 시작했지만 정확한 나이를 기억하지 못하였다. 이 자료에 대한 생존함수추정은 2.4.1절에서 다루어질 것이다.

표 1.2 마리화나 흡연을 시작한 나이: 우중도 + 좌중도절단자료

나이(t)	마리화나 흡연을 시작한 사람 수	마리화나를 사용한 적이 없는 사람 수	t 시점 이전에 마리화나를 시작한 사람 수
10	4	0	0
11	12	0	0
12	19	2	0
13	24	15	1
14	20	24	2
15	13	18	3
16	3	14	2
17	1	6	3
18	0	0	1
〉18	4	0	0
Total	100	79	12

1.3.2 요양원 자료(left truncated data)

요양원에 거주하는 462명(97명의 남자, 365명의 여자)의 노인을 대상으로 그들의 사망시간이 관심 있는 반응변수라 하자. 이 자료는 노인들이 요양원에 들어온 나이(enterage)와 그들의 사망시간 또는 요양원을 떠난 시간을 포함한다. 만약 그들이 사망하기 전에 요양원을 떠났다면 그들의 자료는 그 시점에서 우중도절단된 자료이다. 이 자료의 특징은 참여한 노인이 요양원에 들어오기 위해서는 최소한 어느 정도 나이까지는 생존해야만 한다는 것이다. 즉, 이 자료에서 고려되는 노인의 생존분포는 요양원에 거주하지 않는 노인들의 생존분포와는 동일하지 않다는 의미이다. 요양원에 들어오기 위한 최소한의 나이가 65세 이상이라면, 그들의 생존시간(T)은 언제나 $T \geq 65$가 된다. 다시 말하면 65보다 적은 나이에 죽은 노인의 사망시간은 본 연구에

서 고려되지 않는다.

이와 같이 분석할 자료가 전체 집단에 어떤 조건을 만족하는 부분집단만으로 구성된 자료일 때, 이를 **절삭자료**(truncated data)라 한다. 특히 요양원 자료처럼 주어진 조건보다 큰 생존시간만이 분석 대상이 될 경우($T \geq 65$)에는 **좌절삭자료**(left truncated data)라고 한다. 따라서 좌절삭자료는 좌중도절단자료와는 달리 분석될 자료가 어떤 조건을 만족한 개체들로만 구성되며 이러한 조건은 분석 시 고려되어야 한다.

다음의 R 프로그램은 KMsurv 패키지로부터 요양원 자료를 불러오는 과정이며 head 명령문을 이용하여 전체 자료 중 처음 6명의 관측 자료만을 보여 준다. 여기서 death 변수는 사망여부, gender 변수는 성별(gender=1(남성), 2(여성)), ageentry 변수는 요양원에 들어왔을 때의 나이(단위는 개월), age 변수는 사망 나이 또는 중도절단 시간(단위는 개월), time 변수는 요양원에 머문 시간(age−ageentry)임을 알 수 있다. 이 자료의 분석은 2.4.2절에서 다루어진다.

```
> library(KMsurv)
> data(channing)
> head(channing)
  obs death ageentry  age time gender
1   1     1     1042 1172  130      2
2   2     1      921 1040  119      2
3   3     1      885 1003  118      2
4   4     1      901 1018  117      2
5   5     1      808  932  124      2
6   6     1      915 1004   89      2
```

1.3.3 유방암 환자의 진단(interval censored data)

초기 유방암 환자를 대상으로 치료 후 가슴 함몰 사건은 주요 관심 사건이 된다. 이 자료에서는 다음의 두 가지 치료 방법이 가슴 함몰에 서로 다른 영향을 주는지를 조사하고자 한다. 방사능 치료(Radiotherapy), 방사능과 화학 요법의 복합 치료(radiotherapy and chemotherapy).

94명의 유방암 환자를 대상으로 46명에 대해서는 방사능 치료만을 48명의 환자에 대해서는 복합 치료를 시행하였다. 모든 환자는 매 4주에서 6주마다 병원을 방문하며 그때마다 그들의 가슴 함몰에 따라 3가지 측도(없음, 진전, 급속 진전) 중 하나로 평가된다. 진전 또는 급속 진전이 첫 번째로 발견되었을 때 가슴 함몰이 진행되고 있다고 간주한다. 반응변수는 함몰이 발생된 시점이다. 하지만 정확한 함몰 시점(T)은 측정할 수 없으며, 대신 가슴 함몰 발생 진단을 받지 않은 마지막 방문 시점(TL)과 처음으로 함몰 발생 진단을 받은 병원 방문 시점(TR) 중간 어느 시점에서 함몰 발생이 일어났다고 추측할 수 있다($TL < T < TR$). 즉, 함몰 진단은 환자들이 병원을 방문할 때만 시행되기 때문에, 환자가 얼마나 자주 병원을 방문하느냐에 따라 자료의 정확도가 결정된다. 이러한 종류의 자료를 **구간중도절단자료**(interval-censored data)라고 한다. 관심 있는 사건의 발생 시점을 정확히 측정할 수 없는 대신에 이 시점을 포함한 두 시점을 알고 있을 때, 이 두 시점을 이용하여 분석을 하게 된다. 구간중도절단자료를 분석하기 위해 두 시점의 중간 시점(midpoint) 또는 처음 양성 진단 시점을 사건 발생 시점으로 간주할 경우, 편이된(biased) 통계적 결과를 가져오게 된다. 다음 자료는 46명의 방사능 치료 환자와 48명 복합 치료 환자들의 가슴 함몰에 대한 구간중도절단자료를 보여 준다. 본 자료의 분석은 2.4.2절에서 논의될 것이다.

Radiotherapy only:
(0,7],(0,8],(0,5],(4,11],(5,12],(5,11],(6,10],(7,16],(7,14],(11,15],(11,18],17,(17,25]
,(17,25],
≥8,(19,35],(18,26], ≥22, ≥24, ≥24,(25,37],(26,40],(27,34], ≥32, ≥33, ≥34,(36,44],(36,48],
≥36, ≥36,(37,44], ≥37, ≥37, ≥37, ≥38, ≥40, ≥45, ≥46, ≥46, ≥46, ≥46, ≥46, ≥46.

Radiotherapy and Chemotherapy:
(0,22],(0,5],(4,9],(4,8],(5,8],(8,12],(8,21],(10,35],(10,17],(11,13], ≥11,(11,17], ≥
11,(11,20],(12,20],〉13,(13,39],〉13,〉13,(14,17],(14,19],(15,22],(16,24)
,(16,20],(16,24],(16,60],(17,27],(17,23],(17,26],(18,25],(18,24],(19,23],
≥21,(22,32], ≥23,(24,31],(24,30],(30,34],(30,36], ≥31, ≥32,(33,40], ≥34,
≥34, ≥35,(35,39],(44,48], ≥48

구간중도절단에 대한 확장으로 두 개의 구간중도절단이 연속적으로 일어날 경우를 **이중구간중도절단**(doubly interval censored data)이라 한다. 예를 들어 HIV-AIDS 연구에서 HIV의 감염 시간(infection time)과 AIDS의 발현 시간(onset time)은 일반적으로 정확하게 알 수 없다. 대신 환자들이 의료기관을 방문하여 혈액 검사 등을 통해서 양성 결과를 진단받을 수 있다. 여기서도 정확한 감염 시간과 발현 시간 대신에 그들의 마지막 음성 진단 시점과 첫 번째 양성 진단 시점을 이용할 때 두 개의 구간중도절단이 연속적으로 일어나게 된다(Sun, 2006; Kim, 2006).

1.3.4 당뇨병 환자의 시력 손상 자료(Clustered failure time data)

당뇨병을 앓고 있는 환자를 대상으로 그들의 시력 손실을 지연(delay)시키는 방법인 레이저(laser photo coagulation) 치료법의 효과를 조사하고자 한다. 총 197명의 환자에 대해 한쪽 눈에는 레이저 치료를 처방하고 다른 한쪽 눈에는 레이저 치료를 처방하지 않았다. 관심 있는 반응변수는 치료 후 시력 손상이 일어난 시점이다. 그러나 어떤 환자들은 사망, 중도 탈락, 또는 연구종료로 우중도절단되기도 한다. 이 자료에서는 두 가지 처리 외에도 당뇨병이 발생한 시점에 따라 소아 당뇨(=1) 또는 성인 당뇨(=2)로 나눈 공변량이 고려된다. 특히 이 자료 형태는 한 환자로부터 측정된 두 눈의 시력 손상 시점으로, 이와 같은 자료를 이변량 생존자료(bivariate survival data)라고 한다. 여기서 이 두 시점은 같은 환자로부터 측정된 것이므로 서로 독립적이지 않다. 이러한 자료 형태의 일반화된 형태가 군집생존자료(clustered survival data)로, 한 군집을 구성하는 개체들의 생존시간들은 서로 종속되어 있다. 예를 들어, 관측 개체가 가족 구성원들로 이루어진 생존자료 치의학에서 자주 사용되는 개인별 치아들의 충치 발현 자료가 그 예이다. 아래 자료는 환자 세 명의 자료를 보여 준다.

	id	trteye	ageonset	typediab	status	time	trt
1	5	2	28	2	0	46.23	1
2	14	1	12	1	1	31.30	1
3	16	1	9	1	0	42.27	1
198	5	2	28	2	0	46.23	2
199	14	1	12	1	0	42.50	2
200	16	1	9	1	0	42.27	2

id가 5인 환자는 당뇨병이 28살(age onset=28)에 발병하여 성인 당뇨(typediab=2)에 속한다. 왼쪽 눈(trteye=2)은 레이저 치료를 받지 않았으며(trt=1), 46.23달까지(time=46.23) 시력 손실이 일어나지 않았다(status=0). 또한 레이저 치료를 받은 오른쪽 눈(trt=2)에 대해서도 또한 46.2개월까지 시력 손실이 일어나지 않았다. 반면에 id가 14인 환자는 레이저 치료를 받지 않은 눈에 31.30개월에 시력 손실이 발생하였으며 치료를 받은 눈에는 시력 손실이 발생하지 않았다. 6.3절에서 프레일티 모형의 적용 예로 분석된다.

1.3.5 방광암 자료(bladder cancer data:Recurrent event data)

방광암 자료는 미국 Veteran administration Cooperative Urological Research group에 의해 실행된 임상 연구이며 목적은 86명의 얕은 방광암(superficial bladder cancer)을 앓고 있는 환자를 대상으로 thiotepa 치료의 종양 재발에 대한 효과를 검토하고자 한다. 모든 환자는 병원 방문 때마다 새로 발생한 종양의 발생 여부가 조사된 후 제거된다. 환자별 종양이 관측된 시점이 반응변수이며, 환자마다 재발의 발생 횟수와 발생 시점이 서로 다르다. 이와 같이 동일한 사건이 반복적으로 일어나는 자료를 재발사건자료(recurrent event data)라 한다. 환자당 관측 횟수가 0에서 13번이었다. 여기서 다룰 자료는 실제 자료의 일부분으로 0~4번의 관측만을 가진 환자의 자료만을 다룬다. 자료의 주요 분석 목적은 thiotepa의 재발 억제에 대한 효과의 추정이며 이를 위해 환자들의 연구 시작 시점에서 발견된 종양 수와 가장 큰 종양의 크기의 효과를 포함시킴으로써 정확한 치료 효과를 추정하고자 한다.

R 프로그램에서는 이 자료와 관련하여 처리 그룹과 분석 방법에 따라 세 가지 종류의 데이터 셋을 제공한다(bladder, bladder1, bladder2). 다음 프로그램은 bladder2에서 5명의 환자들의 처방 여부 rx(1=placebo,2=thiotepa), number(연구 초기에 발견된 종양 수), size(가장 큰 종양 크기), start(이전 종양 측정 시점), stop(현재 종양 측정 시점), event(현재 종양 측정 시점(stop)에서 종양 발발 여부: event=1 종양 발생, 0=종양 발생되지 않음), enum(관측 횟수)에 대한 자료를 보여 준다. 예를 들어 "id"가 1,2,3,4인 환자는 연구종료 시점까지 종양이 관측되지 않았으며, id가 5인 환자는 연

구 시작 후 6개월 후에 종양이 관측되었고 10개월에 연구가 종료되었다. 이 자료의 분석은 7장에서 다룬다.

```
> bladder2[1:6,]
   id  rx  number  size  start  stop  event  enum
1   1   1       1     3      0     1      0     1
2   2   1       2     1      0     4      0     1
3   3   1       1     1      0     7      0     1
4   4   1       5     1      0    10      0     1
5   5   1       4     1      0     6      1     1
6   5   1       4     1      6    10      0     2
```

1.3.6 골수이식(Bone marrow transplantation)

골수이식은 급성 백혈병 환자에게 가장 많이 시행되는 치료법이다. 이 자료에서는 골수이식 후 재발, 사망뿐 아니라 부작용에 영향을 주는 공변량을 구하고자 한다. 골수이식 후 환자의 상태에 영향을 주는 요인으로는 골수 이식자와 수혜자의 나이, 그들의 성별, 진단 후 골수이식까지 대기 시간, 백혈병의 단계 등이 있다.

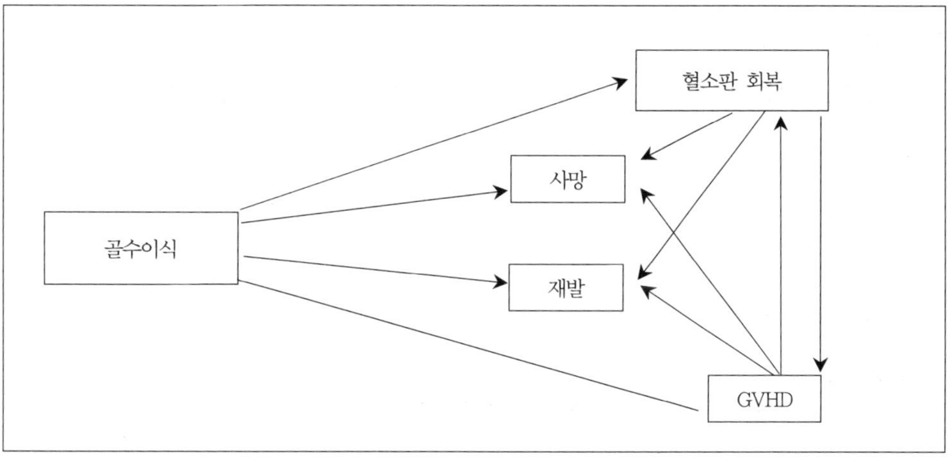

그림 1.3 골수이식 후 상태의 전이

〈그림 1.3〉은 골수이식 후 가능한 사건들의 전이(transition)를 보여 주는 다상태 모

형(multi-state model)의 한 예이다. 예를 들어, 재발과 사망이 주요 관심사건들일 때, 두 가지 중간사건(intermediate event)은 ① 혈소판 회복(platelet recovery)과 ② 이식편대숙주질환병(GVHD, graft-versus host disease)이 있으며 이는 다시 두 그룹[만성(chronic)과 급성(acute)으로 나뉨]으로 나눌 수 있다. 각각의 발생 시간은 tp(혈소판 회복 시간), ta(급성 GVHD), tc(만성 GVHD)로 나타내며, 그들의 지시함수(indicator)는 각각 dp, da, dc이다. 어떤 환자들은 이러한 중간사건을 경험하지 않고 바로 재발하거나 사망하기도 하며 위 두 중간사건들이 순차적으로 발생하기도 한다. 여기서 두 사건의 순서는 환자마다 다를 수 있다. 따라서 10가지 가능한 전이(transition)가 발생하게 된다. 137명(99 AML 환자, 38 ALL 환자)으로 구성된 자료를 사용할 것이다. 이들 환자는 다기관(4개 병원)에서 수집된 자료이며 1984년 3월 1일부터 1989년 6월 30일까지 수집 결과를 정리한 것이다. 42명의 환자가 재발을 경험했으며 41명의 환자가 중간사건 없이 사망하였다. 26명의 환자가 GVHD를 앓게 되었고 이들 중 17명의 환자가 혈소판 회복 없이 재발 또는 사망하였다. 특히 다음 두 가지 종류의 시간변수가 관심이 있다[t1: 사망시간 또는 연구종료 시간; t2: 무병 생존시간(재발 시간, 또는 death time, 연구종료 시간 중 가장 작은 값). 세 가지 종류의 지시함수가 각각 다음과 같이 정의된다(d1: 사망지시함수, d2: 재발지시함수; d3: 사망이나 재발이면 1, 연구종료까지 이 두 사건 모두 일어나지 않을 때는 0). 그 외에도 〈표 1.3〉은 이 자료에서 고려되는 위험요인에 대한 분류이다.

이 자료는 비례위험모형(5장), 다상태 모형과 경쟁위험모형(8장), Survival tree (9장)의 적용 예로 분석될 것이다.

```
> library(KMsurv)
> data(bmt)
> head(bmt)
  group   t1   t2 d1 d2 d3   ta da  tc dc tp dp z1 z2 z3 z4 z5 z6   z7 z8 z9 z10
1     1 2081 2081  0  0  0   67  1 121  1 13  1 26 33  1  0  1  1   98  0  1   0
2     1 1602 1602  0  0  0 1602  0 139  1 18  1 21 37  1  1  0  0 1720  0  1   0
3     1 1496 1496  0  0  0 1496  0 307  1 12  1 26 35  1  1  1  0  127  0  1   0
4     1 1462 1462  0  0  0   70  1  95  1 13  1 17 21  0  1  0  0  168  0  1   0
5     1 1433 1433  0  0  0 1433  0 236  1 12  1 32 36  1  1  1  1   93  0  1   0
6     1 1377 1377  0  0  0 1377  0 123  1 12  1 22 31  1  1  1  1 2187  0  1   0
```

표 1.3 백혈병 환자 골수이식 자료분석 시 고려되는 공변량의 요약

요인	범주(값)	돗수
질병 상태(group)	ALL(1)	38
	AML(Low risk) (2)	54
	AML(High risk) (3)	45
환자 성별 (psex:)	남자(1)	80
	여자(0)	57
기부자 성별 (dsex:)	남자(1)	88
	여자(0)	49
MTX	사용함(1)	
	사용 안 함(0)	
	범위(평균)	
환자 나이	7−52(28.36살)	
기부자 나이	2−56(28.33살)	
대기 시간	24−2616일(275.1일)	

1.3.7 AIDS 자료

467명의 HIV 감염환자의 생존자료와 CD4+ cell과의 연관성을 위해 결합모형을 적용한다. 여기서 주요 관심 변수는 생존율에 대한 두 가지 치료법(didanosine (ddI) and zalcitabine(ddC))의 효과를 비교하고자 한다. 이때, 환자들의 CD4+ cell의 변화가 사망시점에 대한 마커 역할을 할 수 있을 것이라 기대된다. 467명의 환자를 두 그룹으로 랜덤하게 배치한 후, 연구 시작 시점을 포함하여 2, 6, 12, 18개월에 CD4+ cell 을 측정한다.

```
> library(JM)
> library(lattice)
> head(aids)
  patient Time  death  CD4       obstime drug  gender prevOI  AZT         start  stop  event
1   1     16.97   0   10.677078    0     ddC   male   AIDS    intolerance   0    6.00   0
2   1     16.97   0   8.426150     6     ddC   male   AIDS    intolerance   6    12.00  0
3   1     16.97   0   9.433981     12    ddC   male   AIDS    intolerance   12   16.97  0
4   2     19.00   0   6.324555     0     ddI   male   noAIDS  intolerance   0    6.00   0
5   2     19.00   0   8.124038     6     ddI   male   noAIDS  intolerance   6    12.00  0
6   2     19.00   0   4.582576     12    ddI   male   noAIDS  intoleranc    12   18.00  0
> attach(aids)
> table(drug,obstime)
  obstime
drug    0     2     6     12    18
ddC     237   186   157   123   14
ddI     230   182   53    103   20
```

위 분할표를 통해 시간이 경과함에 따라 환자수가 모두 줄어듦을 알 수 있다.

```
> table(aids$death[aids$obstime==0])
  0   1
 279 188
```

467명 중 188명이 사망하였으며 〈그림 1.4〉를 통해 생존여부(ALIVE vs. Dead)에 따라 CD4의 패턴이 서로 다름을 알 수 있다. 특히 t=0 시점에서 두 그룹의 시작 분포는 서로 다르며 시간이 경과함에 따라 사망자 그룹의 CD4가 급속하게 감소함을 알 수 있다.

```
> xyplot(sqrt(CD4) ~ obstime |death1, group = patient, data = aids,xlab = "Months", ylab =
expression(sqrt("CD4")), col = 1, type = "l")
```

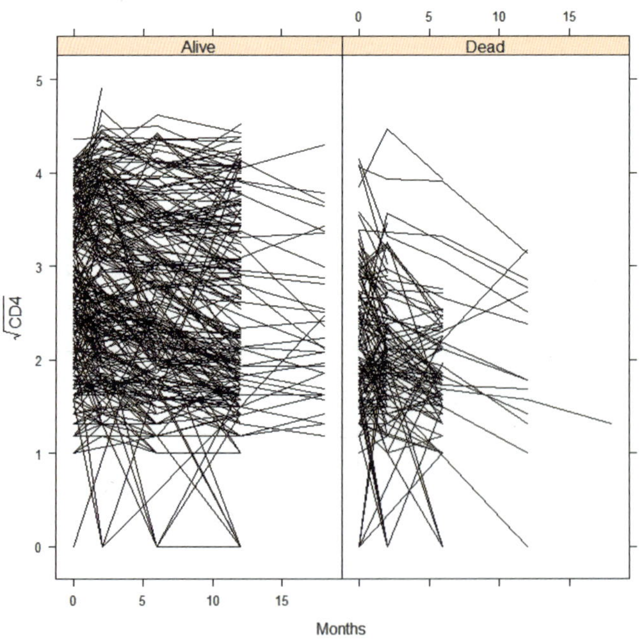

그림 1.4 생존 여부에 따른 CD4 제곱근의 변화

CHAPTER

02

비모수 방법을 이용한 생존함수의 추정

통계학에서 자료의 요약 통계량으로 사용되는 표본평균과 표본 분산은 중도절단이 있는 생존자료에서는 적합한 정보를 제공할 수 없다. 대신 다음의 평균과 생존함수의 관계를 통해 추정된 생존함수를 이용하여 확률변수의 여러 통계량을 유도할 수 있다.

$$\mu = \int_0^\infty S(u)du$$

하지만 위 관계는 이론상으로 타당하나 평균을 구하기 위해서는 $\hat{S}(t_{\max}) = 0$이 필요하므로 중도 절단으로 인해 $t_{\max} = \infty$일 경우 적용될 수 없다. 대신 중위수가 널리 사용된다. 이 장에서는 생존함수의 추정을 위해 특정한 모수 분포를 가정하지 않고 자료의 순서, 즉 순위에 의존하는 비모수적 방법을 고려한다. 자료의 형태에 따라 생존함수를 추정하는 두 가지 방법을 소개한다. 첫 번째 방법은 분석자료가 그룹화된 경우, 예를 들어 분기별 단위로 사건 발생 수와 중도절단 수의 총합이 알려진 경우에 적용되는 생명표 방법(Life-table method)을 공부한다. 이 방법은 보험 자료와 같은 대용량 자료의 생존분석 추정을 위해 적용된다(2.1절). 두 번째 방법은 개별 자료가 분석되는 Kaplan-Meier 추정량을 소개한다(2.2절). 또한 누적위험함수 추정량, 백분위수, 평균 잔여 수명 기간 추정량에 대한 통계량 계산 방법도 소개된다(2.3절). 이 외에도 여러 가지 유형의 중도절단자료(좌절삭, 구간중도절단, 좌중도절단)의 생존함수추정에 대한 비모수적 방법이 2.4절에서 설명된다.

2.1 생명표 방법

생명표 방법(Life-table method)에서는 측정 단위가 일정한 폭을 가진 구간(예를 들어, 달, 분기, 년 등)이며, 보험과 신뢰성 분석자료에서 널리 사용된다.

예제 2.1

표 2.1 심근경색 환자 자료

Year (I_i)	생존 환자 수 (위험 그룹 수, n_i)	사망 환자 수 (d_i)	중도절단 환자 수 (m_i)
[0,1)	146	27	3
[1,2)	116	18	10
[2,3)	88	21	10
[3,4)	57	9	3
[4,5)	45	1	3
[5,6)	41	2	11
[6,7)	28	3	5
[7,8)	20	1	8
[8,9)	11	2	1
[9,10)	8	2	6

〈표 2.1〉은 심근경색 환자(myocardial infarction:MI)와 연관된 임상시험 결과를 요약한 자료이다. 여기서 자료는 1년 단위로 생존 환자 수, 사망 환자 수 그리고 중도절단된 환자 수를 보여 준다. 특히 구간은 오른쪽 열림, 왼쪽 닫힘, 즉 $[t_1, t_2)$ 형태임을 주목하자. 위 표에서

m_i: 구간 I_i에서 중도절단된 환자 수

d_i : 구간 I_i에서 사망 환자 수

$n_i = n_1 - \sum_{j=1}^{i-1}(d_j + m_j)$: 구간 I_i 에서 위험 환자 수

를 의미한다. 생존함수를 구하기 위해서 다음의 조건부 확률을 고려한다.

$$q_i = \Pr[T \in I_i | T \geq I_{i-1}] = \frac{d_i}{n_i - m_i/2}$$

여기서 q_i는 $i-1$번째 구간까지 살아 있다가 i번째 구간에서 사망할 확률을 의미한

다. 이때 i번째 구간에서 m_i명이 중도절단되었을 때, 그들 중 절반은 생존하였다고 가정한다. 따라서 i번째 구간에서 위험에 노출된 개체 수는 $n_i - m_i/2$로 i번째 구간에서 생존한 개체 수에서 그 구간에서 중도절단된 환자 수의 절반을 뺀 수로 정의한다. 따라서 i번째 구간에서 생존할 확률은 $1-q_i$가 된다. 구간 i, I_i 에서 생존하기 위해서는 처음부터 그 구간까지 계속 생존함을 의미하므로 조건부 확률의 곱 공식(multiplicative formulae)에 의해 i번째 구간에서 생존할 확률은 다음과 같다.

$$\hat{S}(I_i) = (1-q_1)\times(1-q_2)\times\cdots\times(1-q_i) = \prod_{j=1}^{i}(1-q_j) = \prod_{j=1}^{i}\left\{1-\frac{d_j}{n_j-m_j/2}\right\} \quad (2.1)$$

이제 $\hat{S}(I_i)$의 분산을 고려해 보자. $\hat{S}(I_i)$는 i개의 확률$(1-q_j, j=1,\ldots,i)$들의 곱 형태 $\prod_{j=1}^{i}(1-q_j)$로 표현되어 $\hat{S}(I_i)$의 분산을 바로 구할 수 없다. 대신 다음의 로그 변환을 이용한다.

$$\log(\hat{S}(I_i)) = \log(1-q_1)+\cdots+\log(1-q_i) = \hat{\theta}$$

따라서 $\{\log(1-q_j), j=1,\cdots,i\}$의 분산을 이용하여 $\log S(I_i)$의 분산을 구할 수 있다. 여기서 $Var[\log(1-q_i)] = \dfrac{d_i}{(n_i-m_i/2-d_i)(n_i-m_i/2)}$ 이므로, 델타 방법(Delta Method)을 이용하여 $\hat{S}=e^{\hat{\theta}}$의 분산을 다음과 같이 유도한다.

$$\begin{aligned}\widehat{Var}(\hat{S}(I_i)) &= \widehat{S}^2(I_i)\left(Var[\log(1-q_1)]+\cdots+Var[\log(1-q_i)]\right) \quad (2.2)\\ &= \widehat{S}^2(I_i)\sum_{j=1}^{i}\left\{\frac{d_j}{(n_j-m_j/2-d_j)(n_j-m_j/2)}\right\}\end{aligned}$$

생명표에서 생존함수추정

lifetab(tis, ninit, nlost, nevent)

```
> library(KMsurv)
> tis<-0:10
```

```
> ninit<-146                              # 연구 시작 시 총개체 수
> ndeath<-c(27,18,21,9,1,2,3,1,2,2)       # 각 구간에서의 사망 수
> ncens<-c(3,10,10,3,3,11,5,8,1,6)        # 각 구간에서의 중도절단 수

> lifetab(tis,ninit,ncens, ndeath)

      nsubs  nlost  nrisk nevent   surv     pdf  hazard se.surv se.pdf  se.hazard
0-1    146      3   144.5     27  1.000   0.186   0.206   0.000  0.032      0.039
1-2    116     10   111.0     18  0.813   0.131   0.176   0.032  0.028      0.041
2-3     88     10    83.0     21  0.681   0.172   0.289   0.039  0.033      0.062
3-4     57      3    55.5      9  0.508   0.082   0.176   0.043  0.026      0.058
4-5     45      3    43.5      1  0.426   0.009   0.023   0.044  0.009      0.023
5-6     41     11    35.5      2  0.416   0.023   0.057   0.044  0.016      0.040
6-7     28      5    25.5      3  0.393   0.046   0.125   0.045  0.025      0.072
7-8     20      8    16.0      1  0.346  0.0216   0.064   0.046  0.021      0.064
8-9     11      1    10.5      2  0.325  0.0619   0.210   0.048  0.040      0.148
9-10     8      6     5.0      2  0.263      NA      NA   0.055     NA         NA
```

여기서 명령문 lifetab은 각 구간에서 생존자 수(nsubs), 중도절단 수(nlost), 중도절단에 의해 수정된 구간의 위험자 수 또는 유효 위험 그룹 수(effective sample size; nrisk), 구간에서의 사망자 수(nevent), 구간에서의 생존율(S_i;surv), 사망률(pdf; $S_{i-1}-S_i=f_i$), 위험률(hazard), 생존율의 표준오차(se.surv), 사망률의 표준오차(se.pdf), 위험률의 표준오차(se.hazard)를 보여 준다. 여기서 위험률($\lambda(t)$)은 각 구간의 중간시점(midpoint)에 대해 계산된다. 이를 위해 $t\in I_i=[t_{i-1},t_i)$의 생존율과 위험률은 다음의 공식을 이용한다.

$$S(t)=S(t_{i-1})+\frac{S(t_i)-S(t_{i-1})}{t_i-t_{i-1}}(t-t_{i-1}),\qquad \lambda(t)=\frac{f(t)}{S(t)}$$

예를 들어, $S(I_0)=1$이고 $\hat{S}(I_1)=1-0.187=0.813$일 때, $t=0.5$에서의 생존율을 구하기 위해서는

$$\hat{S}(0.5)=\hat{S}(I_0)+\frac{\hat{S}(I_1)-\hat{S}(I_0)}{1.0-0.0}\times 0.5=0.9065$$

이므로

$$\hat{\lambda}(0.5) = 0.186/0.9065 = 0.206$$

으로 계산된다. 또한

$$\widehat{Var}[\hat{S}(I_1)] = 0.813^2 \times \frac{27}{(146-3/2-27)(146-3/2)} = 0.001051$$

이므로 $se[\hat{S}(I_1)] = \sqrt{0.00105} = 0.0324$가 된다. 위 결과에 근거하여 심근경색 환자의 약 18.7%가 발병 후 1년 내 사망하며 다음 해에는 13%가 사망하는 것으로 추정된다. 또한 심근경색 발병 후 3년 이상 생존할 확률은 50.8%로 추정된다. 사망 위험률이 가장 높은 구간은 2~3년이었다.

2.2 Kaplan-Meier 추정량

Kaplan-Meier 추정량은 생존분석에서 생존함수의 추정량으로 가장 널리 사용된다. 여기서 개개의 생존시간들은 서로 독립적이며 중도절단은 생존시간과 독립이라고 가정한다.

중도절단자료가 없는 경우, 다음의 경험적 분포함수(empirical distribution function) $\hat{F}_n(t)$를 사용하여 생존함수를 추정한다.

$$\hat{S}_n(t) = 1 - \hat{F}_n(t) = \frac{\#(t_i > t)}{n}$$

여기서 $\hat{S}_n(t)$는 우연속계단함수(right continuous step function)이며, 다음 공식을 이

용하여 평균을 구할 수 있다.

$$\hat{\mu}=\int_0^\infty \hat{S}_n(t)dt : \hat{S}_n \text{ 아래의 면적}$$

하지만 마지막 관측된 시점이 중도절단된 자료일 경우, 위 공식은 적합하지 못하다.

예제 2.2 AML 자료

다음 표를 통해 백혈병 환자들에 대해 화학 요법의 지속적인 사용이 재발시간 연장에 효과적인지 알아보고자 한다. 이를 위해 환자들을 두 그룹으로 나눈 후 생존함수를 비교한다(Embury et al., 1977).

표 2.2 백혈병 환자의 재발시간

그룹	재발까지 걸린 시간(단위: 주)
지속 그룹	9, 13, 13+, 18, 23, 28+, 31, 34, 45+, 48, 161+
비지속 그룹	5, 5, 8, 8, 12, 16+, 23, 27, 30, 33, 43, 45

생존함수의 의미를 파악하기 위해 먼저 중도절단이 없다고 가정하자. 생존함수의 추정 예를 보여 주기 위해서는 지속그룹 11명 환자의 자료가 완전히 관측된 자료라고 가정하자(실제 4명의 환자는 중도절단을 경험하였다). 이때, 생존함수는 다음과 같이 경험적 분포함수를 이용하여 구할 수 있다($\hat{S}_n(t_j)=1-\hat{F}_n(t_j)=1-\sum_{i=1}^{j}\frac{i}{n}$).

t	0	9	13	18	23	28	31	34	45	48	161
$F_n(t)$	0	1/11	3/11	4/11	5/11	6/11	7/11	8/11	9/11	10/11	11/11
$S_n(t)$	1	10/11	8/11	7/11	6/11	5/11	4/11	3/11	2/11	1/11	0

위 결과를 다음 R 프로그램을 이용하여 구할 수 있다.

생존자료에 대한 생존함수추정

survfit(Surv(time, status)

```
> aml1<-c(9,13,13,18,23,28,31,34,45,48,161)
> status<-rep(1,11)
> fit1<-survfit(Surv(aml1,status)~1)
> plot(fit1, conf.int="plain", xlab="time(weeks)", ylab="Survival function")
> summary(fit1)
```

time	n.risk	n.event	survival	std.err	lower 95% CI	upper 95% CI
9	11	1	0.9091	0.0867	0.7541	1.000
13	10	2	0.7273	0.1343	0.5064	1.000
18	8	1	0.6364	0.1450	0.4071	0.995
23	7	1	0.5455	0.1501	0.3180	0.936
28	6	1	0.4545	0.1501	0.2379	0.868
31	5	1	0.3636	0.1450	0.1664	0.795
34	4	1	0.2727	0.1343	0.1039	0.716
45	3	1	0.1818	0.1163	0.0519	0.637
48	2	1	0.0909	0.0867	0.0140	0.589
161	1	1	0.0000	NaN	NA	NA

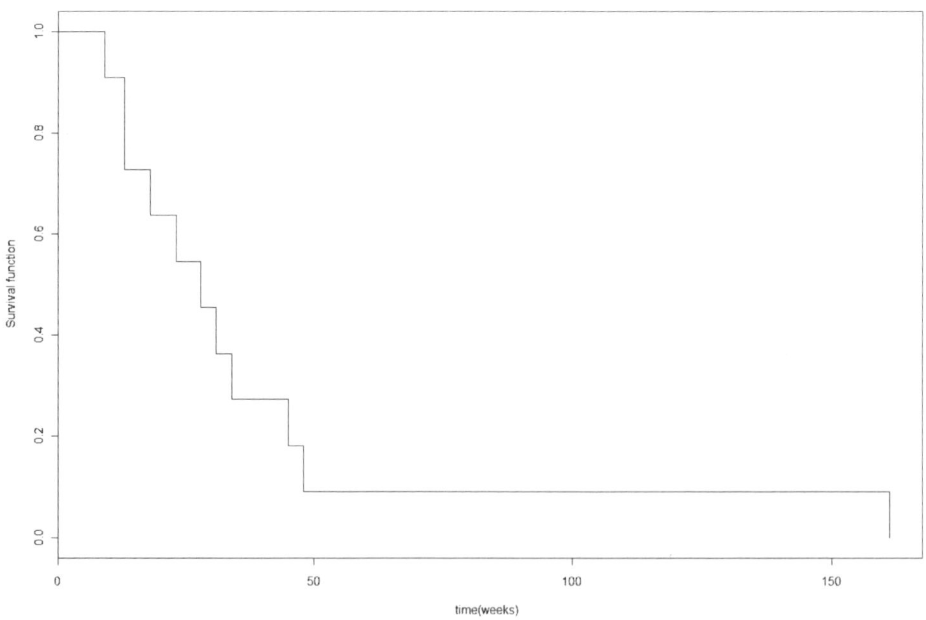

그림 2.1 중도절단자료가 없다는 가정에서 생존함수 추정량

이제 우중도절단된 자료에 대해 생존함수 추정을 고려해 보자. n명의 관측 대상에 대해 다음의 자료가 정의된다. $\widetilde{T}_i$가 관심 있는 사건 발생 시간이고 C_i가 우중도절단 시간일 때, 관측 가능한 자료를 다음과 같이 정의한다.

$$T_i = \min(\widetilde{T}_i, \ C_i), \qquad \delta_i = \begin{cases} 1 & if \ \widetilde{T}_i \leq C_i \quad (event) \\ 0 & if \ \widetilde{T}_i > C_i \quad (censored) \end{cases}$$

생존함수를 구하기 위해 $\delta_i = 1$인 T_i를 크기순으로 배열한다($t_{(1)} < t_{(2)} < \cdots < t_{(m)}$). 생존함수의 추정량은 chain rule에 의해 다음과 같이 표현될 수 있다.

$$\hat{S}(t) = \Pr(T > t) = P(T > t | T > t_{(i)}) P(T > t_{(j)} | T > t_{(j-1)}) \ \Pr(T > t_{(j-1)}) = \prod_{t_{(j)} \leq t} (1 - q_j)$$

위 생존함수 추정량은 생명표 방법에서와 마찬가지로 조건부 확률의 곱으로 표현된다. 각 조건부 확률은 $p_j = 1 - q_j = \frac{n_j - d_j}{n_j}$, $q_j = \frac{d_j}{n_j}$, $j = 1, \cdots, m$으로 추정된다. 여기서 d_j는 j 시점에서 사건을 가진 개체 수, $n_j = n_{j-1} - (d_{j-1} + m_{j-1})$는 j 시점에서의 위험개체 수(risk number)를 의미한다. 동점이 없다면 $d_j = 1$이 된다. 따라서 생존함수는 다음과 같이 추정된다.

$$\hat{S}(t) = \prod_{t_{(j)} < t} \left[1 - \frac{d_j}{n_j} \right]^{\delta(j)} = \prod_{j=1}^{k} \left[\frac{n_j - d_j}{n_j} \right] \qquad t_{(k)} \leq t < t_{(k+1)} \tag{2.3}$$

만약 사건 발생 시간과 중도절단 시간이 동시에 일어난 경우, 사건 발생이 먼저 일어났다고 가정하며, 따라서 중도절단된 개체는 이 시점의 생존함수추정 시 위험 그룹에 포함된다. $\hat{S}(t)$의 분산을 추정하기 위해 생명표와 비슷한 그린우드의 공식(Greenwood formulae)을 적용한다. 차이점은 분모에서 중도 절단 수를 고려하지 않는다는 것이다.

$$\widehat{Var}(\hat{S}(t)) = \hat{S}^2(t) \sum_{t_{(j)} \leq t} \frac{d_j}{n_j(n_j - d_j)} \tag{2.4}$$

위 식을 유도하기 위해 먼저 생존함수의 로그 변환을 적용한 후 분산을 계산한다.

$$
\begin{aligned}
Var(\log\hat{S}(t)) &= Var\left(\sum_{t_{(j)} \le t} \log\frac{n_j - d_j}{n_j}\right) = Var\left(\sum_{t_{(j)} \le t} \log p_j\right) \\
&= \sum_{t_{(j)} \le t} Var(\log p_j) \approx \sum_{t_{(j)} \le t} \left(\frac{1}{p_j}\right)^2 \frac{p_j(1-p_j)}{n_j} = \sum_{t_{(j)} \le t} \frac{d_j}{(n_j - d_j)n_j}
\end{aligned}
$$

$p_j = (n_j - d_j)/n_j$와 델타 정리에 의해 (2.4)가 유도된다. 구간 추정과 가설 검정을 위해 다음의 $\hat{S}(t)$의 근사 분포가 사용된다.

$$\sqrt{n}(\hat{S}(t) - S(t)) \sim N(0, \widehat{Var}(\hat{S}(t))) \tag{2.5}$$

예제 2.3 우중도절단자료의 생존함수추정(AML 자료)

〈표 2.2〉의 지속 그룹에 대해 그들의 중도절단자료를 포함하여 생존함수를 추정한다. Kaplan-Meir 추정치를 구하기 위해 다음의 과정이 적용된다.

(i) $\delta_i = 1$인 시간들을 순서대로 정렬한다. $(t_{(1)} < t_{(2)} < \cdots < t_{(m)})$

(ii) 각 $t_{(j)}$에서 $d_{(j)}$와 $n_{(j)}$를 계산한다.

(iii) 식 (2.3)과 (2.4)를 이용하여 $\hat{S}(t_{(j)}), Var(\hat{S}(t_{(j)}))$를 계산한다.

$$
\begin{aligned}
\hat{S}(0) &= 1 \\
\hat{S}(9) &= \hat{S}(0) \times \frac{11-1}{11} = 0.910 \\
\hat{S}(13) &= \hat{S}(9) \times \frac{10-1}{10} = 0.820 \\
\hat{S}(18) &= \hat{S}(13) \times \frac{8-1}{8} = 0.720
\end{aligned}
$$

$$\hat{S}(23) = \hat{S}(18) \times \frac{7-1}{7} = 0.610$$

$$\hat{S}(31) = \hat{S}(28) \times \frac{5-1}{5} = 0.491$$

$$\hat{S}(34) = \hat{S}(31) \times \frac{4-1}{4} = 0.370$$

$$\hat{S}(48) = \hat{S}(45+) \times \frac{2-1}{2} = 0.184$$

분산 추정량의 예로 (t=13)일 때,

$$\widehat{Var}(\hat{S}(13)) = 0.82^2 \left[\frac{1}{11(11-1)} + \frac{1}{10(10-1)} \right] = 0.0136$$

이다. 따라서 표준오차는 $se(\hat{S}(13)) = \sqrt{0.0136} = 0.116$으로 계산된다. 다음은 생존함수를 구하기 위한 R 프로그램과 결과이다.

```
aml<-c(9,13,13,18,23,28,31,34,45,48,161)
 status<-c(1,1,0,1,1,0,1,1,0,1,0)
 aml.fit<-survfit(Surv(aml, status)~1)
 summary(aml.fit)
Call: survfit(formula = Surv(aml, status) ~ 1)

 time   n.risk   n.event   survival   std.err   lower 95% CI   upper 95% CI
   9      11        1       0.909     0.0867      0.7541         1.000
  13      10        1       0.818     0.1163      0.6192         1.000
  18       8        1       0.716     0.1397      0.4884         1.000
  23       7        1       0.614     0.1526      0.3769         0.999
  31       5        1       0.491     0.1642      0.2549         0.946
  34       4        1       0.368     0.1627      0.1549         0.875
  48       2        1       0.184     0.1535      0.0359         0.944
```

95% 신뢰구간추정을 위해 식 (2.5)의 근사적 정규분포를 이용하여 다음의 식을 유도할 수 있다.

$$\hat{S}(t) \pm z_{\alpha/2}\, se(\hat{S}(t)) \tag{2.6}$$

하지만 R 프로그램에서 제공하는 결과는 식 (2.6)을 이용한 결과와 다른 값을 보여준다. 예를 들어, $t=13$에서 식 (2.6)을 이용하여 추정된 생존율의 구간추정은

$$\hat{S}(13) \pm 1.96(0.1163) = (0.590, 1.045)$$

인 데 반해 R 프로그램의 결과는 $(0.619, 1.000)$이다. R 프로그램에서는 다음의 공식을 디폴트로 하고 있다.

$$\exp\left[\log \hat{S}(t) \pm 1.96\, se(\hat{\Lambda}(t))\right] \tag{2.7}$$

여기서 $\hat{\Lambda}(t)$는 추정된 누적위험함수이며 이에 대한 설명은 2.3절에 주어진다. 만약 식 (2.6)에 근거한 신뢰구간을 구하고자 한다면 conf.type="plain"을 사용한다. $\log\hat{S}(t)$를 사용한 식 (2.7)의 공식이 디폴트로 사용되는 이유는 그린우드 공식을 이용하여 구한 분산과 구간의 타당성을 보장하기 위한 것이다. 즉 식 (2.6)을 이용하여 구한 신뢰구간 추정은 $0 \le S(t) \le 1$의 범위 밖의 값이 계산될 수 있다. 위 예에서도 신뢰구간의 상한값이 1보다 큰 값을 가지는 데 반해 식 (2.7)을 이용하여 구한 신뢰구간은 생존함수의 범위를 벗어나지 않는다.

신뢰구간추정에 대한 또 다른 방법은 log-log 변환에 근거한 방법이 있다. 즉, $V=\log(-\log(\hat{S}(t)))$는 $(-\infty, \infty)$ 구간을 언제나 만족한다. 이때 근사적 분산은

$$\widehat{Var}(V) \approx \frac{1}{(\log \hat{S}(t))^2}\,\widehat{Var}(-\log\hat{S}(t)) = \frac{1}{(\log \hat{S}(t))^2}\sum_{y_{(i)} \le t}\frac{d_i}{n_i(n_i-d_i)}$$

이며, 근사적 신뢰구간은

$$\hat{S}(t)^{\exp z_{\alpha/2}\,\widehat{\mathrm{se}}(V)} \le S(t) \le \hat{S}(t)^{\exp - z_{\alpha/2}\,\widehat{\mathrm{se}}(V)} \tag{2.8}$$

이다. 위 식 (2.8)을 이용한 신뢰구간을 얻기 위해서는 conf.type="log-log"를 사용한다.

```
> aml.fit<-survfit(Surv(aml, status)~1, conf.type="log-log")
> summary(aml.fit)
  Call: survfit(formula = Surv(aml, status) ~ 1, conf.type = "log-log")
  time   n.risk   n.event   survival   std.err   lower 95% CI   upper 95% CI
    9      11        1       0.909     0.0867      0.5081         0.987
   13      10        1       0.818     0.1163      0.4474         0.951
   18       8        1       0.716     0.1397      0.3502         0.899
   23       7        1       0.614     0.1526      0.2658         0.835
   31       5        1       0.491     0.1642      0.1673         0.753
   34       4        1       0.368     0.1627      0.0928         0.657
   48       2        1       0.184     0.1535      0.0117         0.525
```

위 결과를 통해 식 (2.7)의 결과보다 식 (2.8)의 신뢰구간이 더 좁음을 알 수 있다. 다음은 신뢰구간을 포함하지 않은 생존함수 그래프를 구하기 위한 프로그램과 결과(그림 2.2)이다. abline을 이용하여 중위값에 해당되는 시점을 시각적으로 확인할 수 있다.

```
> plot(aml.fit, conf.int=F, xlab="time until remission(week)",ylab="Survival probability")
> mtext("Estimated Survival function of AML data (Maintence group)" ,3,-3)
> abline(h=0.5)
```

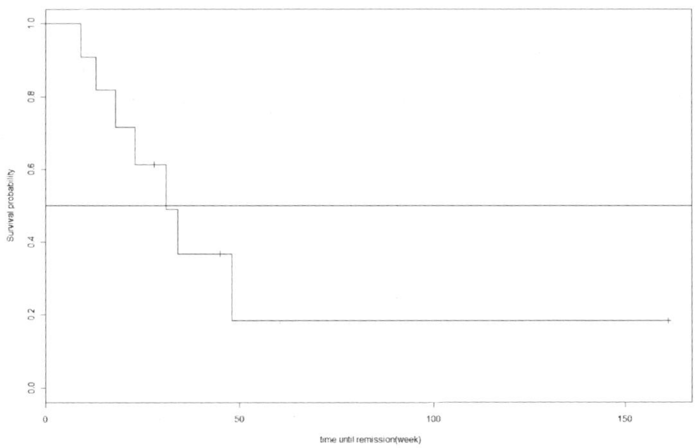

그림 2.2 AML 자료의 생존함수추정량

2.3 누적위험함수와 여러 가지 통계량

이 절에서는 생존함수와 함께 자료분석 시 널리 인용되는 위험함수추정과 백분위수추정, 평균 잔여 시간 추정에 대해 설명한다.

2.3.1 누적위험함수추정(Cumulative hazard function estimation)

누적위험함수를 추정하기 위한 방법은 두 가지가 있으며 그중 Nelson-Aalen 추정량이 더 자주 인용된다.

1) Nelson-Aalen 추정량

$$\hat{\Lambda}(t) = \sum_{y_{(j)} \le t} \frac{d_j}{n_j},$$

$$\widehat{Var}(\hat{\Lambda}(t)) = \sum_{y_{(j)} \le t} \frac{d_j}{n_j(n_j - d_j)} \qquad (2.9.1)$$

여기서 n_i는 위험 그룹 수를, d_i는 사건 수를 의미한다.

2) Kaplan-Meier 추정량에 근거한 방법

생존함수와 누적위험함수와의 관계를 이용하여 다음의 추정량이 유도된다.

$$\tilde{\Lambda}(t) = -\log \hat{S}(t) = -\log \prod_{y_{(j)} \le t} \left(\frac{n_j - d_j}{n_j} \right),$$

$$\widehat{Var}(\tilde{\Lambda}(t)) = \sum_{y_{(j)} \le t} \frac{d_j}{n_j(n_j - d_j)} \qquad (2.9.2)$$

두 추정량 $\hat{\Lambda}(t)$, $\tilde{\Lambda}(t)$는 서로 다르지만 그들의 분산은 같음을 확인할 수 있다. 예를 들어 AML 자료에 대해,

$$\tilde{\Lambda}(31) = -\log \hat{S}(31) = -\log(.491) = 0.711, \qquad \hat{\Lambda}(31) = \frac{1}{11} + \frac{1}{10} + \frac{1}{8} + \frac{1}{7} + \frac{1}{6} = 0.6255$$

〈그림 2.3〉은 AML 자료에 대해 위 두 가지 방법을 이용하여 구한 누적위험함수 추정량을 보여 준다.

```
H.tilde<-vector()
 H.hat<-vector()
 H.hat<-cumsum(aml.fit$n.event/aml.fit$n.risk)
 H.hat.Var<-cumsum(aml.fit $n.event/(aml.fit$n.risk*(aml.fit$n.risk-aml.fit$n.event)))

 H.tilde<--log(aml.fit$surv)
 H.tilde<-c(H.tilde, H.tilde[length(H.tilde)])
 H.hat<-c(H.hat, H.hat[length(H.hat)])
 plot(c(aml.fit$time,161), H.tilde, xlab="Time", ylab="Cumulative hazard", main="Comparison of
cumulative hazard funcitons", type="s")
 points(c(aml.fit$time,161), H.hat, lty=2, type="s")
 legend(locator(1), legend=c("Based on Survival function", "Nelson Aalen Est"), lty=1:2)

 cbind(aml.fit$time, H.hat, H.hat.Var, H.tilde)
             H.hat          H.hat.Var       H.tilde
 [1,]    9 0.09090909  0.009090909  0.09531018
 [2,]   13 0.19090909  0.020202020  0.20067070
 [3,]   18 0.31590909  0.038059163  0.33420209
 [4,]   23 0.45876623  0.061868687  0.48835277
 [5,]   28 0.45876623  0.061868687  0.48835277
 [6,]   31 0.65876623  0.111868687  0.71149632
 [7,]   34 0.90876623  0.195202020  0.99917839
 [8,]   45 0.90876623  0.195202020  0.99917839
 [9,]   48 1.40876623  0.695202020  1.69232557
[10,]  161 1.40876623  0.695202020  1.69232557
```

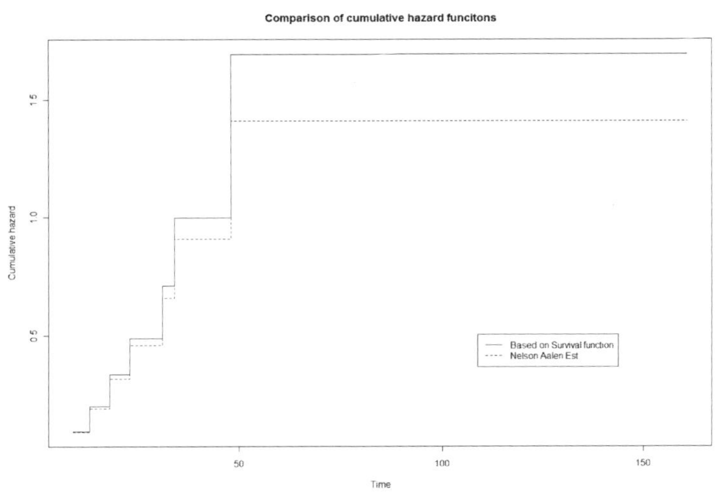

그림 2.3 누적위험 추정량

Nelson–Aalen 추정량을 구할 수 있는 또 다른 간단한 방법은 비례위험모형의 명령문을 사용하는 것이다. 즉, 공변량이 없을 경우, 누적 기저 위험함수(cumulative baseline hazard function)가 바로 Nelson–Aalen 추정량이기 때문이다. 비례위험모형은 6장에서 자세하게 다루어질 것이다. 위 결과는 cumsum(n.event/n.risk)의 결과와 동일하다.

```
> basehaz(coxph(Surv(aml,status)~1))
       hazard  time
1  0.09090909    9
2  0.19090909   13
3  0.31590909   18
4  0.45876623   23
5  0.45876623   28
6  0.65876623   31
7  0.90876623   34
8  0.90876623   45
9  1.40876623   48
10 1.40876623  161
```

2.3.2 백분위수추정

q–백분위수 t_q는 $F(t_q)=q$ 또는 $S(t_q)=1-q$로 정의되며, 연속형 생존함수에 대해 $t_q \le S^{-1}(1-q)$를 만족하므로 백분위수추정을 위해 Kaplan–Meier 추정량을 사용한다.

$$\hat{t_q} = \min\{\mathrm{t_i} : \hat{\mathrm{S}}(\mathrm{t_i}) \le 1-\mathrm{q}\} \tag{2.10}$$

백분위 추정량의 분산 추정량을 다시 델타 방법을 적용한다.

$$\widehat{Var}(\hat{t_q}) = \frac{\widehat{var}(\hat{S}(\hat{t_q}))}{(\hat{f}(\hat{t_q}))^2}$$

에서

$$\hat{f}(\hat{t_q}) = \frac{\hat{S}(u_q) - \hat{S}(l_q)}{u_q - l_q}$$

$$\hat{u_q} = \max\{t_i | \hat{S}(t_i) \geq q\}, \hat{l_q} = \min\{t_i | \hat{S}(t_i) \leq q\}$$

예제 2.4 AML 자료분석

중위생존시간은 $\hat{S}(t) = 0.5$을 만족하는 가장 작은 값으로 정의한다. 치료 지속 그룹에 대해서 $\widehat{t_{0.5}}$=31 week이며

$$\widehat{u_{0.5}} = \max\{t_i | \hat{S}(t_i) \geq 0.55\} = 23, \qquad \widehat{l_{0.5}} = \min\{t_i | \hat{S}(t_i) \leq 0.45\} = 34$$

이고 $\hat{f}(31) = \frac{\hat{S}(23) - \hat{S}(34)}{34 - 23} = \frac{0.614 - 0.368}{11} = 0.0224$으로 추정된다. 이때

$$\widehat{Var}(\widehat{t_{0.5}}) = \widehat{Var}(31) = \left[\frac{Var(\hat{S}(31))}{0.0224^2}\right] = 53.73$$

이며 중위 생존시간에 대한 95% 신뢰구간은 $31 \pm 1.96 \times \sqrt{53.73} = (16.6, 45.4)$으로 추정된다.

2.3.3 평균잔여시간(mrl:mean residual life at t)

평균잔여시간이란 t시점까지 생존이 확인되어 있을 때 t시점 이상으로 생존할 시간을 의미한다. Kaplan-Meier 추정량을 이용하여 다음과 같이 추정되며,

$$\widehat{mrl}(t) = \frac{\int_t^{t_{(n)}} \hat{S}(u)du}{\hat{S}(t)} \qquad (2.11)$$

여기서 분산은 다음 식을 이용하여 추정할 수 있다.

$$\widehat{var}\,(\widehat{mrl}(t)) = \frac{1}{\hat{S}(t)}\left[\sum_{t \le t_{(j)} \le t_{(n)}}\left(\frac{d_j}{n_j(n_j - d_j)}\right) + \left(\int_t^{y_{(n)}} \hat{S}(u)du\right)^2 \sum_{y_{(n)} \le t} \frac{d_i}{n_i(n_i - d_i)}\right]$$

2.4 다른 유형의 중도절단자료에 대한 생존함수추정

2.4.1 좌절삭자료(left truncated survival data)의 생존함수추정

좌절삭자료는 관측연구에서 흔히 발생할 수 있는 자료 형태이다. 분석할 자료가 전체 집단에 어떤 조건을 만족하는 부분 집단만으로 구성된 자료일 때, 이를 **절삭자료**(truncated data)라 한다. 1.3.2절에서 살펴보았듯 요양원에 들어오기 위해서는 특정 나이 조건을 만족해야 한다. 즉, 주어진 조건보다 큰 생존시간만이 분석 대상이 될 경우 ($T \ge 65$)를 **좌절삭자료**(Left truncated data)라고 한다. 또 다른 예는 중간사건(intermediate event)을 경험하는 연구에서 발생한다. 즉, 중간사건을 경험하지 못한 사람들의 정보는 분석 시 제외되기 때문에 중간사건에 의해 절삭되는 것이다. 1.3.6절의 골수이식 자료에서 골수이식 후 사망시간이 관심 있는 사건이라고 하자. 특히 혈소판이 정상 수준으로 회복된 환자들의 생존시간을 고려한다면 골수이식 후 혈소판 회복(platelet recovery)이 중간사건으로 간주될 수 있다. 하지만 그러한 중간사건을 경험하지 못한 환자는 분석에서 배제되고 이때의 생존시간은 좌절삭되었다고 한다. 여기서 혈소판 회복 시간이 delayed entry time(연구 참여 지체시간)이 된다. 만약 중간사건도 분석 대상이라면 8장의 다상태 모형(multi-state model)이 적용될 수 있다. 여기서는 좌절삭자료의 생존함수추정을 논의한다.

i번째 관측 대상이 L 시점에서 연구에 참여한 후 $T_i(> L)$ 시점에 사망하였다고 하자. 관측된 사망 시점을 모아 크기 순서대로 정렬하여, $t_{(1)} < t_{(2)} < \dots < t_{(m)}$을 정의한 후 각 시점에서 사망자 수 d_j와 위험 그룹에 속한 개체 수 n_j를 계산한다. 여기서 위험

그룹 개체 수는 다음을 이용하여 계산한다.

$$n_j = \sum_{i=1}^{n} I(L < t_{(j)} < T_i)$$

이는 우중도절단의 위험 그룹 개체 수 $n_j = \sum_{i=1}^{n} I(t_{(j)} < T_i)$와는 다르다. 따라서 이렇게 정의된 (d_j, n_j)를 이용하여 Kaplan-Meier 추정량을 구할 수 있다. 여기서 일단 추정된 생존함수는 조건부 확률로 인식되어야 하며 L의 값에 따라 생존함수의 형태도 다르게 정의된다.

$$Pr(X \geq t | X \geq L) = S(t)/S(L)$$

예제 2.5

요양원 자료에 위의 방법을 적용해 보자. 먼저 $L=68$(세)라고 하자. 즉, 68세 이후에 요양원에 들어온 노인이 생존할 확률을 추정하기 위해서는 다음의 공식이 적용된다.

$$\widehat{S_{68}}(t) = \prod_{68 \leq t_i \leq t} \left[1 - \frac{d_i}{n_i}\right] \qquad t \geq 68$$

만약 80세인 노인이 요양원에 들어온 후 생존할 확률을 알고 싶다면, $\widehat{S_{80}}(t), t > 80$을 사용할 수 있다. 다음은 성별별로 생존함수를 추정하기 위한 R 프로그램과 결과를 보여 준다.

```
> library(KMsurv)
> head(channing)
  obs death ageentry  age time gender
1   1     1     1042 1172  130      2
2   2     1      921 1040  119      2
3   3     1      885 1003  118      2
4   4     1      901 1018  117      2
5   5     1      808  932  124      2
6   6     1      915 1004   89      2
```

```
> firl<-survfit(Surv(ageentry, age,death)~gender, data=channing)
In Surv(ageentry, age, death) : Stop time must be > start time, NA created
> summary(fit1)
Call: survfit(formula = Surv(ageentry, age, death) ~ gender, data = channing)
4 observations deleted due to missingness
                 gender=1
time  n.risk n.event  entered censored   survival  std.err lower 95% CI upper 95% CI
777     2       1        0        0        0.5     0.354     0.125            1
781     1       1        0        0        0.0      NaN        NA             NA
869    24       1        0        0        0.0      NaN        NA             NA
872    25       1        0        0        0.0      NaN        NA             NA
876    25       1        1        0        0.0      NaN        NA             NA
893    33       1        1        0        0.0      NaN        NA             NA
```

gender=1(남성) 그룹에서 오류문이 나오며 처음 관측치 외에는 추정이 불가능했다. 처음 요양원에 들어온 두 사람(id=451, 455)의 (ageentry, age)가 각각 (751, 777)와 (759, 781)로 요양원에 들어오고 얼마 되지 않아 사망하게 된다.

```
> male.channing<-channing[channing$gender==1,]
> male.channing<-channing[channing$gender==1,]
> head(male1.channing)
     obs  death  ageentry  age   time    gender
451  451    1      751     777    26       1
455  455    1      759     781    22       1
366  366    1      782     909   127       1
383  383    0      806     943   137       1
391  391    0      817     843    26       1
402  402    0      820     957   137       1
```

위 자료에서 보다시피 세 번째 요양원에 들어온 id=366은 782개월에 요양원에 들어오게 되어 앞의 두 사람의 생존함수추정 시 위험 그룹에 포함하지 못하게 된다. 환자들의 연구 참여 시점이 서로 다른 상황에서 발생하는 문제이다. 즉, 요양원에 가장 빨리 들어온 사람에 대한 생존함수추정 시 위험 그룹의 크기는 2였다가 다시 1이 되며 이후의 생존함수는 $S(t_i) = S(t_{i-1})(1-q_i) = 0$이기 때문에 이후 생존함수의 추정이 불가능하게 된다. 따라서 이 두 사람의 자료는 분포추정에 바람직하지 못한 결과를 가져오므로 분석에서 제외하고 ageentry>781인 사람들만을 고려하는 것이 적절하다. 즉,

781개월(약 65세)이 좌절삭 시간이 되는 것이다. R 프로그램에서는 좌절삭자료를 인식하기 위해서 Surv(time, status) 포맷 대신 Surv(ageentry, age, death)가 사용된다. 여기서 ageentry는 요양원에 들어왔을 때의 나이를, age는 사망이나 중도절단 시간을 의미한다. 여기서 deaths는 사망 여부를 보여 주는 지시함수이다. 즉, 좌절삭 시간을 start 로 첫 번째 요소로 삽입하여 다음의 포맷을 만족시키게 된다.

Surv(start, stop, status)

위 형식은 다음 절에서 나올 구간중도절단에서도 사용된다. 하지만 절삭자료와 구분을 위해 중도절단자료에서는 type="interval2"를 포함한다.

Surv(start, stop, type="interval2")

여기서 interval2를 사용하는 이유는 type 2 구간 중도 절단이기 때문이다. type 1 구간 중도 절단은 current-status 자료로 left-right censored data라고도 한다(Sun, 2006).

```
> channing1<-channing[channing$ageentry>781,]
> fit<-survfit(Surv(ageentry, age,death)~gender, data=channing1)

        gender=1
time  n.risk  n.event  entered  censored  survival  std.err  lower 95% CI  upper 95% CI
869     24       1        0         0      0.9583   0.0408     0.88163        1.000
872     25       1        0         0      0.9200   0.0543     0.81957        1.000
876     25       1        1         0      0.8832   0.0634     0.76737        1.000
893     33       1        1         0      0.8564   0.0668     0.73495        0.998
894     33       1        1         0      0.8305   0.0697     0.70456        0.979
898     32       1        1         0      0.8045   0.0722     0.67482        0.959
907     34       1        0         0      0.7809   0.0738     0.64879        0.940
909     33       1        1         0      0.7572   0.0753     0.62314        0.920
911     33       1        0         1      0.7343   0.0764     0.59877        0.900
927     37       1        0         0      0.7144   0.0769     0.57855        0.882
932     36       1        0         0      0.6946   0.0773     0.55850        0.864
```

gender=2

time	n.risk	n.event	entered	censored	survival	std.err	lower 95% CI	upper 95% CI
822	28	1	2	0	0.9643	0.0351	0.89794	1.000
830	38	1	1	0	0.9389	0.0423	0.85948	1.000
845	59	1	1	0	0.9230	0.0445	0.83974	1.000
861	84	1	4	1	0.9120	0.0453	0.82737	1.000
868	94	1	2	0	0.9023	0.0459	0.81674	0.997
873	101	1	2	0	0.8934	0.0463	0.80713	0.989
883	111	1	4	0	0.8853	0.0466	0.79863	0.981
885	114	1	4	0	0.8776	0.0468	0.79048	0.974
895	132	1	4	1	0.8709	0.0469	0.78367	0.968
897	135	1	2	0	0.8645	0.0470	0.77708	0.962
901	141	1	4	0	0.8583	0.0471	0.77087	0.956
905	145	2	3	2	0.8465	0.0472	0.75894	0.944

〈그림 2.4〉는 channing 자료에서 시간별 위험 그룹 수(risk set size; n.risk)를 보여 준다. 우중도절단자료와 달리 시간에 따라 증가하기도 감소하기도 한다. 즉, 여성 그룹은 28명에서 점점 증가해 최대 162명이 969개월(약 81세)까지 생존해 있다가 이후 점점 감소하여 연구가 끝나는 1200개월(100세)에는 3명 생존해 있었다. 이에 비교하여 남성 노인들은 869개월(72.4세)에는 24명이었다가 점점 증가하여 최대 39명이 989개월(약 82살)까지 생존해 있었고 이후 감소하였다.

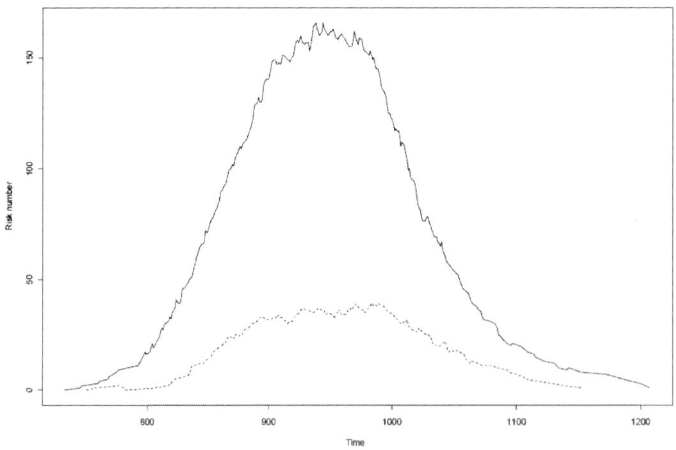

그림 2.4 channing 자료에서 남녀별 위험 그룹의 크기

〈그림 2.5〉는 L이 68세(=781개월)일 때의 남성과 여성 그룹의 추정된 생존함수를 보여 준다. 75세(=900개월) 이후부터는 여성의 생존율이 더 높았다.

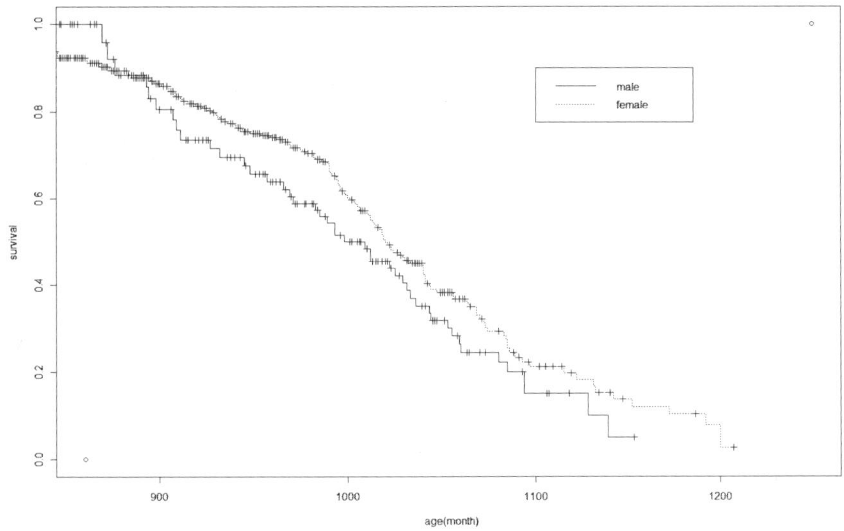

그림 2.5 두 성별의 생존함수

2.4.2 구간중도절단자료의 생존함수추정

관심 있는 사건의 발생 여부가 정기적인 관측 또는 정기 검진을 통해서만 확인될 경우, 정확한 사건 발생 시점은 알 수 없다. 대신 각 연구 대상에 대해 두 시점(L_i, R_i), 즉 사건이 발생하지 않았다고 관측된 마지막 시점(L_i)과 사건이 발생한 것을 처음으로 확인한 관측 시점(R_i)을 이용하여 관심 있는 사건의 발생 시간 T의 분포를 추정하게 된다. 만약 $L_i = R_i$이면 사건 발생 여부가 정확하게 관측됨을 의미하고, $L_i < R_i = \infty$이면 우중도절단, $0 = L_i < R_i$은 좌중도절단을 의미한다.

구간중도절단자료 $\{(L_i, R_i), i = 1, \cdots, n\}$에 대한 생존함수를 추정하기 위해 먼저 $(L_i, R_i), i = 1, ..., n$을 이용하여 equivalence set $s_j = (\tau_{j-1}, \tau_j]$, $j = 1, \cdots, m$을 구한다. equivalence set 구축에 대한 자세한 설명은 Lindsey and Ryan(1998)을 참고하라. 여기서 $\alpha_{ij} = I\ (s_j \in [L_i, R_i))$로 정의될 때 구간중도 절단 자료의 우도함수는

$$L(p) = \prod_{i=1}^{n} [S(L_i) - S(R_i)] = \prod_{i=1}^{n} \sum_{j=1}^{m} \alpha_{ij} p_j$$

로 표현될 수 있다. 여기서 $\sum_{j=1}^{m} p_j = 1$의 조건하에서 $L(p)$를 최대화하는 $p=(p_1,\cdots,p_m)$를 구하게 된다. 구간중도절단자료 추정에서 가장 많이 적용되는 Turnbull(1976)이 제시한 자기일치 추정량(self-consistent algorithm)을 설명한다. 이외에도 Iterative convex minorant(ICM) 알고리즘(Gentleman and Vandal, Vandal, 2001) 등이 적용될 수 있다.

[Step 0] $p^{(0)}$에 대한 초기치(initial value)로 모든 $j(=1,\cdots,m)$에 대해 $\hat{p}^{(0)}(s_j)=\hat{p}_j^{(0)}$ $=\frac{1}{m}$로 둔다.

[Step 1] l번째 반복에서는 α_{ij}와 이전 단계에서 추정한 $\hat{p}^{(l-1)}$을 이용하여 업데이트한다.

$$\hat{p}_j^{(l)} = \frac{1}{n}\sum_{i=1}^{n}\frac{\alpha_{ij}\hat{p}_j^{(l-1)}}{\sum_{k=1}^{m}\alpha_{ik}\hat{p}_k^{(l-1)}}, \qquad j=1\cdots m$$

수렴할 때까지 step 1을 반복한다.

예제 2.6

1.3.3절에서 소개된 유방암 환자의 유방 함몰 시점에 대한 연구에서는 두 가지 치료 방법이 비교된다. 94명의 유방암 환자들의 유방 함몰 시점에 대한 생존함수추정을 위해 interval 패키지에서 icfit 함수를 사용한다.

```
> library(Icens)
> fit<-icfit(Surv(left, right, type="interval2")~treatment, data=bcos)
> summary(fit)
treatment=Rad:
     Interval    Probability
1    (4,5]       0.0463
2    (6,7]       0.0334
3    (7,8]       0.0887
```

```
4  (11,12]     0.0708
5  (24,25]     0.0926
6  (33,34]     0.0818
7  (38,40]     0.1209
8  (46,48]     0.4656

treatment=RadChem:
      Interval   Probability
1        (4,5]     0.0433
2        (5,8]     0.0433
3      (11,12]     0.0692
4      (16,17]     0.1454
5      (18,19]     0.1411
6      (19,20]     0.1157
7      (24,25]     0.0999
8      (30,31]     0.0709
9      (35,36]     0.1608
10     (44,48]     0.0552
11     (48,60]     0.0552
```

위 결과는 두 처리 그룹의 확률 질량 함수 $\{\widehat{p_1},\cdots,\widehat{p_m}\}$를 보여 준다. 각 그룹의 추정된 생존함수 그래프를 보기 위해서는 plot 명령문을 사용할 수 있다. 〈그림 2.6〉은 두 그룹의 생존함수추정량을 보여 준다.

```
> plot(fit)
```

또는 그림자를 제거하기 위해서는 다음 명령문을 이용하며,

```
> plot(fit, shade=FALSE)
```

누적분포함수를 얻기 위해서는 다음 명령문을 이용한다.

```
> plot(fit, dtype="cdf")
```

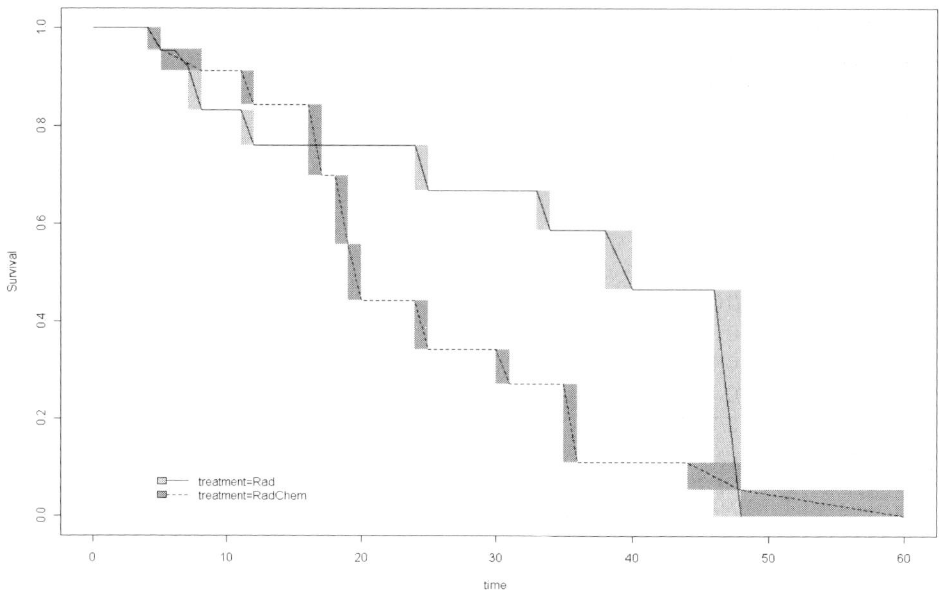

그림 2.6 구간중도절단자료(icfit 함수를 사용)

생존함수를 추정하기 위한 또 다른 방법으로는 Icens 패키지에 포함된 EMICM (Groeneboom and Wellner, 1992) 함수를 이용하는 것이다. 결과는 icfit 함수를 이용하여 구한 것과 거의 동일하다. 차이점은 생존함수의 그래프 표현에서 계단의 기울기가 비스듬한지 여부이다. 〈그림 2.7〉은 EMICM(EM-Iterative Convex Minorant)함수를 이용하여 구한 생존함수 그래프를 보여 준다.

```
> library(Icens)
> data(bcos)
> Rad<-bcos[bcos$treatment=="Rad", c("left", "right")]
> RadChen<-bcos[bcos$treatment=="RadChem", c("left", "right")]
> fitRad<-EMICM(Rad)
> fitRadChem<-EMICM(RadChem)
> plot(fitRad, surv=T)
> plot(fitRadChem, surv=T, new=F, shade=2)
```

또한 EMICM 함수는 오직 한 그룹의 생존함수만을 추정한다. 따라서 두 그룹의 생존함수를 추정하기 위해서는 EMICM을 두 번 사용해야 한다.

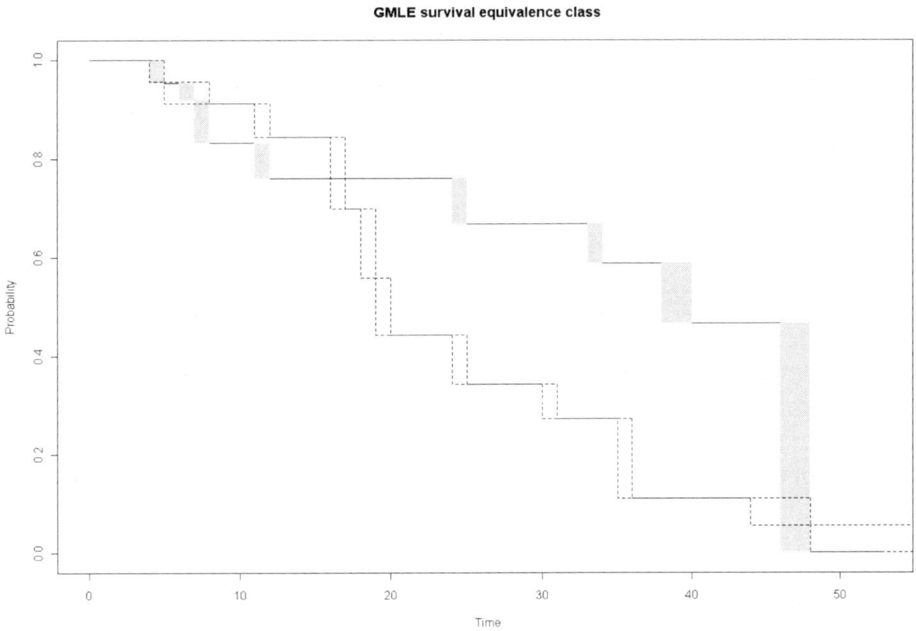

그림 2.7 EMICM 알고리즘을 이용한 두 그룹의 생존함수

〈그림 2.6〉과 〈그림 2.7〉을 통해 시간이 경과할수록 방사능 치료 그룹의 유방 함몰률이 복합 치료보다 더 작음을 알 수 있다.

2.4.3 좌중도절단자료의 생존함수추정

좌중도절단자료는 관심 있는 사건이 연구 시작 이전에 이미 발생하여 그 정확한 시점을 알 수 없는 경우에 해당한다. 간혹 좌중도절단자료와 우중도절단자료만 존재할 때, 이런 자료를 type 1 구간중도절단자료 또는 current status 자료라고 한다. 이에 대한 자세한 설명은 Sun(2006)을 참고하길 바란다. 여기서는 세 가지 종류의 생존자료를 포함한 1.3.1절의 청소년의 마리화나 흡연 경험에 대한 자료를 분석한다. 그들이 마리화나를 언제 시작했는지 여부를 정확하게 기억하지 못하며 어떤 시점 전이라는 것만을 알고 있을 때, 그 자료는 좌중도절단되었다고 한다. 일반적으로 좌중도절단자료 $(T < L)$, 우중도절단자료$(T > R)$라고 하며, 정확한 발생 시간이 있을 때 이중절단자료(doubly censored data)라고도 한다. 생존함수추정을 위해 Turnbull(1974)이 제시한 수정된 누적한계추정량(modified product limit estimator)을 사용할 수 있다. 먼저 적절한 time grid $0 = t_0 < t_1 < \dots < t_m$을 정한 후 다음의 세 통계량을 각 시점에서 계산한다.

d_i : t_i에서 일어난 사건 수

r_i : t_i에서 일어난 우중도절단 수(right censored data)

c_i : t_i에서 일어난 좌중도절단 수(left censored data)

[Step 0] 초기치, $S^{(0)}(t)$를 계산한다. 이를 위해 좌중도절단자료를 무시하고, 우중도절단자료와 정확한 사건 발생 시간만을 이용하여 Kaplan-Meier 추정치를 계산한다.

[Step 1] k(=1,2,⋯)번째 추정단계에서 각 시점에 대해 다음 확률이 업데이트된다.

$$p_{ij}^{(k)} = Pr[t_{j-1} < T < t_j \mid T \le t_i] = \frac{\hat{S}(t_{j-1}) - \hat{S}(t_j)}{1 - \hat{S}(t_i)} \quad , \quad j \le i$$

여기서 p_{ij}는 t_i에서 좌중도절단된 자료가 $(t_{j-1}, t_j]$ 에 사건이 발생할 확률이다. 따라서 t_j 시점에 일어난 사건 수는

$$\tilde{d}_j = d_j + \sum_{i=j}^{m} c_i p_{ij}$$

이며 위험 그룹 수는 우중도절단자료수, r_j와 새롭게 업데이트된 $\tilde{d}_j$를 이용하여 $\tilde{n}_j = \tilde{n}_{j-1} - (\tilde{d}_j + \tilde{r}_j)$로 계산된다.

[Step 2] 위에서 구한 $(\tilde{d}_j, \tilde{n}_j)$를 2.2절의 식 (2.3)에 대입하여 Kaplan-Meier 추정치를 계산한다.

$$\hat{S}(t) = \prod_{t_j < t} \left(1 - \frac{\tilde{d}_j}{\tilde{n}_j}\right)$$

[Step 3] Step 1과 Step 2를 수렴이 될 때까지 반복된다.

앞에서 소개한 구간중도절단자료 분석의 명령문 icfit 함수를 사용한다. 이를 위해 다음의 자료 포맷이 필요하다. 정확하게 관측된 자료는 [t,t], 우중도절단자료는 [t, ∞], 좌중도절단은 [0,t] 형식을 사용한다. 다음은 마리화나 자료를 icfit 함수에 적용하기 위해, (L,R) 포맷으로 변환한 자료의 일부분을 보여 준다.

```
> cbind(tt1,tt2)
        tt1 tt2
  [1,]   0  13
  [2,]   0  14
  [3,]   0  14
  [4,]   0  15
 ....
 [13,]  10  10
 [14,]  10  10
 [15,]  10  10
 [16,]  10  10
.....
[188,]  17 Inf
[189,]  17 Inf
[190,]  17 Inf
[191,]  17 Inf

> fit0<-icfit(tt1,tt2,type="Interval2")
> fit0

$pf
   [10,10]    [11,11]    [12,12]    [13,13]    [14,14]    [15,15]    [16,16]    [17,17]    [19,19]
0.02349732 0.07049197 0.11161229 0.14310030 0.13554600 0.12363583 0.04674505 0.03745741
0.30791382

> cumsum(fit0$pf)        # 누적 분포 함수
   [10,10]    [11,11]    [12,12]    [13,13]    [14,14]    [15,15]    [16,16]    [17,17]    [19,19]
0.02349732 0.09398929 0.20560158 0.34870188 0.48424789 0.60788372 0.65462877 0.69208618
1.00000000

> 1-cumsum(fit0$pf)      # 생존 분포 함수
   [10,10]      [11,11]      [12,12]      [13,13]      [14,14]      [15,15]      [16,16]      [17,17]      [19,19]
9.765027e-01 9.060107e-01 7.943984e-01 6.512981e-01 5.157521e-01 3.921163e-01 3.453712e-01 3.079138e-01 -4.440892e-16
```

CHAPTER

03

생존함수의 비교

3장에서는 2장에서 다루었던 비모수 생존함수추정방법과 연관하여 두 그룹의 생존함수의 동일성 여부를 검정하기 위한 여러 방법들을 공부한다. 여기서 배운 내용은 세 개 이상의 생존함수를 비교하기 위해 적용될 수 있다. 우리가 검정할 귀무가설은 다음과 같다. 두 그룹의 생존 함수의 동일성이 모든 관측 시점 t에서 검토된다.

$$H_0 : S_1(t) = S_2(t), \qquad \forall t$$

귀무가설이 참이 아니라면 다음 두 가지 대립가설을 고려할 수 있을 것이다.

① $H_1 : S_1(t) > S_2(t)$ 또는 $H_1 : S_1(t) < S_2(t), \quad \forall t$

② $H_1 : \; S_1(t) > S_2(t) \quad t > t^*$ 이고 $S_1(t) \le S_2(t) \quad t \le t^*$

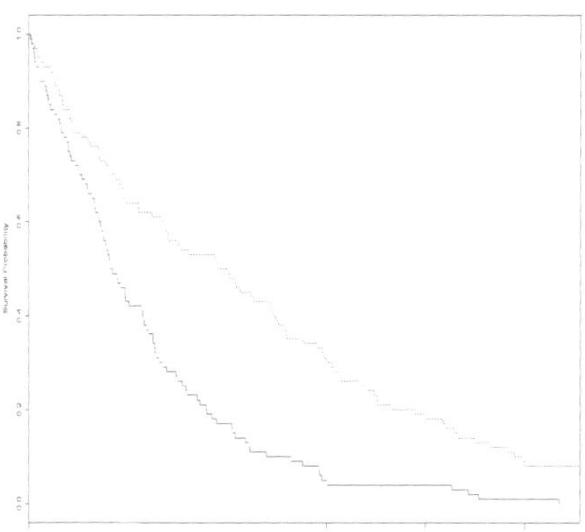

그림 3.1

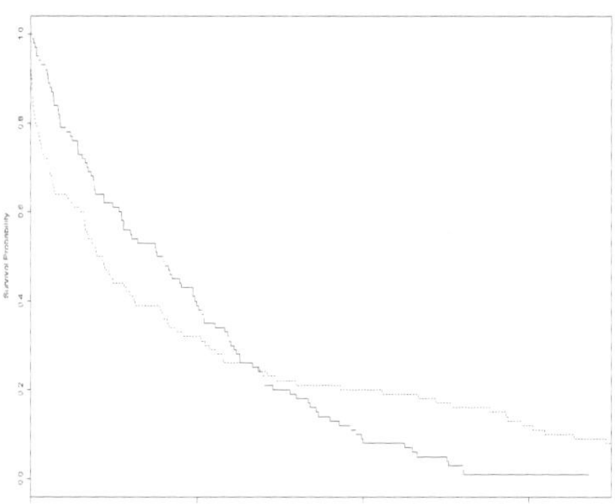

그림 3.2

첫 번째 대립가설 ①은 한 그룹의 생존함수가 다른 그룹에 비해 모든 시간에 걸쳐 더 크거나 작은 경우를 의미하며(그림 3.1), 두 번째 대립가설 ②는 어떤 특정 시점을 기준으로 그룹 1과 그룹 2의 생존함수가 교차되는 경우를 보여 준다(그림 3.2). 3.1절에서는 가장 보편적으로 사용되는 로그 순위검정(log-rank test)이 유도된다. 3.2절에서는 여러 가지 다른 형태의 대립가설에 대해 가중치가 적용된 가중 로그 순위검정(weighted log-rank test)이 제시될 것이다. 3.3절에서는 구간중도절단자료(interval censored data)의 생존함수의 비교에 대해 공부한다.

3.1 로그 순위검정

두 그룹으로 관찰된 자료가 다음과 같을 때 두 그룹의 생존함수의 동질성 여부를 검정하고자 한다. 다음의 자료를 고려해 보자. 여기서 생존시간에 대한 자료는 $(t_{ij},\ \delta_{ij})$로 표현된다.

$$\text{그룹 1: } (t_{11},\delta_{11}),(t_{12},\delta_{12}),\cdots,(t_{1m_1},\delta_{1m_1}),$$

$$\text{그룹 2: } (t_{21},\delta_{21}),(t_{22},\delta_{22}),\cdots,(t_{2m_2},\delta_{2m_2})$$

로그 순위검정 통계량을 유도하기 위해 먼저 두 그룹의 생존시간 t_{ij} 을 모두 합친 후(pooled), 크기 순서에 따라 나열하여 $\delta=1$인 값들에 대해서 $t_{(1)}<\cdots<t_{(r)}$을 생성한다. 각 $t_{(i)}$ 시점에서 그룹 1로부터 관찰된 사건 수를 d_{i1}, 위험 그룹에 속한 건수는 $Y_{i1}=\sum_{k=1}^{m_1} I(t_{1k}\geq t_{(i)})$으로 정의한다. 비슷하게, $t_{(i)}$ 시점에서 그룹 2로부터 관찰된 사건 수와 위험 그룹에 속한 건수는 d_{i2}와 Y_{i2}로 정의된다. 여기서 $d_i=d_{i1}+d_{i2}$는 $t_{(i)}$ 시점에서 관찰된 사건의 총수이며, $Y_i=Y_{i1}+Y_{i2}$는 $t_{(i)}$ 시점에서 위험 그룹에 속한 개체의 총합이 된다.

검정 통계량을 유도하기 위해 각 사건 발생 시점 $t_{(i)}$에서 그룹 1에 대해 귀무가설과 대립가설하에서 구한 위험률의 추정량을 사용한다. 좀 더 구체적으로 살펴보자면, 귀무가설하에서 두 그룹의 생존함수 또는 위험함수가 같으므로 $t_{(i)}$ 시점에서 관측된 위험률은 d_i/Y_i이며 그룹 1에서 추출한 표본만을 사용할 경우의 위험률은 d_{i1}/Y_{i1}로 이들은 귀무가설이 맞다면 비슷한 값을 가질 것이다. 따라서

$$Z^*=\sum_{i=1}^{r}\left[\frac{d_{i1}}{Y_{i1}}-\frac{d_i}{Y_i}\right] \tag{3.1}$$

의 절댓값은 작은 값을 가지게 될 것이며, 큰 절댓값에 대해서는 귀무가설을 기각하게 된다. 또한 식 (3.1)은 다음과 같이 표현될 수 있다.

$$Z^* = \sum_{i=1}^{r} \frac{1}{Y_{i1}} \left[d_{i1} - Y_{i1} \frac{d_i}{Y_i} \right] = \sum_{i=1}^{r} \frac{1}{Y_{i1}} [O_{i1} - E_{i1}]$$

즉, 검정 통계량은 t_i 시점에서 그룹 1에서 관측된 사건 수($O_{i1} = d_{i1}$)와 귀무가설하에서 구한 d_{i1}의 기대사건 수($E_{i1} = Y_{i1}\frac{d_i}{Y_i}$)의 차이의 합으로 해석된다.

이와 같은 유도는 범주형 자료의 카이제곱 적합도검정과 매우 유사한 형태를 가진다. 이제 검정 통계량의 분산을 유도하기 위해 d_{i1}에 대한 분포가 사용된다. 즉, Y_i, Y_{i1}와 d_i가 알려져 있는 경우, d_{i1}의 조건부 분포는 귀무가설하에서 초기하분포(Hypogeometric distribution)를 따르게 된다. 따라서 평균과 분산은 각각 다음과 같다.

$$E(d_{i1}) = Y_{i1}\frac{d_i}{Y_i}, \qquad Var(d_{i1}) = \frac{Y_{i1}Y_{i2}}{Y_i - 1}\frac{d_i}{Y_i}\left(1 - \frac{d_i}{Y_i}\right) = V_{i1}$$

이를 이용하여, Z^*의 분산은 $V_1 = \sum_{i=1}^{r} V_{i1}$이며 **로그 순위검정 통계량(log rank test statistic)**은 다음과 같이 정의된다.

$$Z = \frac{Z^*}{\sqrt{V_1}} \sim N(0,1), \qquad \chi^2 = \frac{Z^{*2}}{V_1} \sim \chi^2(1)$$

예제 3.1

예제 2.2에서 소개한 AML 자료에 로그 순위검정을 적용해 보자. 이 자료에서는 화학요법 지속 그룹과 비지속 그룹의 재발 시간 분포의 차이 여부를 조사하고자 한다. group 변수의 값은 (1: 지속 그룹, 0: 비지속 그룹)으로 정의된다.

생존함수의 비교

survdiff(formula, data, subset, na.action, rho=0)

여기서
formula는 Surv(time,status)가 사용됨.
rho는 가중 로그 순위 통계량를 위해 사용됨. default는 0.

```
> amlt<-c(9,13,13,18,23,28,31,34,45,48,161,5,5,8,8,12,16,23,27,30,33,43,45)
> statust<-c(1,1,0,1,1,0,1,1,0,1,0,1,1,1,1,1,0,1,1,1,1,1,1)

> group<-c(rep(1,11),rep(0,12))
> group
 [1] 1 1 1 1 1 1 1 1 1 1 1 0 0 0 0 0 0 0 0 0 0 0 0

> aml<-data.frame(amlt,statust,group)
> aml.diff<-survdiff(Surv(amlt,statust)~group,data=aml)
> aml.diff
Call:
survdiff(formula = Surv(amlt, statust) ~ group)

         N  Observed  Expected  (O-E)^2/E  (O-E)^2/V
group=0  12       11      7.31       1.86       3.40
group=1  11        7     10.69       1.27       3.40

 Chisq= 3.4  on 1 degrees of freedom, p= 0.0653
```

R 프로그램에서 survdiff 함수가 사용된다. 검정 통계량은 $\chi^2 = 3.4$이며 유의수준 0.05 하에서 두 그룹 간에는 유의적인 차이가 있다고 할 수 없다. 하지만 p-value가 0.065로, 유의수준으로 $\alpha = 0.1$가 사용된다면 두 그룹의 차이는 유의적이라고 할 수 있다. 부록의 SAS 결과는 세 가지 분석 방법인 logrank, wilcoxon, 우도비 검정 결과를 보여 준다. 〈그림 3.3〉은 두 그룹의 Kaplan-Meier 생존함수추정량을 보여 준다. 2장에서 구한 aml.fit에 저장된 추정된 생존함수를 이용하여 그래프를 작성한다. 〈그림 3.3〉의 추정된 생존함수들을 통해 지속 그룹(maintenance)은 모든 시간대에서 비지속 그룹(non maintenance)보다 재발 소요시간이 더 길다는 것을, 또는 비지속 그룹이 더 빨리 재발한다는 것을 알 수 있다.

```
> aml.fit<-survfit(Surv(aml, status)~group),
> plot(aml.fit, conf.int=F, xlab="Time until remission (in week)", ylab="Prob without remission",
  cex=2, lty=2:1)
> legend(70, 0.7, lty=c(1:2), legend=c("Maintenance", "Non-Maintenance"))
> title("Survival functions of AML groups")
```

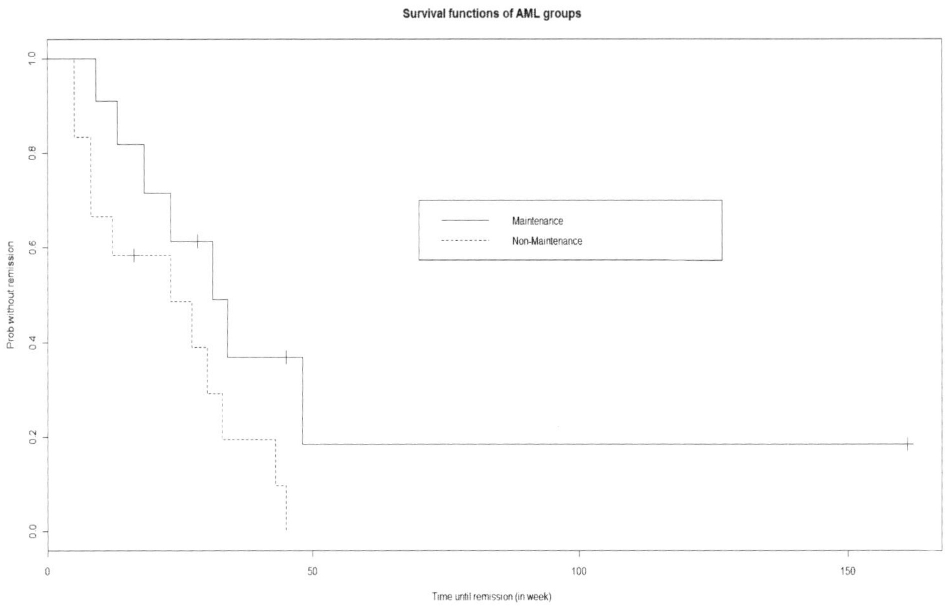

그림 3.3 AML 자료에서 두 그룹의 생존함수 비교

3.2 가중 로그 순위검정

앞 절에서 소개된 로그 순위검정은 두 생존함수를 비교할 때, 모든 시간대에 동일한 가중치(=1)를 부여하였다. 즉, 모든 시간대의 영향력이 동일하게 반영됨을 의미한다. 실제 자료분석 시 두 생존함수의 차이가 초반에 두드러지는 경우, 이러한 차이를 부각하기 위해서는 초반에 큰 가중치를 부여하는 것이 높은 검정력(power)을 가져올 수 있다. 여기서 검정력이란 차이가 큰 두 생존분포에 대해 귀무가설을 기각할 확률을 의미

한다. 이와 같이 관심 있는 시간대에 더 많은 가중치를 부여하는 가중 로그 순위검정 방법(Weighted log-rank test)이 사용된다.

$$Z_W^* = \sum_{i=1}^{r} W_i \frac{1}{Y_{i1}} \left[d_{i1} - Y_{i1} \frac{d_i}{Y_i} \right] \qquad V_W = \sum_{i=1}^{r} W_i^2 \frac{Y_{i1} Y_{i2}}{Y_i - 1} \frac{d_i}{Y_i} \left(1 - \frac{d_i}{Y_i} \right)$$

$$Z_w = \frac{Z_w^*}{\sqrt{V_w}} \sim N(0,1) \text{ 또는 } \chi_w^2(1) = Z_w^2$$

여기서 가중치 W_i는 시간에 따라 변하는 생존함수 간의 차이를 강조하기 위해 사용된다. 따라서 검정하고자 하는 대립가설의 형태에 따라 적절한 가중함수를 사용함으로써 검정력을 높일 수 있다. $W_i = 1$은 가장 널리 적용되는 로그 순위검정이며, 비교하고자 하는 두 그룹의 생존함수의 차가 모든 시간대에 대해 동일하다는 가정하에서 (즉, 비례한다면) 적용된다. 두 번째로 자주 사용되는 가중함수는 $W_i = Y_i$로 초기 시간에 큰 가중치를 주고 후반부에는 작은 가중치를 줌으로써 초기 위험률 차이를 더 중요시함을 의미한다. 비슷한 목적으로 $W_i = \hat{S}(t_i)$가 사용될 수 있다. Fleming and Harrington(1991)은 다음과 같은 가중치의 좀 더 일반적인 형태를 제안하였다.

$$W_i(p,q) = \hat{S}(t_i)^p \left[1 - \hat{S}(t_i) \right]^q \qquad p \geq 0, \quad q \geq 0$$

여기서

① $p = q = 0$이면 로그 순위검정이 되고,

② $p = 1,\ q = 0$일 때 peto-prentice 통계량으로 초기 시점 차이에 더 가중치를,

③ $p = 0,\ q > 0$은 후반부의 생존함수 차이에 더 많은 가중치를 부여하기 위해 사용될 수 있다.

예제 3.2

신장 투석에서 카테터(catheter: 체내에 삽입하여 소변 등을 뽑아내는 도관)를 투석하는 두 가지 방법을 비교하고자 한다. 첫 번째 방법은 수술요법이고 두 번째 방법은 피부를 통해서 투석하는 것으로, 여기서 반응변수는 피부돌출부위(cutaneous exit-site) 감염 발생 시간이다. 〈그림 3.4〉는 두 그룹의 감염 시간의 생존함수를 보여 준다. 여기서 두 그룹의 생존함수가 교차함을 알 수 있다. 즉, 초기 시점에는 수술요법이 피부를 통해 직접 투입하는 방법보다 감염이 덜 발생하지만 약 7개월 이후로는 수술요법에서 감염이 더 빈번하게 발생하였다. 또한 피부를 통해 투입하는 방법은 초기 시점 이후로 감염이 거의 발생하지 않았다.

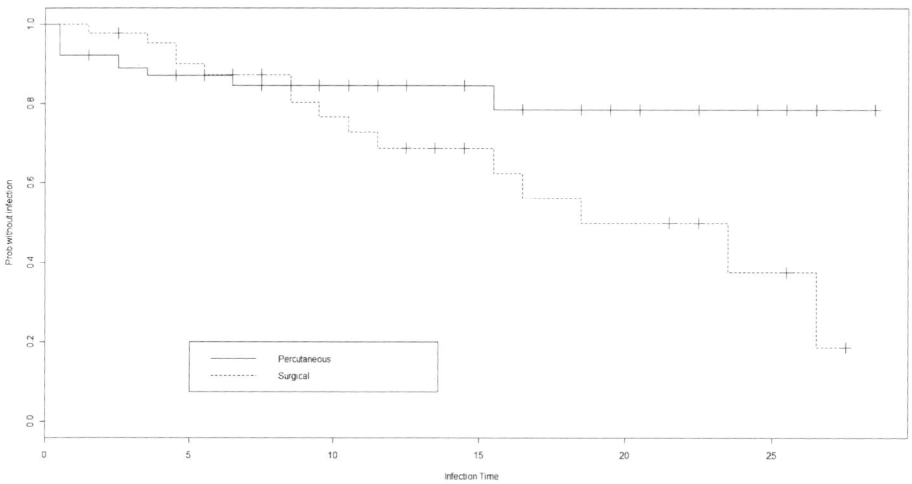

그림 3.4 두 가지 투석방법의 감염 생존율의 비교

가중 검정 통계량을 적용한 결과는 다음과 같이 요약된다.

검정 통계량	χ_w^2	P-value
로그 순위검정 ($p=q=0.0$)	2.50	0.112
Peto-Prentice 검정 ($p=1.0, q=0.0$)	1.40	0.239
F-H ($p=0.5, q=0.0$)	1.90	0.167
F-H ($p=-1, q=0.0$)	4.00	0.046

이 자료는 비례위험의 가정이 적합하지 않기 때문에 로그 순위검정 통계량은 적절한 방법이 되지 못한다. 연구자의 관심이 초기 시점에 있다면 $(p,q)=(1,0)$ 또는 $(0.5,0)$이 적용된 결과가 사용되며 두 그룹은 유의적으로 다르다고 할 수 없다. 하지만 후반부에 가중치를 더 많이 주는 검정 통계량을 고려할 때, 귀무가설은 기각하게 된다. 아래 프로그램은 $p=-1$, $q=0$(즉, $W_i=1/S(t_i)$)을 적용함으로써 후반부에 큰 가중치를 두는 가중 검정 통계량의 결과를 보여 준다. 다음 결과를 통해 두 그룹은 서로 다른 생존 패턴을 가짐을 알 수 있다(p-value=0.0465).

```
> library(KMsurv)
> survdiff(Surv(time,cen)~trt, rho=-1.0, data=kidney)
Call:
survdiff(formula = Surv(time, cen) ~ trt, data = kidney, rho = -1)

        N  Observed  Expected  (O-E)^2/E  (O-E)^2/V
trt=1  43      19.1      13.1       2.71       3.96
trt=2  76      11.7      17.6       2.02       3.96

 Chisq= 4  on 1 degrees of freedom, p= 0.0465
> kidney.fit<-survfit(Surv(time,cen)~trt, data=kidney)
> plot(kidney.fit, conf.int=F, xlab="Infection Time", ylab="Prob without infection", cex=2,
  lty=2:1)
> legend(5, 0.2, lty=c(1:2), legend=c("Percutaneous", "Surgical"))
```

위 자료에서 주목할 점은 피부투입 방법의 낮은 감염 발생률로 인한 평원효과(plateau effect)이다. 이러한 현상에 대해 치유율 모형(cure-rate model)이 적용될 수 있으며, 이는 10.1절에서 다룰 것이다(Kuk and Chen(1992), Sy and Taylor (2000)).

3.3 구간중도절단자료에서 두 생존함수의 비교

구간중도절단자료에 대한 로그 순위검정은 크게 세 가지 종류로 나눌 수 있다(스코어 검정, 순열검정(permutation test), 다중 대체(multiple imputation) 방법). 이 방법 중에서 스코어 검정이 가장 많이 사용되며 R 프로그램에서도 이 방법을 이용한 검정 결과를 제공한다.

2.4.2절에서 정의된 것처럼 equivalence set $s_j=(\tau_{j-1},\tau_j]$, $0=\tau_0<\tau_1<\tau_2<\cdots<\tau_m$를 통해 $\alpha_{ij}=I(s_j\in(L_i,R_i))$가 정의되며, p개 그룹의 생존분포의 동질성을 비교하기 위한 검정 통계량 $U=(U_1,\cdots,U_{p-1})$은 다음과 같이 표현된다.

$$U_l=\sum_{j=1}^{m}w_j\left[d_{jl}-n_{jl}\frac{d_j}{n_j}\right],\quad l=1,\cdots,p-1$$

여기서 w_j은 s_j 구간에 대한 가중치를 의미하며 각 가중치에 따라 다음의 세 가지 방법이 적용된다.

① $w_j=1$: Sun(1996)의 방법(디폴트 방법)

② $w_j=\dfrac{\hat{S}(t_{j-1})\log\hat{S}(t_{j-1})-\log\hat{S}(t_j)}{\hat{S}(t_{j-1})-\hat{S}(t_j)}\approx 1$: Finkelstein(1986)의 방법

③ $w_j=\hat{S}(t_{j-1})$: Wilcoxon–type test

따라서 ①과 ②의 검정은 매우 유사한 결과를 제공하는 반면에 한편 ③은 초기 차이에 큰 가중치를 주는 것으로 우중도절단의 peto–prentice 가중치를 가진 로그 순위검정의 개념과 동일하다. 이 검정을 실행하기 위해서는 "interval" 패키지가 필요하다.

구간중도절단에 대한 로그 순위검정

```
ictest(left,right,type="interval2")~trt, scores="logrank1")
scores="logrank2" : Finkelstein 방법
score="wmw" : Wilcoxon type 방법
```

예제 3.3

예제 2.6에서 사용했던 유방암 자료를 사용한다. 두 가지 치료 방법의 효과를 비교하기 위해 위에서 설명한 세 가지 방법이 차례대로 적용된다.

```
> library(interval)
> test<-ictest(Surv(left,right,type="interval2")~treatment,data=bcos)
> test2<-ictest(Surv(left,right,type="interval2")~treatment,data=bcos, scores="logrank2")
> test3<-ictest(Surv(left,right,type="interval2")~treatment,data=bcos, scores="wmw")

> test
        Asymptotic Logrank two-sample test (permutation form), Sun's scores
data:  Surv(left, right, type = "interval2") by treatment
Z = -2.6684, p-value = 0.007622
alternative hypothesis: survival distributions not equal

                     n   Score Statistic*
treatment=Rad        46     -9.141846
treatment=RadChem    48      9.141846

> test2

        Asymptotic Logrank two-sample test (permutation form), Finkelstein's scores

data:  Surv(left, right, type = "interval2") by treatment
Z = -2.6839, p-value = 0.007277
alternative hypothesis: survival distributions not equal

                     n   Score Statistic*
treatment=Rad        46     -9.944182
treatment=RadChem    48      9.944182

> test3

        Asymptotic Wilcoxon two-sample test (permutation form)

data:  Surv(left, right, type = "interval2") by treatment
Z = -2.1672, p-value = 0.03022
alternative hypothesis: survival distributions not equal

                     n   Score Statistic*
treatment=Rad        46     -5.656724
treatment=RadChem    48      5.656724
```

위 세 검정 통계량의 p-value는 모두 0.05보다 작으므로 두 치료 방법이 동일하다는 귀무가설은 기각된다. 〈그림 2.6〉과 〈그림 2.7〉을 통해 두 치료 방법의 생존함수는 모든 시점에서 차이가 남을 알 수 있다.

CHAPTER

04

모수 분포를 이용한 생존함수의 추정과 회귀모형

앞 장에서는 생존함수에 대한 정보가 없을 때 자료의 순위에 근거한 비모수 방법을 이용하여 생존함수를 추정하였다. 만약 과거 연구를 통해 관련 자료가 어떤 분포를 따른다고 알려져 있을 때, 이러한 정보를 이용하여 생존함수를 추정하면 좀 더 정확한 추론 결과를 제공할 수 있다. 즉, 생존시간이 특정 모수 분포를 가질 경우 우도함수를 유도할 수 있으며 모수의 최대 우도 추정량을 구할 수 있다. 4.1절에서는 우도함수에 근거한 일반적인 모수 추정 방법을 복습한다. 4.2절에서는 가장 간단한 지수분포와 가장 널리 적용되는 와이블, 로그 로지스틱, 로그 정규분포의 특성들을 설명하고 그 적용 예를 제시한다. 4.3절에서는 모수회귀모형의 기본이 되는 가속실패 위험 모형을 소개하고 4.4절에서는 여러 가지 분포의 적용 예를 공부한다. 4.5절에서는 모형의 적합도와 비례 오즈 모형을 소개한다.

4.1 우도함수

우선 중도절단자료가 없는 완전한 자료를 가정한다. 즉, $t_{1,} \ldots t_n$은 서로 독립적이고 동일한 확률밀도함수 $f(\cdot\,;\theta)$를 따른다고 하면, 모수 θ를 추정하기 위해 우도함수는 다음과 같이 정의된다.

$$L(\theta) = \prod_{i=1}^{n} f(t_i;\theta)$$

예를 들어 t_i가 로그-정규 분포를 따른다면 모수 $\theta = (\mu, \sigma)$이며 θ의 우도함수는

$$L(\mu, \sigma) = \prod_{i=1}^{n} \frac{1}{\sqrt{2\pi}\, t_i\, \sigma} \exp(-(\log t_i - \mu)^2 / 2\sigma^2)$$

이다. 모수 θ의 **최대우도추정량**(Maximum Likelihood Estimator: MLE)은 우도함수(또는 로그 우도함수)를 최대화하는 θ를 의미하며, 일반적으로 다음의 우도 방정식(likelihood equation) 또는 스코어 방정식(score equation)을 통해 구할 수 있다.

$$U(\theta) = \frac{\partial \log L(\theta;t)}{\partial\theta} = \frac{\partial l(\theta)}{\partial\,\theta} = \sum_{i=1}^{n} \frac{\partial \log f(t_i;\theta)}{\partial\theta} = 0$$

여기서 $U(\theta)$를 스코어(score)라고 하며, 만약 $U(\theta)$가 닫힌 형태(closed form)로 표현될 수 없는 경우 θ는 뉴톤 랍슨 알고리즘(Newton−Raphson algorithm)과 같은 반복 기법을 이용하여 구할 수 있다. 일단 θ의 최대우도추정량(MLE), $\hat{\theta}$을 구한 후 추정량의 분산은 다음의 관측된 정보행렬(observed information matrix)을 이용하거나

$$I(\hat{\theta}) = -\left.\frac{\partial^2 l(\theta)}{\partial\theta\,\partial\theta'}\right|_{\theta=\hat{\theta}} = -\sum_{i=1}^{n} \left.\frac{\partial^2 \log f(t_i,\theta)}{\partial\theta\,\partial\theta'}\right|_{\theta=\hat{\theta}}$$

다음의 fisher 정보행렬(fisher information matrix)이 사용될 수도 있다.

$$\tilde{I}(\theta) = -E\left[\frac{\partial^2 l(\theta)}{\partial\theta\,\partial\theta'}\right] = -\sum_{i=1}^{n} E\left[\frac{\partial^2 \log f(t_i,\theta)}{\partial\theta\,\partial\theta'}\right]$$

요약하면 최대우도추정량(MLE) $\hat{\theta}$는 대표본하에서 근사적으로 평균이 θ이고 분산이 $J = I^{-1}(\hat{\theta})$ 또는 $J = \tilde{I}^{-1}(\theta)$인 정규분포를 따른다.

$$\hat{\theta} \sim N(\theta, J)$$

만약 우리의 관심이 p개의 모수 $\theta = (\theta_1, \ldots, \theta_p)$에 대해 귀무가설 $H_0 : \theta = \theta_0$를 검정하는 것이라면 다음의 세 가지 검정 방법이 사용될 수 있다.

① Wald 검정: 관심 있는 모수 θ에 대해

$$\chi^2 = (\hat{\theta} - \theta_0)' I \;\; (\hat{\theta})(\hat{\theta} - \theta_0)$$

은 근사적으로 자유도가 p인 χ^2 분포를 따르게 되며, 만약 $\chi^2 > \chi^2_\alpha$이면 H_0을 기각하게 된다. 이 방법은 가장 많이 사용되는 검정방법이다.

② Score 검정: 귀무가설 $H_0: \theta = \theta_0$하에서 스코어 $U(\theta_0)$를 계산한다. 표준화된 스코어를 이용하여 검정통계량이 유도된다.

$$\chi^2 = U(\theta_0)' I^{-1}(\theta_0) U(\theta_0)$$

근사적으로 자유도가 p인 χ^2 분포를 따르며, Rao 검정법이라고도 한다.

③ 우도비 검정: 귀무가설 $H_0: \theta = \theta_0$하에서,

$$\chi^2 = -2\log(l(\theta_0) - l(\hat{\theta}))$$

는 근사적으로 자유도가 p인 χ^2 분포를 따른다.

이제 관측된 자료가 우중도절단자료를 포함한다고 하자. 생존함수는 가정하는 분포에 의해 결정되며, 그 분포는 다시 모수(parameter)에 의해 결정되기 때문에 모수분포하에서 생존함수를 추정하는 것은 모수를 추정하는 것과 같은 의미를 가진다. 1.1절에서 정의한 것처럼 우중도절단 시간 c는 모수 ϕ에 의존하는 확률밀도함수 f_c와 생존함수 S_c를 가진다고 가정하자. $t_i = \min(c_i, \tilde{t}_i)$, $\delta_i = I(\tilde{t}_i \le c_i)$의 자료를 이용하여 다음과 같이 우도함수를 정의할 수 있다.

$$L(\theta) = \prod_{i=1}^{n} \left\{ f_T(t_i;\theta)^{\delta_i} S_T(t_i;\theta)^{1-\delta_i} \right\} \left\{ f_c(t_i,\phi)^{1-\delta_i} S_c(t_i;\phi)^{\delta_i} \right\}$$

여기서 중도절단시간의 분포가 생존시간 분포와 무관할 때, 이를 **무정보 중도절단**(non-informative censoring) 또는 **독립적 중도절단**(indepedent censoring)이라고 한다. 관심 있

는 모수 θ에 대한 통계적 추론을 위해 ϕ를 포함한 부분이 생략되면 위 우도함수는 다시 다음과 같이 정의된다.

$$L(\theta) \propto \prod_{i=1}^{n} f_T(t_i;\theta)^{\delta_i} S_T(t_i;\theta)^{1-\delta_i}$$

또한 $\lambda(t;\theta) = f(t;\theta)/S(t;\theta)$를 이용하여,

$$L(\theta) = \prod_{i=1}^{n} \lambda_T(t_i,\theta)^{\delta_i} \ S_T(t_i,\theta) \tag{4.1}$$

와 같이 표현될 수 있다. 만약 자료가 여러 가지 유형의 중도절단자료를 포함한 경우 우도함수는 이를 반영하여 정의된다. 예를 들어 좌중도절단의 기여치는 $1-S(t_i)$으로, 구간중도절단(L_i, U_i)에 대해서는 $S(L_i)-S(U_i)$으로 우도함수는

$$L(\theta) \propto \prod_{i \in D} f(t_i) \prod_{i \in R} S(t_i) \prod_{i \in L} [1-S(t_i)] \prod_{i \in I} [S(L_i)-S(U_i)]$$

이 된다. 여기서 D는 정확한 사건 발생 시간이 알려진 그룹, R은 우중도절단된 그룹(right censored), L은 좌중도절단된 그룹(left censored), I는 구간중도절단된 그룹(interval censored)을 의미한다. 만약 TL_i에서 좌절삭(left truncated)이 일어났다면, 우도함수는 다음의 조건부 확률의 곱으로 표현된다.

$$L(\theta) = \frac{\prod_{i \in D} f(t_i) \prod_{i \in R} S(t_i) \prod_{i \in L} [1-S(t_i)] \prod_{i \in I} [S(L_i)-S(U_i)]}{\prod_{i=1}^{n} S(TL_i)}$$

4.2 여러 가지 모수 분포

이 절에서는 지수분포, 와이블 분포, 로그 정규분포, 로그 로지스틱 분포를 차례대로 공부한다. 양의 값을 가지는 생존시간 T에 대해 로그 변환된 $Y=\log T$를 정의하자. 이때 Y는 전체 실수값을 가지며 이러한 성질은 회귀분석에서 매우 유용하다. 〈표 4.1〉은 모수 분포하에서 T와 Y의 관계를 보여 준다.

표 4.1 T와 Y의 관계: 모수 분포와의 관계

모수 분포(T)	$Y=\log(T)$	ϵ의 분포($Y=\mu+\sigma\epsilon$)
지수분포	$\sigma=1,\ \mu=-\log(\lambda)=\log(\theta)$	극값(1 모수)
와이블 분포	$\sigma=\alpha^{-1},\ \mu=-\log(\lambda)=\log(\theta)$	극값(2 모수)
로그 로지스틱 분포	$\sigma=\alpha^{-1},\ \mu=-\log(\lambda)=\log(\theta)$	로지스틱
로그 정규분포	$\sigma=\alpha^{-1},\ \mu=-\log(\lambda)=\log(\theta)$	정규분포

참고로 2-모수 극값분포(two parameter extreme-value distribution)의 확률밀도함수, 생존함수, 평균, 분산과 백분위수는 〈표 4.2〉에 주어져 있다. 평균에 있는 γ는 오일러 상수(0.5772)이다. 표준 극값분포는 $\mu=0, \sigma=1$일 때이다.

표 4.2 극값분포의 확률 분포, 생존분포, 평균, 분산, q 백분위수

$f(y)$	$S(y)$	$E(y)$	$Var(y)$	q 백분위수
$\frac{1}{\sigma}\exp\left[-\frac{y-\mu}{\sigma}-\exp\left(\frac{y-\mu}{\sigma}\right)\right]$	$\exp\left[-\exp\left(\frac{y-\mu}{\sigma}\right)\right]$	$\mu-\gamma\sigma$	$\frac{\pi^2}{6}\sigma^2$	$\mu+\sigma\log(-\log(1-q))$

4.2.1 지수분포

〈표 4.3〉은 지수분포의 확률함수, 생존함수 그리고 위험함수를 보여 준다. 이 분포의 특징은 위험함수가 시간이 흘러도 변하지 않는다는 것이다. 즉,

$$\lambda(t) = \frac{1}{\theta}$$

이다.

표 4.3 지수분포의 분포하에서 여러 특성치

$f(t)$	$S(t)$	$\lambda(t)$	$E(T)$	$Var(T)$	q 백분위수
$\frac{1}{\theta}\exp(-\frac{t}{\theta})$	$\exp(-\frac{t}{\theta})$	$\frac{1}{\theta}$	θ	θ^2	$-\log(1-q)\theta$

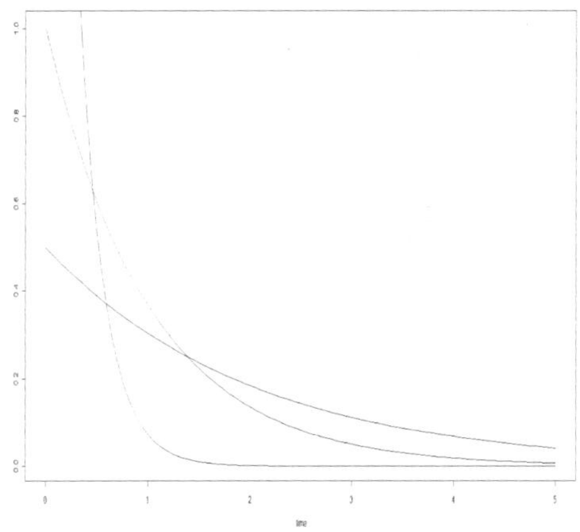

그림 4.1 지수분포의 확률밀도함수

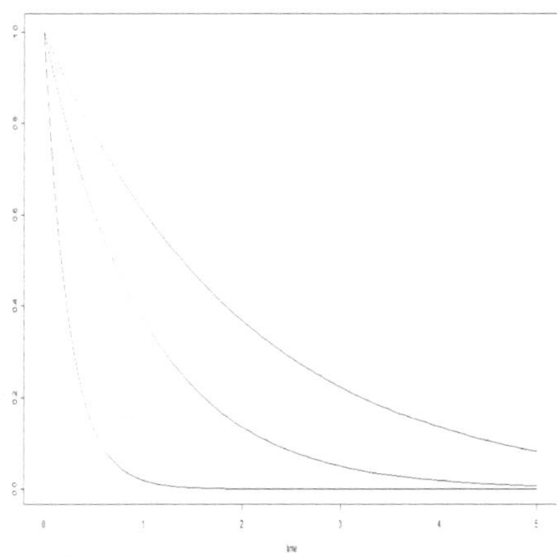

그림 4.2 지수분포의 생존함수

〈그림 4.1〉과 〈그림 4.2〉는 여러 가지 θ값에 따른 지수분포의 확률밀도함수와 해당되는 생존함수를 보여 준다. 로그 변환된 생존분포함수는 다음과 같다.

$$\Lambda(t) = -\log S(t) = \frac{t}{\theta}$$

따라서 $(t, -\log S(t)) = (t, \frac{t}{\theta})$이므로 Kaplan–Meier를 통해 추정된 $\hat{S}(t)$를 이용하여 $(t, -\log \hat{S}(t))$가 직선을 보일 때 지수분포를 따른다고 할 수 있다. 예를 들어 다음의 모의 자료에 대해 지수분포를 적용해 보자.

$3, 5, 6^*, 8, 10^*, 11^*, 15, 20^*, 21, 22, 23, 24^*, 26, 27^*, 28, 29, 32, 33^*, 35, 40$

여기서 *는 우중도절단을 의미한다. 즉, 총 20명 중에서 13명이 사건(예, 사망)을 경험했다. 식 (4.1)을 이용하면 우도함수는

$$L(\theta) = \prod_{i=1}^{20}\left(\frac{1}{\theta}\right)^{\delta_i} e^{-\frac{t_i}{\theta}} = \left(\frac{1}{\theta}\right)^{\sum_{i=1}^{20}\delta_i} e^{-\frac{1}{\theta}\sum_{i=1}^{20}t_i}$$

이며 다시 로그 우도함수(log likelihood)는 다음과 같다.

$$l(\theta) = -\log(\theta)\sum_{i=1}^{20}\delta_i - \frac{1}{\theta}\sum_{i=1}^{20}t_i$$

따라서 우도 방정식 또는 스코어 방정식은

$$U(\theta) = \frac{dl(\theta)}{d\theta} = -\frac{1}{\theta}\sum_{i=1}^{20}\delta_i + \frac{1}{\theta^2}\sum_{i=1}^{20}t_i = 0$$

으로 유도되며, 위 방정식은 닫힌 형태(closed form)이므로 $\hat{\theta}$을 다음과 같이 정의할 수 있다.

$$\hat{\theta} = \frac{\sum_{i=1}^{20}t_i}{\sum_{i=1}^{20}\delta_i} = \frac{Total\ observed\ time}{\#\ of\ events}$$

따라서 평균의 추정값은 $\hat{\theta} = 418/13 = 32.15$이며 추정된 $\hat{\theta}$의 표준오차는

$$\widehat{Var}(\hat{\theta}) = \left(-\frac{d^2 l(\theta)}{d\theta^2}\right)^{-1}\Big|_{\theta=\hat{\theta}} = \frac{\theta^2}{\sum_{i=1}^{20}\delta_i}\Big|_{\theta=\hat{\theta}}$$

을 이용하여 $se(\hat{\theta}) = \frac{\hat{\theta}}{\sqrt{13}} = 8.917$이 된다. 따라서 $\hat{\theta}$의 근사 분포는

$$\hat{\theta} \sim N\left(\theta, \frac{\theta^2}{\sum_{i=1}^{20}\delta_i}\right)$$

이며 θ의 95% 신뢰구간은 32.15±1.96(8.917)=32.15±17.48=(14.67, 49.63)이다. 만약 $\lambda = \frac{1}{\theta}$가 관심이 있다면 $\hat{\lambda} = \frac{1}{\hat{\theta}}$의 근사적 분포는

$$\hat{\lambda} \sim N\left(\lambda, \frac{\lambda^2}{\sum_{i=1}^{20}\delta_i}\right)$$

이다. 즉, 델타 방법을 이용하여 분산을 유도할 수 있다.

$$Var(\hat{\lambda}) = var(\hat{\theta})\left(\frac{1}{\widehat{\theta^2}}\right)^2 = \left(\frac{\widehat{\theta^2}}{\sum\delta_i}\right) \times \frac{1}{\widehat{\theta^4}} = \frac{\widehat{\lambda^2}}{\sum\delta_i}$$

따라서 λ의 95% 신뢰구간은

$$\hat{\lambda} \pm z_{0.025} se(\hat{\lambda}) = 0.0311 \pm 1.96 \times 0.0086 = [0.014, 0.048] \quad (4.2)$$

이다. 만약 15주 이상 생존할 확률을 구하고자 한다면

$$\hat{S}(15) = e^{-15/\hat{\theta}} = e^{-0.0311 \times 15} = 0.627$$

이다. 따라서 15주 안에 사건(사망) 발생할 확률은 1−0.627=0.373이다.

$\log S(t) = -\frac{t}{\theta}$ 이므로, 지수분포의 적합도를 알아보기 위해 $(t, \log S(t))$를 그려 본다. 〈그림 4.3〉을 통해 지수 분포 가정의 타당성을 검토한다. survival 패키지의 plot 함수에서 fun=log를 사용함으로써 $\log(S(t))$에 그릴 수 있다.

〈그림 4.3〉을 보면 $\log(S(t))$는 t에 대해 선형의 관계가 존재한다고 할 수 없다. 따라서 위 모의자료는 지수분포를 따른다고 할 수 없다.

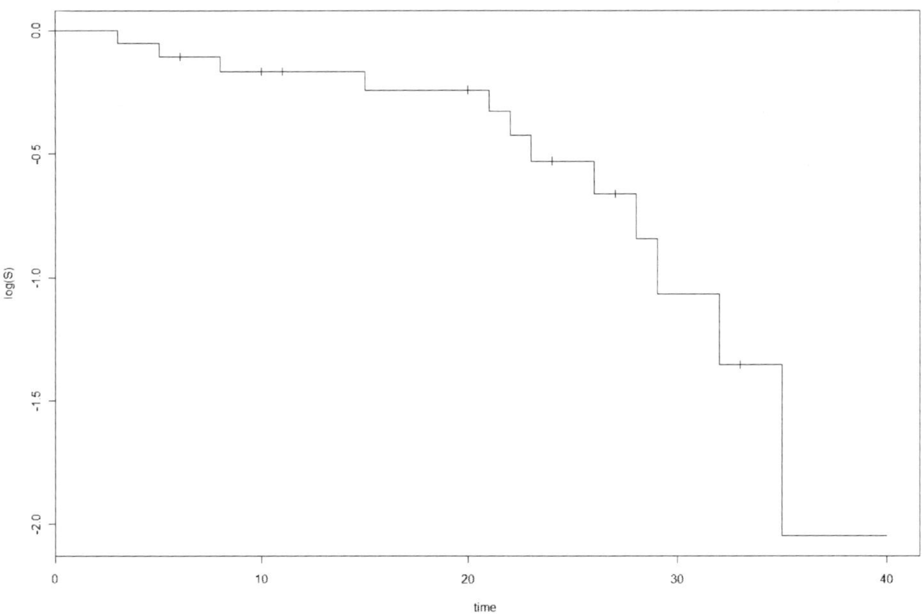

그림 4.3 (t, log(S(t)))의 적용

```
> library(survival)
  simt<-c(3,5,6,8,10,11,15,20,21,22,23,24,26,27,28,29,32,33,35,40)
  simcen<-c(1,1,0,1,0,0,1,0,1,1,1,0,1,0,1,1,1,0,1,1)
  survf<-survfit(Surv(simt,simcen)~1)
> plot(survf, fun=log, conf.int=F)    # log(S(t))
```

예제 4.1

survreg 명령문을 이용하여 모의 자료에 대해 지수분포를 적용해 보자.

```
> exp.fit<-survreg(Surv(simt,simcen)~1,dist="exponential")
> exp.fit
Call:
survreg(formula = Surv(simt, simcen) ~ 1, dist = "exponential")
Coefficients:
(Intercept)
   3.470532
Scale fixed at 1
Loglik(model)= -58.1    Loglik(intercept only)= -58.1
n= 20
```

위 결과값에 대한 해석을 위해 $\log T = \mu + \sigma\epsilon$ 식에서 Intercept=3.4705=$\hat{\mu}$의 추정치를 이용한다. 부록의 SAS 프로그램도 동일한 결과값과 $\hat{\mu}$의 95% CI를 보여 준다. 평균 추정값은 $\hat{\theta} = e^{\hat{\mu}} = e^{3.4705} = 32.153$이 된다. $\hat{\theta}$의 95% 신뢰구간을 구하기 위한 두 가지 방법을 소개한다.

[방법 1] SAS에서 사용되는 방법으로 μ와 $\theta = e^{\mu}$의 관계를 이용하여 다음의 신뢰구간 $(e^{CL(\hat{\mu})}, e^{CU(\hat{\mu})})$을 구할 수 있다.

```
> theta<-exp(exp.fit$coeff)
> theta
(Intercept)
    32.15385
> var<-exp.fit$var
> var
              (Intercept)
(Intercept)  0.07692308

> CImean<-c(exp(exp.fit$coeff-1.96*sqrt(exp.fit$var)), exp(exp.fit$coef+1.96*sqrt(exp.fit$var)))
> names(CImean)<-c("Lower CI", "Upper CI")
> CImean
Lower CI Upper CI
18.67015 55.37556
```

즉, μ의 95% 신뢰구간은 $3.4705 \pm 1.96 \times \sqrt{0.0769} = (2.926, 4.014)$이며, 따라서 θ의 95% 신뢰구간은 $(\exp(2.926), \exp(4.014)) = (18.67,\ 55.37)$이 된다.

[방법 2] 델타 방법을 이용한다. 즉, $Var(\theta) = Var(e^{\mu}) = (e^{\mu})^2 Var(\mu)$이므로 θ의 95% 신뢰구간은

$$\hat{\theta} \pm 1.96\ \hat{\theta}\sqrt{Var(\hat{\mu})} = 32.15 \pm 1.96 \times 32.15 \times 0.2773 = (14.676, 49.624) \tag{4.3}$$

이다. 따라서 델타 방법을 이용하여 구한 신뢰구간이 더 좁음을 알 수 있다.

또한 백분위수 추정량은 $\hat{t}_p = -\hat{\theta}\ \log(1-p)$이므로 중위수는 $med = -32.15 \times \log(0.5) = 22.28$이다. 분산은 델타 방법을 이용하여 다음과 같이 유도할 수 있다.

$$Var(\hat{t_p}) = (\log(1-p))^2 Var(\hat{\theta}) = (\log(1-p))^2 \frac{\hat{\theta^2}}{d}$$

따라서 $Var(\hat{t}_{0.5}) = (\log 0.5)^2 \times \frac{32.15^2}{13}$이다. 이를 이용하여 중위수의 95% 신뢰구간을 다음과 같이 구할 수 있다.

$$\begin{aligned}
&\hat{t}_{0.5} \pm 1.96 \times \sqrt{Var(\hat{t}_{0.5})} \\
&= 22.28 \pm 1.96 \times (\log 0.5) \times \frac{32.15}{\sqrt{13}} \\
&= 22.28 \pm 1.96 \times 4.284 \\
&= 22.28 \pm 8.396 \\
&= (13.884, 30.616)
\end{aligned}$$

평균의 신뢰 구간 (14.676, 49.624)과 비교하였을 때 좀 더 좁은 신뢰구간을 보여준다.

예제 4.2 AML 자료 분석

지수분포의 적용 예로 예제 2.2의 지속 그룹의 자료를 사용한다. 11명의 환자 중에 4명이 중도절단되었다.

```
> aml <-c(9,13,13,18,23,28,31,34,45,48,161)
> status<-c(1,1,0,1,1,0,1,1,0,1,0)
> exp.fit<-survreg(Surv(aml,status)~1, dist="exponential")
> exp.fit
survreg(formula = Surv(aml, status) ~ 1, dist = "exponential")
Coefficients:
(Intercept)
   4.101462
Loglik(model)= -35.7    Loglik(intercept only)= -35.7
n= 11
```

평균 생존시간과 그들의 95% 신뢰구간을 구하기 위해 델타 방법을 적용한다. 즉, θ의 95% 신뢰구간은 식 (4.3)을 이용하여 다음과 같이 구할 수 있다.

$$\hat{\theta} \pm 1.96\ \hat{\theta}\sqrt{Var(\hat{\mu})} = 60.42 \pm 1.96(60.42/\sqrt{7}) = (15.66, 105.19)$$

```
> exp.fit$coeff
(Intercept)
   4.101462              ### μ
> exp(exp.fit$coeff)      ### θ
(Intercept)
   60.42857
> theta<-exp(exp.fit$coeff)
> var_theta<-theta**2*exp.fit$var
> CI.mean<-c(theta-1.96*sqrt(var_theta), theta+1.96*sqrt(var_theta))
> names(CI.mean)<-c("LowerCI", "UpperCI")
> CI.mean
  LowerCI   UpperCI
 15.66246 105.19468      # 평균의 신뢰구간
```

이제 위 자료에 대한 중위수의 95% 신뢰구간을 구해 보자.

```
> med<-log(0.5)*(-1*theta)
> var_medtheta<-(log(0.5))**2*var_theta
> CI.median<-c(med-1.96*sqrt(var_medtheta), med+1.96*sqrt(var_medtheta))
> names(CI.median)<-c("LowerCI(med)", "UpperCI(med)")
> CI.median
[1] 10.85639 72.91540       # 중위수의 신뢰구간
```

생존시간의 평균과 중위수의 95% 신뢰구간을 비교해 보았을 때 평균의 상한값이 상당히 큼을 알 수 있다. 이는 마지막으로 중도절단된 값이 161이며 이 값의 영향일 것이라 예상된다. 따라서 이러한 경우에 중위수가 더 적합한 통계량임을 알 수 있다.

보증시간을 고려한 두 가지 모수를 가진 지수분포

종종 임상 실험이나 공학실험에서 사건 발생은 어떤 시점 이후에 일어날 수 있다. 이러한 정보를 분석에 반영하기 위해 보증시간(guarantee time)을 고려해 볼 수 있다. 즉, 모든 사건 발생 시간이 G 시점 이후에 발생한다면 지수분포의 확률밀도함수, 생존함수 그리고 위험함수를 다음과 같이 정의한다.

$$f(t) = \lambda e^{-\lambda(t-G)}, \quad t \geq G$$

$$S(t) = e^{-\lambda(t-G)}, \quad t \geq G$$

$$\lambda(t) = \lambda, \quad t \geq G$$

여기서 관심 있는 모수는 λ와 보증시간 G가 된다. 이 분포의 응용과 자세한 내용은 다음 문헌을 참고하길 바란다(Lee (1992)).

4.2.2 와이블 분포

위험함수가 상수라는 매우 제한적인 가정 때문에 지수분포의 적용은 한계를 가진다. 따라서 이보다 다양한 형태의 위험함수를 가지는 모수 분포가 고려된다. 와이블 분

포는 지수분포의 일반화된 형태로 생존분석에서 가장 많이 사용되는 모수 분포이다.

θ는 척도 모수(scale parameter), α는 모양모수(shape parameter)로 $\alpha=1$일 때는 지수분포로 축소된다. 〈그림 4.4〉와 〈그림 4.5〉는 $\theta=1$인 경우에 α값에 따른 확률밀도함수와 위험함수를 보여 준다.

표 4.4 와이블 분포하에서의 여러 특성 분포

$f(t)$	$S(t)$	$\lambda(t)$	$E(T)$	$Var(T)$	q **백분위수**
$\frac{\alpha}{\theta}(\frac{t}{\theta})^{\alpha-1}$ $\exp(-(\frac{t}{\theta})^{\alpha})$	$\exp(-(\frac{t}{\theta})^{\alpha})$	$\frac{\alpha}{\theta}(\frac{t}{\theta})^{\alpha-1}$	$\Gamma\left(1+\frac{1}{\alpha}\right)/\theta$	$\Gamma(1+\frac{2}{\alpha})/\theta^2$ $-\left[\Gamma\left(1+\frac{2}{\alpha}\right)\right]^2/\theta^2$	$(-\log(1-q))^{\frac{1}{\alpha}}\theta$

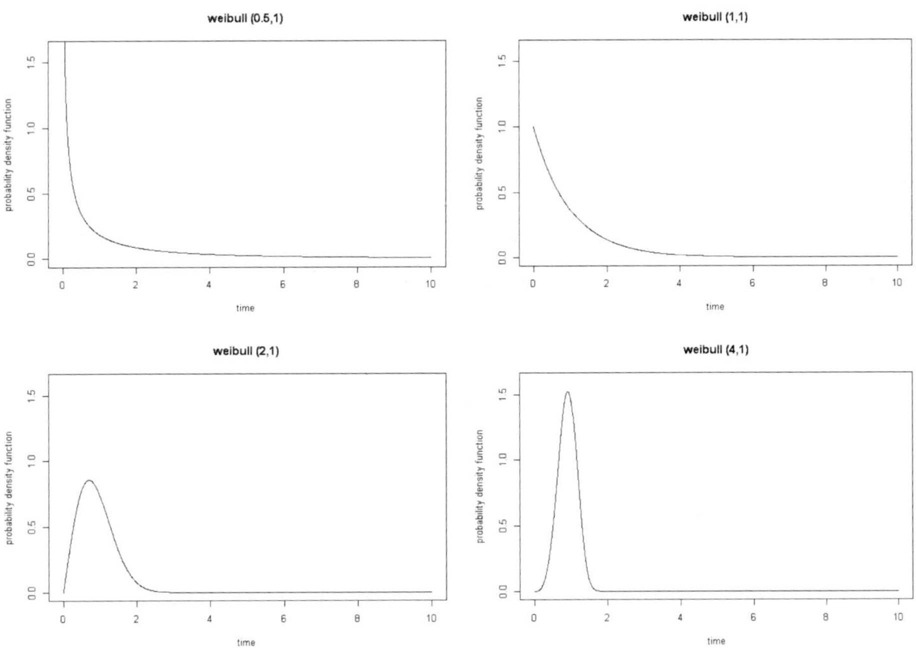

그림 4.4 와이블 분포의 확률밀도함수 $(\alpha, \theta=1)$, $\alpha=0.5, 1, 2$ 그리고 4

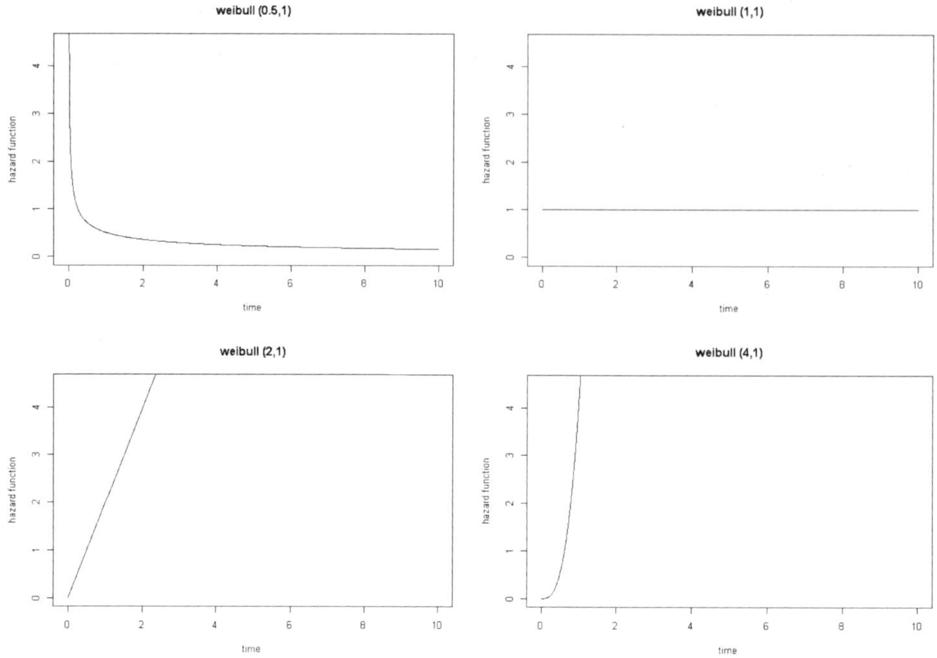

그림 4.5 와이블 분포의 위험함수 $(\alpha, \theta = 1)$, $\alpha = 0.5, 1, 2$ 그리고 4

그림에서 보듯이 $\alpha > 1$일 때, α값이 증가할수록 위험함수는 급진적으로 증가함을 알 수 있다. 예를 들어 시간이 경과할수록 병세가 악화되는 경우 그의 생존함수 또한 감소하게 된다. 이에 반해 수술 후 경과가 좋아 사망할 확률이 줄어든 경우 $\alpha < 1$를 가지게 된다. 또한 $\alpha = 1$일 때 위험함수는 상수(constant)값을 가지며, 즉 지수분포임을 알 수 있다. 다음은 와이블 분포의 우도함수와 로그 우도함수이다.

$$L(\theta,\alpha) = \prod_{i=1}^{n}\left(\frac{\alpha}{\theta}t_i^{\alpha-1}\right)^{\delta_i} e^{\left(-\frac{t_i}{\theta}\right)^{\alpha}}$$

$$\log L(\theta,\alpha) = l(\theta,\alpha) = \sum_{i=1}^{n}\delta_i(\log\alpha - \log\theta + (\alpha-1)\log t_i) - \left(\frac{\sum_{i=1}^{n} t_i}{\theta}\right)^{\alpha}$$

지수분포와는 달리 와이블 분포의 우도함수는 모수 (θ, α)에 대해 닫힌 형태(closed form)를 가지지 못하며 따라서 Newton–Raphson algorithm을 이용하여 MLE를 구한다. 와이블 분포의 적합도를 검토하기 위해

$$\log(\Lambda(t)) = \log(-\log S(t)) = -\alpha \log\theta + \alpha \log t$$

의 관계를 이용하여 $[\log t, \log(-\log S(t))]$의 관계를 검토한다. 즉 이들이 선형관계를 가진다면 자료는 와이블 분포를 따름을 의미한다. 〈그림 4.6〉은 모의자료에 대한 와이블 분포의 적합도를 검토하기 위한 것이며 fun='cloglog'가 사용된다. 여전히 선형관계가 존재한다고 할 수 없다.

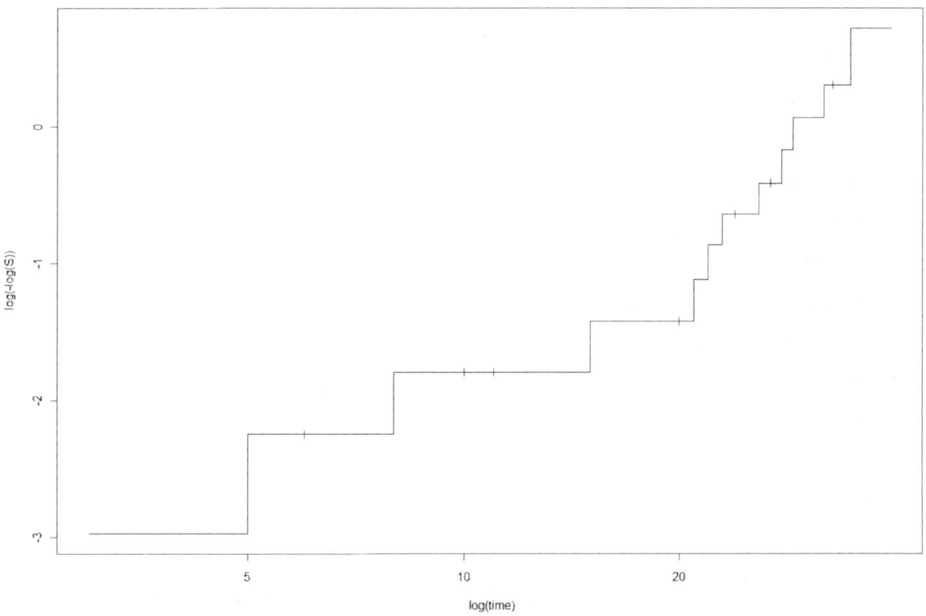

그림 4.6 와이블 분포의 적합도($[\log t, \log(-\log S(t))]$)

```
> plot(survf, fun='cloglog', conf.int=F, xlab="log(time)", ylab="log(-log(S))")
```

예제 4.2 AML 자료 분석(계속)

예제 2.2의 지속 그룹 자료에 와이블 분포를 적용한 결과를 검토해 보자.

```
> weib.fit<-survreg(Surv(aml,status)~1, dist="weibull")
> weib.fit
Coefficients:
(Intercept)
   4.099712
Scale= 0.9691291
Loglik(model)= -35.7    Loglik(intercept only)= -35.7
n= 11

> theta=exp(weib.fit$coef)
> theta  ## mean
(Intercept)
   60.32289
 > weib_med<-(-log(0.5))^(weib.fit$scale)*theta
 > weib_med  ## median
(Intercept)
   42.28842
```

여기서 $\hat{\mu}=-\log(\hat{\lambda})=\log(\hat{\theta})=4.099$이므로, $\hat{\theta}=e^{4.0997}=60.322$가 된다. 중위수는 〈표 4.4〉의 백분위수, $(-\log(1-q))^{\frac{1}{\alpha}}\theta$을 통해 중위수는 $[-\log(0.5)]^{0.9691}\times 60.322=42.29$가 된다. 따라서 와이블 분포하에서 평균 생존시간은 60.322개월이고 중위 생존시간은 42.29개월이 된다. 지수분포와 마찬가지로 평균이 큰 이유는 중도절단된 가장 큰 값이 평균에 반영된 반면에 중위수에는 반영되지 않았기 때문이다. 또한 $\hat{\alpha}=1/\hat{\sigma}=1/0.9691$=1.0312로 1에 가까운 값을 가진다. 이를 통해 와이블 분포에서 구한 평균과 중위수가 지수분포에서 구한 평균과 중위수가 비슷한 이유를 추측할 수 있다. 즉 와이블 분포 가정하에서도 사망 위험률은 거의 일정하였다.

4.2.3 로그 정규분포

$Y=\log T$가 평균이 μ이고 분산이 σ^2인 정규분포 $Y=\mu+\sigma\epsilon$이면서 $\epsilon \sim N(0,1)$를 가질 때, T의 분포는 로그 정규분포를 따른다고 한다.

$$f(t;\mu,\sigma)=\frac{1}{t\sigma\sqrt{2\pi}}\exp\left[-\frac{1}{2\sigma^2}(\log t-\mu)^2\right]$$

이 분포는 오른쪽으로 기울어진 분포이며, 분산이 클수록 연구 초기 시점의 위험률이 가장 높다가 이후로 감소하는 패턴을 가진다. 〈그림 4.7〉은 $\mu=0$이고 여러 가지 σ 값들에 대한 위험함수 형태를 보여 준다. 여기서 평균, 분산, 그리고 중위수는 각각 $\exp(\mu+\frac{1}{2}\sigma^2)$, $[\exp(\sigma^2)-1]\times\exp(2\mu+\sigma^2)$과 e^{μ}이다.

예제 4.2 AML 자료 (계속)

예제 2.2의 지속 그룹 자료에 로그 정규분포를 적용한 결과를 검토해 보자.

```
> lognorm.fit<-survreg(Surv(aml,status)~1, dist="lognorm")
> lognorm.fit
survreg(formula = Surv(aml, status) ~ 1, dist = "lognorm")
Coefficients:
(Intercept)
   3.607807
Scale= 0.9608277
```

$\hat{\mu}=3.607$이고 $\hat{\sigma}=0.961$이므로, 평균은 $e^{3.607+\frac{1}{2}0.961^2}=e^{4.068}=58.48$이고 중위수는 $e^{3.607}=36.86$이다.

〈그림 4.7〉에서 보듯이 위험함수는 처음에 계속 증가하다가 최댓값에 이른 후 점점 감소하는 오른쪽으로 치우친 분포를 보인다. σ 값이 증가할수록 초기 위험률이 급속도로 증가한 후 바로 감소하는 형태를 보여 준다. 특히 임상 자료에서 Hodgkin's disease, Chronic 백혈병, 알츠하이머병과 관련된 자료 등에 적용될 수 있다.

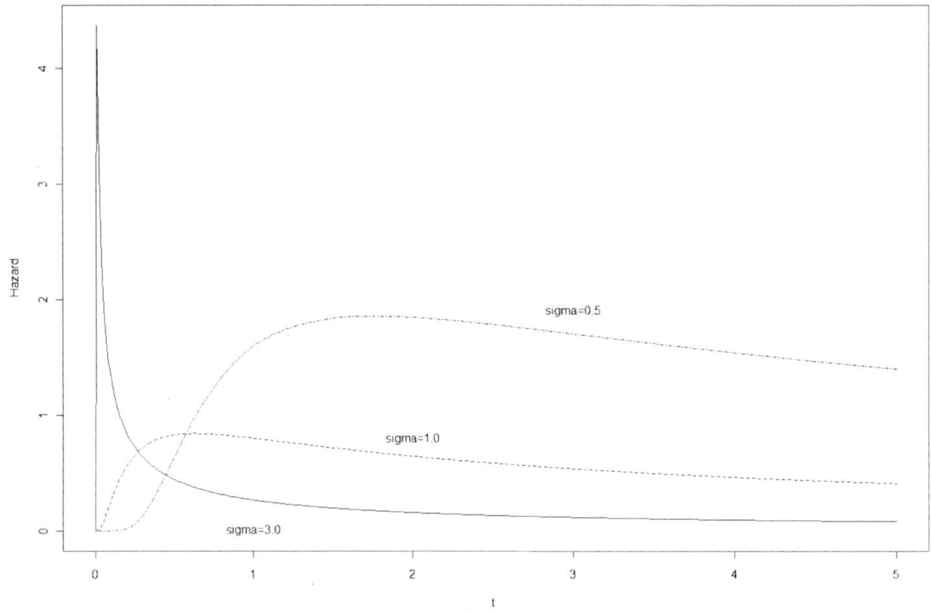

그림 4.7 로그 정규분포에서의 위험률

4.2.4 로그 로지스틱 분포

로그 로지스틱 분포는 와이블 분포와 함께 생존분석에 자주 사용되는 모수 분포이다. ϵ이 표준 로지스틱 분포를 따를 경우 $f(\epsilon)=\dfrac{\exp(\epsilon)}{(1+\exp(\epsilon))^2}$, 평균이 0이고 분산이 $\pi^2/3$이다. 만약 $Y=\log T=\mu+\sigma\epsilon$로 정의되면, T는 로그 로지스틱 분포를 가진다고 한다. 〈표 4.5〉는 확률밀도함수, 생존함수, 위험함수, 백분위수를 보여 준다. 여기서 $\mu=\log\theta$, $\sigma=\alpha^{-1}$로 각각 평균과 분산을 의미한다. $\sigma>1(\alpha<1)$일 때, 0에서 증가하다가 $t=(\alpha-1)^{1/\alpha}\theta$에서 감소하게 된다. 특히 생존함수의 오즈는 다음과 같이 표현된다.

$$\frac{S(t)}{1-S(t)}=\left(\frac{t}{\theta}\right)^{-\alpha}$$

위 식을 이용하여 다음의 선형 관계가 유도된다.

$$\log t = \mu + \sigma\left(-\log\left(\frac{S(t)}{1-S(t)}\right)\right)$$

따라서 $\hat{S}(t)$의 로짓변환이 $\log t$와 선형관계를 보일 때, 로그 로지스틱 분포를 고려해 볼 수 있다.

```
> loglogistic.fit
Call:
survreg(formula = Surv(aml, status) ~ 1, dist = "loglogistic")
Coefficients:
(Intercept)
        3.514564        # μ
Scale= 0.5422765        # σ
Loglik(model)= -34.1    Loglik(intercept only)= -34.1
n= 11
```

표 4.5 로그 로지스틱 분포의 여러 특성 분포

$f(t)$	$S(t)$	$\lambda(t)$	q 백분위수
$\frac{\alpha}{\theta}\left(\frac{t}{\theta}\right)^{\alpha-1}\times\left(1+\left(\frac{t}{\theta}\right)^{\alpha}\right)^{-2}$	$\frac{1}{1+\left(\frac{t}{\theta}\right)^{\alpha}}$	$\frac{\frac{\alpha}{\theta}\left(\frac{t}{\theta}\right)^{\alpha-1}}{\left(1+\left(\frac{t}{\theta}\right)^{\alpha}\right)}$	$\left(\frac{q}{1-q}\right)^{\frac{1}{\alpha}}\theta$

4.3 가속실패 시간 모형

4.2절에서는 공변량이 고려되지 않는 경우 생존함수추정에 대해 모수 확률 분포의 적용을 공부하였다. i번째 연구 대상자에 대해 공변량 $z_{i1}, z_{i2}, \cdots, z_{ip}$가 주어졌을 때, 생존시간 T_i는 로그 변환을 통해 다음의 선형모형을 적용할 수 있다.

$$\log(T_i) = \beta_0 + \beta_1 z_{i1} + \beta_2 z_{i2} + \dots + \beta_p z_{ip} + \sigma\epsilon_i \tag{4.4}$$

여기서 β는 관심 있는 회귀계수, σ는 척도모수이며, ϵ은 확률밀도함수 $f(\epsilon)$을 가지는 오차 항이다. 이제 β의 의미를 파악하기 위해 다음을 가정하자.

p개의 공변량 $(z_1, \dots, z_p)$ 중 다른 공변량은 모두 동일하고 z_k만이 다른 $T_1(z_k=0)$과 $T_2(z_k=1)$에 대해 각각 다음과 같이 표현될 수 있다.

$$T_1 = e^{\beta_0 + \beta_1 z_1 + \dots + \beta_k z_k + \dots + \beta_p z_p + \sigma\epsilon_1} = c_1 e^{\sigma\epsilon_1},$$
$$T_2 = e^{\beta_0 + \beta_1 z_1 + \dots + \beta_k z_k + \dots + \beta_p z_p + \sigma\epsilon_2} = c_2 e^{\sigma\epsilon_2}$$

여기서 $c_2 = c_1 e^{\beta_k}$이며 생존함수는 각각

$$S_1(t) = \Pr(T_1 \ge t) = \Pr[c_1 e^{\sigma\epsilon_1} \ge t] = \Pr[e^{\sigma\epsilon_1} \ge c_1^{-1} t],$$
$$S_2(t) = \Pr(T_2 \ge t) = \Pr[c_2 e^{\sigma\epsilon_2} \ge t] = \Pr[e^{\sigma\epsilon_2} \ge c_2^{-1} t]$$

일 때, ϵ_1과 ϵ_2는 동일한 분포를 가지므로

$$\begin{aligned} S_2(e^{\beta_k} t) &= \Pr[e^{\sigma\epsilon_2} \ge c_2^{-1} e^{\beta_k} t] = \Pr[e^{\sigma\epsilon_2} \ge c_1^{-1} e^{-\beta_k} e^{\beta_k} t] \\ &= \Pr[e^{\sigma\epsilon_2} \ge c_1^{-1} t] = S_1(t) \end{aligned} \tag{4.5}$$

을 유도할 수 있으며, 이는 그룹 1이 t 시점에서 생존 확률은 그룹 2가 te^{β_k} 시점까지 생존할 확률과 같음을 의미한다. 일반화하여

$$S_1(t) = S_2(\Phi t) \tag{4.6}$$

로 표현될 수 있다. 이때 Φ를 가속화 요인(accelerated factor)이라고 하며 양의 값을 가진다. 여기서 $\Phi < 1$이면 그룹 1은 그룹 2보다 더 늦은 사건 발생 시간(또는 더 긴 생

존시간)을 가짐을, $\Phi > 1$은 그룹 1이 그룹 2보다 더 빠른 사건 발생 시간(또는 더 짧은 생존시간)을 가짐을 의미한다.

예를 들어 두 그룹의 생존함수의 중위값을 구하기 위해

$$S_1(m_1) = S_2(m_2) = 0.5$$

의 관계에서 식 (4.6)을 이용하여 $m_2 = \Phi m_1$을 구할 수 있다. 또한 식 (4.6)의 관계를 이용하여 확률밀도함수와 위험함수는 다음과 같이 정의될 수 있다.

$$f_1(t) = \Phi f_2(\Phi t)$$
$$\lambda_1(t) = \Phi \lambda_2(\Phi t)$$

만약 $\Phi = \exp(\beta)$로 표현될 때, 이를 위험함수에 대입하면

$$\lambda_1(t) = e^{\beta} \lambda_2(e^{\beta} t)$$

로 표현될 수 있으며 일반적인 공변량을 포함하도록 위 모형을 확장할 때 가속실패 시간 모형(Accelerated failure time model, AFT model)은 다음과 같이 표현될 수 있다.

$$\lambda_i(t) = \exp(z_i'\beta) \lambda_0(\exp(z_i'\beta) t) \tag{4.7}$$

다음 절에서는 $\lambda_0(t)$가 모수모형을 가정하는 경우 회귀계수추정과 적용 예를 공부한다.

4.4 모수모형을 이용한 회귀분석

〈표 4.1〉을 통해 ϵ의 분포가 T의 분포를 결정함을 알 수 있다. 이 절에서는 4.2절에서 논의되었던 여러 모수 분포에서의 회귀모형을 공부한다.

4.4.1 지수회귀모형

4.1절에서 논의한 바대로 지수분포하에서 위험함수는 $\lambda(t)=\frac{1}{\theta}$로 모든 시간대에서 사건 발생 위험률이 동일함을 가정한다. 공변량 $z=(z_{1,}z_{2,}\cdots,z_p)'$가 주어져 있을 때, 위험함수는 다음과 같이 정의된다.

$$\lambda(t|z)=\lambda_0(t)g(z'\beta^*)$$

여기서 $g(\cdot)$는 적절한 연결함수로 $g(z'\beta)=\exp(z'\beta)$가 가장 널리 사용된다. 지수분포하에서 기저위험함수(baseline hazard function) $\lambda_0(t)=\lambda(=\frac{1}{\theta})$가 적용된다. 공변량 벡터 z가 주어져 있을 때, T의 생존함수와 확률밀도함수는 다음과 같다.

$$S(t|z)=\Pr(T\geq t|z)=\exp(-\Lambda(t|z))=\exp(-\lambda\exp(z'\beta)t)$$

$$f(t|z)=\lambda(t|z)S(t|z)=\lambda\exp(z'\beta)\exp(-\lambda e^{z'\beta}t)$$

$\log(T)$ 의 모형에서 공변량의 효과와 회귀계수 β와의 관계를 이해하기 위해 선형화가 적용되며 이를 위해 위험함수를 다음과 같이 로그 변환하게 된다.

$$\log\lambda(t|z)=\log\lambda+z_1\beta_1+z_2\beta_2+\cdots+z_p\beta_p$$

β는 로그 위험률에 대한 공변량의 효과로 해석된다. $Y=\log(T)$ 는 극한값분포로 평균 $\mu=-\log(\lambda(t|x))=-\log(\lambda\exp(z'\beta))=-\log(\lambda)-z'\beta$, 이고 분산 $\sigma=1$이다. 따라서

$$\log(T) = \beta_0^* + z_i'\beta^* + \epsilon, \quad \epsilon \sim f(w) = \exp(e - e^w), \ -\infty < w < \infty$$

이고 $\beta_0^* = -\log(\lambda)$, $\beta^* = -\beta$ 가 된다.

회귀계수추정

회귀계수 및 기저위험률을 추정하기 위해 공변량을 다음과 같이 $z_i^* = (1, z_{i1}, z_{i2}, \cdots, z_{ip})'$ 정의하고 $\theta = (\log(\lambda), \beta)$는 추정해야 할 모수 벡터가 된다. 우도함수는

$$L(\theta) = \prod_{i=1}^{n} \{\lambda_i(t|z_i^*)\}^{\delta_i} S(t|z_i^*) = \prod_{i=1}^{n} \left(\exp(z_i^{*'}\theta)\delta_i - \exp(z_i^{*'}\theta)t_i\right)$$

이며, 로그 우도함수 $l(\theta) = \log L(\theta)$를 이용하여 스코어 함수와 정보행렬을 구한다.

$$U(\theta_j) = \frac{\partial l(\theta)}{\partial \theta_j} = \sum_{i=1}^{n} z_{ij}(\delta_i - t_i \exp(z_i^{*'}\theta)), \ j = 1, \ldots, p+1$$

$$I(\theta_k, \theta_j) = \frac{\partial^2 l(\theta)}{\partial \theta_k \partial \theta_j} = -\sum_{i=1}^{n} z_{ik} z_{ij} e^{-z_i^{*'}\theta} t_i$$

θ를 추정하기 위해 스코어 벡터 $U(\theta) = U(\theta_1, \theta_2, \cdots, \theta_{p+1})'$와 $(p+1) \times (p+1)$ 이차 미분 행렬 $I(\theta) = \{I(\theta_k, \theta_j)\}$를 구한 후 다음의 뉴톤 랍슨 알고리즘을 이용한다.

$$\hat{\theta}^k = \hat{\theta}^{k-1} + U(\hat{\theta}^{k-1}) I(\hat{\theta}^{k-1})$$

여기서 구한 $\hat{\theta}$은 대표본 이론에 의하여 정규분포 $N(\theta, I^{-1}(\hat{\theta}))$를 따른다고 알려져 있다.

예제 4.3 백혈병 환자의 골수이식 자료(지수분포의 적용)(bmt 자료)

두 가지 유형의 백혈병(dtype: Hodgkins disease(=2), Non-Hodgkin lymphoma (=1)) 중 하나를 앓고 있는 43명의 환자들에 대해 두 가지 치료 방법(gtype: allogenic transplant(allo=1), autogeneic transplant(autologous=2))이 적용되었다. 관심 있는 반응변수는 백혈병 재발 시간이며 치료 방법 외에도 고려되는 공변량으로 Karnofsky 점수(0〈score〈100), 백혈병 진단 후 골수이식까지 걸린 시간(wtime(month))의 효과를 추정하고자 한다.

```
> library(KMsurv)
> exp.fit<-survreg(Surv(time,censor)~dtype+gtype+score+wtime,dist="exp", data=hodg)
> summary(exp.fit)


survreg(formula = Surv(time, censor) ~ dtype + gtype+ score + wtime, data = hodg,
    dist = "exp")
               Value  Std. Error       z         p
(Intercept)  0.81672     0.65794   1.241  2.14e-01
dtype       -1.31845     0.52752  -2.499  1.24e-02
gtype       -0.13332     0.46071  -0.289  7.72e-01
score        0.07580     0.00941   8.056  7.89e-16
wtime        0.00934     0.00725   1.289  1.97e-01

Scale fixed at 1

Exponential distribution
Loglik(model)= -168.3   Loglik(intercept only)= -196.7    # 로그 우도(=-168.3)
        Chisq= 56.82 on 4 degrees of freedom, p= 1.4e-11
Number of Newton-Raphson Iterations: 5
n= 43
```

위 결과에 의하면 dtype ($\hat{\beta_1} < 0$)과 score ($\hat{\beta_3} > 0$) 변수가 유의하였다. Hodgkins 환자(dtype=2)는 Non-Hodgkins 환자(dtype=1)보다 빨리 재발되고, karnofsky score가 낮을수록 재발이 빨라진다고 할 수 있다. 치료 유형(gtype)과 이식 대기시간(wtime)은 재발 시간에 유의적인 관계를 보이지 않았다.

4.4.2 와이블 회귀모형

공변량이 고려되지 않을 경우 와이블 분포의 위험함수는

$$\lambda(t) = \lambda\alpha(\lambda t)^{\alpha-1}$$

이며, 공변량이 주어져 있을 때 위험함수는

$$\lambda_i(t|z) = (\exp(z_i'\beta))^{\alpha}\lambda\alpha(\lambda t)^{\alpha-1}$$

이다. 따라서 생존함수는 $S_i(t|z) = \exp(-(\lambda t)^{\alpha}\exp(\alpha z_i'\beta))$ 이고 확률밀도함수는

$$f_i(t|z) = \exp(-(\lambda t)^{\alpha}\exp(\alpha z_i'\beta))\lambda\alpha(\lambda t)^{\alpha-1}\exp(\alpha z_i'\beta)$$

로 표현된다. 여기서 척도 모수는 $\lambda\exp(\alpha z_i'\beta)$ 이고 형태 모수는 α 로 와이블 분포, $T_i|z_i \sim W(\lambda\exp(\alpha z_i'\beta),\alpha)$ 를 따르게 된다. 공변량의 효과를 해석하기 위해 위험함수 $\lambda_i(t|z)$ 에 대해 로그 변환을 고려한다.

$$\log\lambda_i(t|z) = \alpha\log(\lambda) + (\alpha-1)\log(t) + z_i'\beta\alpha + \log\alpha$$

여기서 $\beta\times\alpha$ 는 로그 위험률에 대한 공변량의 효과로 해석된다. 한 $\Lambda_0(t) = -\log(S_0(t)) = (\lambda t)^{\alpha}$ 이므로 위 식을 통해 만약 z 가 고정되어 있을 경우, $(\log\ t,\ \log(-\log(S(t))))$ 의 그래프는 와이블 분포하에서 절편이 $z'(\beta\times\alpha)+\log\alpha$ 이고 기울기가 $(\alpha-1)$ 인 직선을 예상할 수 있다. 이제 hodg 자료에 weibull 분포를 적용해 보자. R 프로그램에서는 dist="weibull"이 사용된다.

```
> weib.fit<-survreg(Surv(time,delta)~dtype+gtype+score+wtime, dist="weibull", data=hodg)
> summary(weib.fit)

Call:
survreg(formula = Surv(time, delta) ~ dtype + gtype + score + wtime, data = hodg,
    dist = "weibull")
              Value    Std. Error      z        p
(Intercept)   0.6338   0.82286     0.770    4.41e-01
dtype        -1.3746   0.64649    -2.126    3.35e-02
gtype        -0.2080   0.56592    -0.368    7.13e-01
score         0.0793   0.01206     6.574    4.90e-11
wtime         0.0104   0.00942     1.105    2.69e-01
Log(scale)    0.2416   0.16049     1.506    1.32e-01

Scale= 1.27

Weibull distribution
Loglik(model)= -167   Loglik(intercept only)= -183.3     # 로그 우도(-167.0)
      Chisq= 32.51 on 4 degrees of freedom, p= 1.5e-06
Number of Newton-Raphson Iterations: 6
n= 43
```

위 결과를 통해 공변량의 해석은 지수분포의 결과와 거의 동일하였다. 유의한 공변량은 dtype(백혈병 유형)과 karnofsky score였다. 여기서 $\hat{\sigma}=1.27=\frac{1}{\hat{\alpha}}$이므로 $\hat{\alpha}=0.7874$이다. 따라서 백혈병 유형의 효과는 $\widehat{\beta_1}\hat{\alpha}=-1.374\times 0.787=-1.082$이고 Karf 점수의 효과는 $\widehat{\beta_3}\hat{\alpha}=0.0793\times 0.787=0.062$이다.

4.4.3 로그 정규회귀모형

로그 정규모형은 $\epsilon \sim N(0,1)$을 가정한다. 만약 모든 $\beta=0$이라면(즉, 공변량이 고려되지 않을 때), 위험함수는 다음과 같이 표현된다.

$$\lambda_0(t)=\phi\left(\frac{\log(t)}{\sigma}\right)\left[1-\Phi\left(\frac{\log(t)}{\sigma}\right)\right]\sigma t$$

이때 T의 로그 위험함수는 공변량 z와 함께,

$$\log\lambda_i(t|z) = \log\lambda_0(te^{-z_i'\beta}) - z_i'\beta$$

로 표현된다. 여기서 ϕ는 표준 정규분포, Φ는 누적 정규분포이다. 이는 앞에서 공부한 지수분포, 와이블 분포와는 달리 비례위험모형이 적용되지 않음을 보여 준다. 즉, 로그 위험함수는 공변량의 선형모형으로 유도될 수 없다. 로그 정규모형은 뒤집어진 U(inverted U-shaped) 형태의 위험함수를 가지므로 연구 초기 시점과 종료 시점에 사건 발생 확률이 낮은 자료에 적용될 수 있다. 로그 정규모형에서 생존함수는

$$S(t|z) = \Phi(\beta_0 + \beta_1 z_1 + \beta_2 z_2 + \ldots + \beta_p z_p)$$

이며 이는 범주형 자료 분석에서 프로빗 회귀모형(probit regression model)과 비슷하다. R 프로그램에서는 dist="lognormal"이 사용된다.

```
> lognormal.fit<-survreg(Surv(time,delta)~dtype+gtype+score+wtime, dist="lognormal", data=
  hodg)
> summary(lognormal.fit)


Call:
survreg(formula = Surv(time, delta) ~ dtype + gtype + score + wtime, data = hodg,
    dist = "lognormal")
                    Value     Std. Error        z          p
(Intercept)        0.8583       1.0136      0.847     3.97e-01
dtype             -1.3137       0.6898     -1.905     5.68e-02
gtype             -0.3520       0.5902     -0.596     5.51e-01
score              0.0663       0.0143      4.641     3.47e-06
wtime              0.0142       0.0115      1.237     2.16e-01
Log(scale)         0.4883       0.1498      3.260     1.12e-03

Scale= 1.63

Log Normal distribution
Loglik(model)= -166.8   Loglik(intercept only)= -179.6     # 로그우도(-166.8)
        Chisq= 25.65 on 4 degrees of freedom, p= 3.7e-05
Number of Newton-Raphson Iterations: 5
n= 43
```

hodg 자료를 로그 정규모형에 적용하였을 때, 공변량의 유의성이 앞의 두 모형과 다른 결과를 보여 준다. 특히 dtype은 더 이상 유의하지 않았다(p−value= 0.0568). 하지만 위 예에서처럼 유의수준 0.05 근처에서 H_0를 기각하지 못할 때는 p−value를 그대로 명시함으로써 연구자의 가설검정에 근거를 제공할 수 있다.

4.4.4 로그 로지스틱 회귀모형

ϵ은 다음의 표준 로지스틱 분포를 가진다고 가정한다. 여기서 평균은 0이고 분산은 $\pi/3$이며 다음의 확률 밀도 함수를 가진다.

$$f(\epsilon) = \frac{e^{\epsilon}}{(1+e^{\epsilon})^2}$$

$\log T = \mu + \sigma\epsilon$의 관계일 때, T의 위험함수는 공변량 z와 함께

$$\lambda(t|z) = \frac{\alpha t^{\alpha-1} e^{z'\beta/\sigma}}{1+t^{\alpha} e^{-z'\beta/\sigma}}$$

이며 $\alpha = 1/\sigma$이다. 로그 정규모형과 마찬가지로 ϵ의 분포가 0을 중심으로 대칭이므로 뒤집어진 U 형의 위험함수를 가진다. 하지만 $\sigma > 1$일 때는 그러한 패턴을 가지지 못한다. 공변량 z가 주어질 때 생존함수는

$$S(t|z) = \frac{1}{1+(te^{-z'\beta})^{1/\sigma}}$$

이며, 생존함수 $S(t|z)$의 로짓은 다음과 같이 공변량의 선형결합으로 표현된다.

$$\log\frac{S(t|z)}{1-S(t|z)} = \beta_0^* + \beta_1^* z_1 + \ldots + \beta_p^* z_p - \alpha\log(t)$$

여기서 $\beta_j^* = \beta_j/\sigma,\ j=0,...,p$이며 이는 로지스틱 회귀모형과 유사한 형태를 가진다. 즉, 만약 다른 공변량은 동일하고 z_k만이 다른 경우, 그 효과를 추정하기 위해 다음의 오즈비가 사용될 수 있다.

$$\frac{S(t|z_k+1)/(1-S(t|z_k+1))}{S(t|z_k)/(1-S(t|z_k))} = e^{\beta_k^*}$$

이는 시간에 따라 변하지 않으며, 따라서 이를 비례 오즈 모형(proportional odds model)이라고 한다. R 프로그램에서는 dist="loglogistic"이 사용된다.

```
> loglogistic.fit<-survreg(Surv(time,delta)~dtype+gtype+score+wtime,dist="loglogistic", data=hodg)
> summary(loglogistic.fit)

Call:
survreg(formula = Surv(time, delta) ~ dtype + gtype + score + wtime, data = hodg,
    dist ="loglogistic")
              Value   Std. Error      z          p
(Intercept)   0.9133     0.9126     1.001     3.17e-01
dtype        -1.4494     0.6693    -2.166     3.03e-02
gtype        -0.3419     0.5764    -0.593     5.53e-01
score         0.0669     0.0137     4.903     9.43e-07
wtime         0.0131     0.0108     1.210     2.26e-01
log(scale)   -0.0638     0.1670    -0.382     7.03e-01

Scale= 0.938

Log logistic distribution
Loglik(model)= -167   Loglik(intercept only)= -180.2      # 로그 우도(-167.0)
        Chisq= 26.45 on 4 degrees of freedom, p= 2.6e-05
Number of Newton-Raphson Iterations: 5
n= 43
```

위에서 설명된 모형 중 적절한 모형을 선택하기 위해 다음의 AIC(Akaike Information Criteria) 통계량이 사용될 수 있다.

$$AIC = -2 \times \log(\text{maximum likelihood}) + 2 \times \text{p}$$

여기서 log(maximum likelihood)는 모형의 적합도를 측정하며 모수의 개수 p는 모형의 복잡성을 반영하기 위해 사용된다. 따라서 비록 모형의 적합도가 만족스럽다고 할지라도, 복잡한 모형은 그만큼 패널티를 가지게 된다. 더 작은 AIC 값은 더 나은 모형을 의미한다. 다음 표는 hodg 자료에 대해 여러 분포하에서 계산된 로그 우도함수 값과 AIC를 보여 준다.

모형	로그 우도	AIC
지수모형	−168.3	346.6
와이블 모형	−167.0	346.0
로그 정규모형	−166.8	345.6
로그 로지스틱 모형	−167.0	346.0

4.5 비례 오즈 회귀모형

4.4.4절의 오즈 모형을 일반화할 때 다음의 모형이 정의된다.

$$\log\frac{1-S(t;z)}{S(t;z)}=\log(G(t))+\beta' z$$

여기서 $G(t)$는 증가함수이며 그 형태는 알려지지 않았다. 즉, 오차항에 대해 어떤 가정을 하지 않는다. 다음 예를 통해 그 적용 과정을 설명한다.

예제 4.4 심근경색 자료

심근경색으로 사망한 환자들에 대해 유의한 공변량을 식별하기 위해 다섯 가지 공변량이 고려된다. 이 자료는 1877명의 환자 중 300명을 랜덤 추출한 부분표본으로 구성되어 있다. 다음은 분석을 위해 적용된 공변량에 대한 설명이다.

```
chf: Clinical heart pump failure(1: present, 0: absent)
age: 나이, 분석 시 cage =(age - 평균)
diabetes: 당뇨병 여부(1: 유병, 0: 무병)
vf: Ventricular fibrillation(1: 유병, 0: 무병)
sex: 성별

> library(timereg)
> data(sTRACE)
> head(sTRACE)
         no    wmi  status  chf   age     sex  diabetes   time      vf
X1944   1944   1.5    9      0    84.924   1      1      1.345000   0
X5783   5783   1.9    0      1    74.193   0      0      6.910000   0
X784     784   0.8    9      0    78.081   0      1      0.196000   0
X3763   3763   1.3    0      0    55.479   1      0      7.543000   0
X2927   2927   1.6    0      1    62.997   0      0      7.126000   0
X4511   4511   1.0    9      1    67.644   1      0      4.532606   0
```

자료분석을 위해 timereg 패키지가 필요하다. 명령문은 prop.odds(Surv(Time, status)~z1+z2+...)가 사용된다. 여기서 회귀계수 exp(β)는 t 시점 전까지 생존할 오즈에 대한 공변량의 효과를 추정한다. 아래 프로그램에서 max.time은 고려될 시간의 최댓값, n.sim은 추정된 회귀계수의 분산 추정 시 사용되는 재표본(resampling)의 횟수를 명시한다.

```
> library(timereg)
> sTRACE$cage<-sTRACE$age-mean(sTRACE$age)
> fit<-prop.odds(Event(time, status==9)~cage+diabetes+chf+vf+sex, sTRACE, max.time=7, n.
sim=500)
> summary(fit)

Test for nonparametric terms
Test for non-significant effects
          Supremum-test of significance p-value H_0: B(t)=0
Baseline                           4.69                  0
Test for time invariant effects
          Kolmogorov-Smirnov test p-value H_0: B(t)=b t
Baseline                  0.0579               0.064
Covariate effects  ②
           Coef.     SE      Robust SE  D2log(L)^-1   z       P-val
cage       0.0862    0.0106   0.0104     0.0098      8.13    4.44e-16
diabetes   0.4820    0.2750   0.2620     0.2830      1.76    7.92e-02
chf        0.9900    0.1910   0.1920     0.1890      5.19    2.07e-07
```

```
vf        1.3400    0.3970     0.4210      0.3700    3.38      7.13e-04
sex       0.4510    0.1970     0.1960      0.1920    2.29      2.21e-02

Test for Goodness-of-fit  # 비례모형의 적합도 ①
             sup|  hat U(t)  |   p-value H_0
cage             56.50            0.944
diabetes          1.87            0.816
chf               3.27            0.792
vf                3.93            0.064
sex               2.94            0.910
```

위 결과에서 먼저 공변량 효과의 비례 오즈 모형의 적합도를 검정한다. Test for Goodness-of-fit를 통해 각 공변량의 비례 가정 여부를 확인할 수 있다. 위 결과를 통해 모든 공변량의 효과의 비례성 위배 여부를 조사할 수 있다(①). 〈그림 4.8〉은 5가지 공변량의 누적 계수값을 보여 준다. vf 변수는 초기 시간에 갑자기 증가하다가 이후 감소함으로써 시간에 따라 그 효과가 변함을 의심할 수 있다. 비례위험 여부에 대한 검정 결과는 p-value=0.064로 기각할 수는 없으나 여전히 비례 가정에 대해 주의가 필요하다.

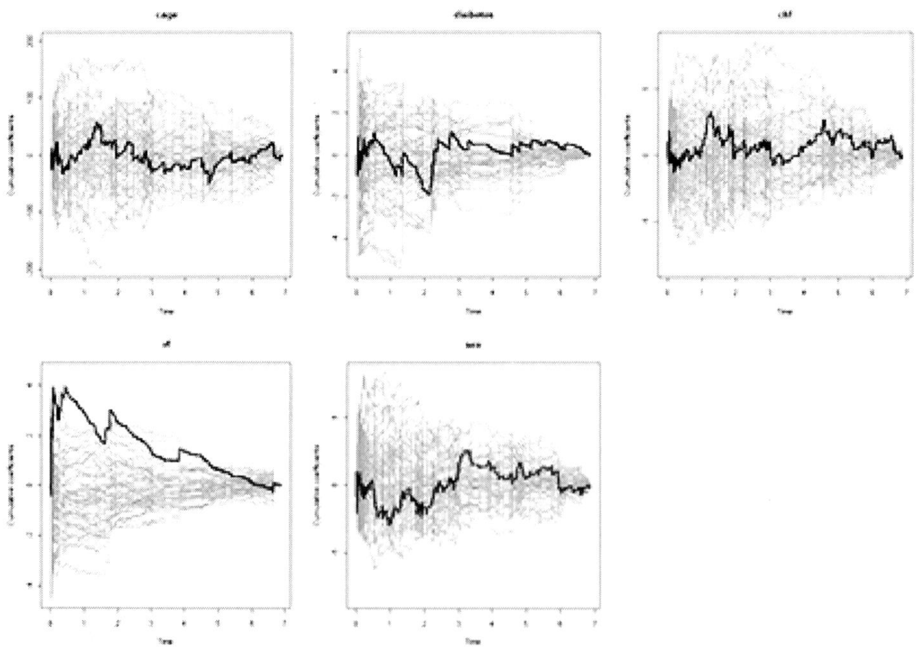

그림 4.8 sTRACE 자료의 공변량에 대한 비례 오즈 모형하에서의 비례성 검토

이들 변수의 유의성 검정을 살펴보면(②), 당뇨병 유병 여부(diabetes)를 제외하곤 모든 공변량이 유의함을 알 수 있다. 즉, 나이(cage)가 많을수록, heart pump failure (chf)와 vf를 경험한 남자 환자가 더 높은 사망 오즈를 보여 준다. 예를 들어, vf를 가진 환자는 다른 모든 공변량(나이, heart failure 여부, diabetes 여부, 성별)이 같다면 vf를 경험하지 않은 환자에 비해 exp(1.34)=3.82배 더 높은 사망 오즈를 가짐을 알 수 있다.

CHAPTER

05

비례위험모형

앞에서 공부한 모수 회귀모형에서는 분포 가정에 따라 기저 함수분포의 형태가 결정된다. 만약 이러한 분포의 가정이 적절하지 못하면 추정된 회귀계수의 정확성에 대한 신뢰를 잃게 된다. 따라서 분포의 가정에 영향을 받지 않는 방법이 적용될 필요가 있다. 비례위험모형(proportional hazard model, PH model)은 기저분포에 대한 가정을 필요로 하지 않는다. 따라서 분포에 대한 아무런 정보가 없는 경우에 적용될 수 있다. 비례위험모형과 모수 회귀모형의 가장 큰 차이점은 추정된 회귀계수의 해석이다. 4장에서 공부한 모수 회귀모형에서는 추정된 회귀계수가 공변량과 생존시간과의 관계라면 비례위험모형에서는 공변량과 위험함수에 대한 것이다. 따라서 추정값은 서로 반대 부호를 가지게 된다. 5.1절에서는 기본적인 개념과 여러 가지 응용 예들을 공부한다. 모수 회귀모형과 비교하여 비례위험모형의 또 다른 유용성으로는 시간에 따라 변화하는 공변량(time-varying covariate)을 회귀모형에 포함할 수 있다는 것이다. 이에 대한 자세한 설명은 5.2절에서 논의한다. 5.3절에서는 층화 자료에 적용되는 예를 보여 주며, 5.4절에서는 비례위험모형하에서 적용될 수 있는 여러 가지 모형 진단 방법을 공부한다.

5.1 Cox's 비례위험모형

비례위험모형(Cox, 1972)의 가장 큰 특징은 반응변수인 생존시간과 공변량의 관계가 위험함수(hazard function)를 통해서 표현된다는 것이다. 4장에서 공부한 모수 회귀모형에서는 $\log T_i = Z_i' \tilde{\beta} + \epsilon_i$로 반응변수($\log T_i$)와 공변량($Z_i$)의 관계가 선형모형으로 표현되었으며 회귀계수 $\tilde{\beta}$는 공변량이 한 단위 증가할 때 변화하는 로그 생존시간의 증감 정도로 해석한다. 이에 반해 비례위험모형에서는 다음의 모형이 사용된다.

$$\lambda_i(t;Z_i) = \lambda_0(t)\exp(Z_i'\beta),\quad Z_i = (Z_{i1},\cdots,Z_{ip})'$$

여기서 $\lambda_0(t)$는 기저위험함수(baseline hazard function)로 분포에 대한 특정 분포를 가정하지 않는다. 회귀계수 $\beta=(\beta_1,\cdots,\beta_p)$는 $p\times 1$벡터로 공변량의 효과를 추정하는데, 공변량 Z_{ik}가 한 단위 증가할 때마다 $\exp(\beta_k)$만큼 위험률이 증가하게 된다. 예를 들어 $p=1$일 때, 즉 두 개체 i와 j의 사건 발생 위험비는

$$\frac{\lambda(t;Z_i)}{\lambda(t;Z_j)}=\frac{\lambda_0(t)\exp(Z_i\beta)}{\lambda_0(t)\exp(Z_j\beta)}=\exp[(Z_i-Z_j)\beta]$$

이 된다. 위 식의 좌변은 시간의 함수이지만 우변의 결과 ($\exp[(Z_i-Z_j)\beta]$)는 시간에 의존하지 않고 항상 일정하다는 것을 알 수 있다. 예를 들어, 두 가지 다른 처방을 받은 두 환자에 대해 한 환자($Z=1$)는 다른 환자($Z=0$)에 비해 사건 발생 위험률이 $\exp(\beta)$이며 이러한 효과는 시간이 변하더라도 불변함을 의미한다. 이러한 성질 때문에 비례위험(proportional hazard)모형이라고 한다.

5.1.1 회귀계수 β와 누적위험함수 $\Lambda_0(t)$의 추정

Cox(1975)는 회귀계수 추정을 위해 기저 분포에 의존하지 않는 방법으로 조건부 확률에 근거하여 우도함수를 유도하였다. 좀 더 자세히 설명하면, $t_{(1)}<\cdots<t_{(m)}$는 $\delta=1$인 사건의 시간을 순서대로 정렬한 것이고, $t_{(j)}$ 시점에 사건을 가진 개체의 공변량은 $z_{(j)}$이며, $t_{(j)}$ 바로 전 시점까지 사건을 경험하지 않고 살아있는 개체들의 그룹, 즉 위험 그룹을 $R_j=R(t_{(j)})$로 표시한다. 여기서 모든 시간은 서로 다름을 가정한다. 즉, 동점이 없다고 가정한다. 이때 $j=1,\cdots,m$에 대해

$L_j^*(\beta)=P\{$ $z_{(j)}$를 가진 개체가 $t_{(j)}$에서 사건을 경험할 확률$|$ $t_{(j)}$에서 $R(t_{(j)})$에 속할 때$\}$

$$=\frac{\lambda_0(t_{(j)})\exp(z_{(j)}\beta)}{\sum_{l\in R(t_{(j)})}\lambda_0(t_{(j)})\exp(z_{(l)}\beta)}$$

$$=\frac{\exp(z_{(j)}\beta)}{\sum_{l\in R(t_{(j)})}\exp(z_{(l)}\beta)}$$

을 이용하여 다음의 부분우도함수(partial likelihood function)를 정의한다.

$$PL(\beta)=\prod_{i=1}^{n}\left[\frac{\exp(z'_i\beta)}{\sum_{l\in R_i}\exp(z'_l\beta)}\right]^{\delta_i}=\prod_{i=1}^{n}L_i^{*\delta_i} \quad (5.1)$$

회귀계수 β의 추정은 로그 부분 우도함수(log partial likelihood), $\log PL(\beta)=l(\beta)$을 이용하여 유도되는 스코어 함수(5.2)와 정보 행렬(5.3)을 이용한다.

$$U(\beta_k)=\frac{\partial l(\beta)}{\partial\beta_k}=\sum_{i=1}^{n}\delta_i\left\{z_{ik}-\frac{\sum_{j\in R_i}\exp(z_j'\beta)z_{jk}}{\sum_{j\in R_i}\exp(z_j'\beta)}\right\} \quad (5.2)$$

$$I(\beta)=\frac{\partial^2 l(\beta)}{(\partial\beta)^{\otimes 2}}=\sum_{i=1}^{n}\left\{\frac{\sum_{j\in R_i}\exp(z_j\beta)z_j^{\otimes 2}}{\sum_{j\in R_i}\exp(z_j\beta)}\right\}-\left\{\left|\frac{\sum_{j\in R_i}\exp(z_j\beta)z_j}{\sum_{j\in R_i}\exp(z_j\beta)}\right|^{\otimes 2}\right\} \quad (5.3)$$

적절한 초기치 $\hat{\beta}^{(0)}$를 이용하여 다음의 Newton-Raphson 알고리즘을 통해 $\hat{\beta}$를 구할 수 있다.

$$\hat{\beta}^{(k+1)}=\hat{\beta}^{(k)}+I^{-1}(\hat{\beta}^{(k)})U(\hat{\beta}^{(k)})$$

이렇게 구한 $\hat{\beta}$을 이용하여 누적위험함수를 구하기 위해 다음의 Breslow 추정량을 이용할 수 있다.

$$\hat{\Lambda}(t;\hat{\beta})=\sum_{t_{(j)}\le t}\frac{d_j}{\sum_{l\in R_j}\exp(z_l'\hat{\beta})},\quad d_j=\sum_{i=1}^{n}\delta_i I(t_i=t_{(j)}) \quad (5.4)$$

다음은 R 프로그램에서 비례위험모형을 적용한 예이며, coxph 함수가 사용되었다.

예제 5.1 원발성 담즙성 간경화(Primary Biliary Cirrhosis: PBC) 자료

원발성 담즙성 간경화는 간 질환이다. 담관(Bile duct)이 폐쇄되어 피부색이 노랗게 변하는 황달이 함께 나타나는 질환으로 간경화를 통해 증상이 심각한 경우 사망에 이르게 되는 질병이다. 분석될 자료는 1974년부터 1984년까지 미국 Mayo clinic에서 치료를 받은 418명의 환자들로 구성된다(Fleming and Harringtom (1991)). 여기서 분석될 공변량은 모두 시간 고정 공변량으로 (환자의 나이, bilirubin, albumin, prothrombin, edema)이다. 환자의 사망시간에 대한 유의성을 검토한다.

- bilirubin: 담즙 구성성분의 하나로 체내에서는 주로 헤모글로빈에서 만들어짐
- prothrombin: 피가 응고되기까지 걸리는 시간
- edema: (0,1,2)의 값을 가짐(0: no edema, 1: 약간의 edema, 2: 심각한 edema)
- albumin: 수용성 혈장 성분으로서 체액 삼투압을 조절하는 물질

이들 공변량 중 bilirubin과 prothrombin 변수는 비대칭 정도가 심각하여 로그 변환을 적용하였다. 이 자료에서 포함된 사건은 사망(status=2) 외에도 간 이식(liver transplant=1)을 포함한다. 특히 이들 사건은 8장에서 논의할 경쟁위험모형을 적용함으로써 간 이식에 의한 표본의 편이를 분석에 반영할 수 있다. 이번 분석에서는 일단 간 이식을 중도 절단자료로 간주하였다. 따라서 status=2인 사망이 관심 사건이 된다.

```
> library(survival)
> coxph(Surv(time,status==2)~age+log(bili)+edema+log(protime)+albumin, data=pbc)

coxph(formula = Surv(time, status == 2) ~ age + log(bili) + edema +
    log(protime) + albumin, data = pbc)

                coef    exp(coef)   se(coef)       z          p
age           0.0397      1.041     0.00765     5.19    2.1e-07
log(bili)     0.8625      2.369     0.08303    10.39    0.0e+00
edema         0.9021      2.465     0.27173     3.32    9.0e-04
log(protime)  2.3732     10.731     0.76785     3.09    2.0e-03
albumin      -0.7567      0.469     0.20912    -3.62    3.0e-04
Likelihood ratio test=230  on 5 df, p=0  n= 416, number of events= 160
   (2 observations deleted due to missingness)
```

위 결과로부터 모든 공변량이 유의하였다. 즉, log(bilirubin)이 1 단위 증가할 때마다 2.369(=exp(0.862))배의 위험률이 증가함을 의미한다. 또한 나이가 1살 증가할수록 사망할 위험률은 4% 증가한다. albumin 변수는 음의 효과를 가지며, 1 단위 증가할 때 사망 위험률은 약 50% 감소 또는 1 단위 감소할 때마다 위험률이 $\exp(0.7567) = 2.13$배 증가하였다. 여기서 가장 영향력 있는 공변량은 log(bilirubin) 변수로 절댓값이 가장 큰 검정 통계량을 가진 공변량이 된다. 왜냐하면 검정 통계량은 추정된 회귀계수의 변이(variation)가 반영되어 있어 이후 유의성 검정(significance test)에 대해서도 타당한 기준이 될 수 있기 때문이다.

예제 5.2

1.3.6절의 골수이식 환자의 생존시간에 대해 여러 가지 요인의 효과를 추정한다. 변수 선택 절차를 예시하기 위하여 다음 일곱 개의 공변량의 효과가 검토된다.

요인(범주형)	범주	돗수
질병 상태 (group)	ALL	38
	AML(Low risk)	54
	AML(High risk)	45
FAB	0	92
	1	45
환자 성별(psex):z3	남자	80
	여자	57
골수 기부자 성별(dsex):z4	남자	88
	여자	49
요인(연속형)	**범위(평균)**	
환자 나이(page): z1	7 ~52(28.36살)	
골수 기부자 나이(dage):z2	2 ~56(28.33살)	
대기 시간(waiting)	24 ~2616일(275.1일)	

여기서 반응변수로 골수이식 후 재발 또는 사망 사건(t2,d3)을 고려하자. 질병 상태를 보여 주는 그룹 변수(group)는 주요 관심 변인으로 모형에 언제나 포함된다.

환자와 골수 기부자의 나이의 효과를 검토하기 위해 두 그룹의 평균 28을 뺀 새로운 변수를 정의한다(page1=page−28, dage1=dage−28). 또한 환자와 골수 기부자 간 나이 차에 따른 효과를 검토하기 위해 page1와 dage1의 교호작용이 적용된다. 즉, 두 사람 모두 28보다 작거나 28보다 클 때, page*dage1〉 0의 값을 가진다. 그룹 변수 중에 ALL을 기저 그룹으로 하고 다음의 모형을 적용해 본다.

```
〉 library(KMsurv)
〉 data(bmt)
bmt$dage1=bmt$z2−28
bmt$page1=bmt$z1−28
fit1 〈−coxph(Surv(t2,d3)~group+page1+dage1+page1*dage1,data=bmt)
fit11〈−coxph(Surv(t2,d3)~group, data=bmt)
Analysis of Deviance Table
 Cox model: response is  Surv(t2, d3)
 Model 1: ~ group
 Model 2: ~ group + page1 + dage1 + page1 * dage1
   loglik  Chisq Df Pr(〉|Chi|)
1 −371.96
2 −366.26 11.402  3   0.009737 **
```

$$\lambda(t|z) = \lambda_0(t)\exp(\beta_1 AML_L + \beta_2 AML_H + \beta_3 dage_1 + \beta_4 page_1 + \beta_5 page1 \times dage1_1)$$

나이의 효과를 검정하기 위해서는 귀무가설 $H_0 : \beta_3 = \beta_4 = \beta_5 = 0$가 검토된다. 위 LR 검정 결과를 통해 자유도가 3인 $\chi^2 = 11.402,\ p-value = 0.009$이므로 환자와 기부자의 나이는 사망 또는 재발 위험률에 유의한 영향을 준다고 할 수 있다.

이제 자료에 포함된 모든 예측요인을 포함한 모형을 고려해 보자. 여기서는 AIC에 기반한 후향소거법에 기반한 변수 선택 기법을 사용한다. 축소 방법(shrinkage method)인 lasso와 ridge 회귀모형의 적용은 11장에서 논의된다.

```
〉 psex=bmt$z3; dsex=bmt$z4; waiting=bmt$z7; FAB=bmt$z8
〉fit〈−coxph(Surv(t2,d3)~group+page1+dage1+page1*dage1+psex+dsex+psex*dsex+waiting+FAB,dat
a=bmt)
〉 step(fit)
```

```
Start:  AIC=741.38
Surv(t2, d3) ~ group + page1 + dage1 + page1 * dage1 + psex +
    dsex + psex * dsex + waiting + FAB

                Df    AIC
- waiting        1  739.49
- group          1  739.53
- psex:dsex      1  740.96
<none>              741.38
- FAB            1  744.48
- page1:dage1    1  751.88

Step:  AIC=739.49
Surv(t2, d3) ~ group + page1 + dage1 + psex + dsex + FAB + page1:dage1 + psex:dsex
                Df    AIC
- group          1  737.69
- psex:dsex      1  739.23
<none>              739.49
- FAB            1  742.54
- page1:dage1    1  749.90

Step:  AIC=737.69
Surv(t2, d3) ~ page1 + dage1 + psex + dsex + FAB + page1:dage1 + psex:dsex
                Df    AIC
- psex:dsex      1  737.38
<none>              737.69
- FAB            1  740.83
- page1:dage1    1  747.99

Step:  AIC=737.38
Surv(t2, d3) ~ page1 + dage1 + psex + dsex + FAB + page1:dage1
                Df    AIC
- dsex           1  735.48
- psex           1  736.08
<none>              737.38
- FAB            1  741.61
- page1:dage1    1  746.89

Step:  AIC=735.48
Surv(t2, d3) ~ page1 + dage1 + psex + FAB + page1:dage1

                Df    AIC
- psex           1  734.30
<none>              735.48
- FAB            1  739.65
- page1:dage1    1  744.89

Step:  AIC=734.3
```

```
Surv(t2, d3) ~ page1 + dage1 + FAB + page1:dage1

                 Df   AIC
<none>                734.30
- FAB             1   739.30
- page1:dage1     1   743.31
Call:
coxph(formula = Surv(t2, d3) ~ page1 + dage1 + FAB + page1:dage1,
    data = bmt)

                  coef      exp(coef)   se(coef)      z       p
page1        -0.0151790   0.9849356   0.0188848  -0.804   0.421532
dage1         0.0205362   1.0207485   0.0184206   1.115   0.264915
FAB           0.6113322   1.8428849   0.2259868   2.705   0.006827
page1:dage1   0.0033359   1.0033415   0.0009147   3.647   0.000265

Likelihood ratio test=20.29  on 4 df, p=0.0004372
n= 137, number of events= 83
```

AIC에 기반하여 유의하지 않은 변수들을 제거함으로써 최적 모형을 유도한다. 결과에 의하면 최종 모형으로 환자와 기부자의 나이와 그들의 교호작용 FAB 변수만이 포함되었다. 교호작용의 회귀계수의 부호 $\hat{\beta}_4 > 0$를 통해 환자와 기부자의 나이가 비슷하고 모두 어리거나 모두 나이가 많을 경우 재발을 경험하거나 사망할 위험이 증가하였다. FAB가 높을수록 위험률이 증가하였다.

5.1.2 동점 처리

비례위험모형에서 유도된 부분우도함수 식 (5.1)은 생존시간 자료에서 동점이 존재하지 않는다는 가정하에서 유도된다. 하지만 실제 자료에서 측정 단위의 규격화 또는 반올림으로 생존시간 자료값이 동일한 경우는 빈번히 발생한다. 따라서 동점 생존시간을 처리하기 위해 여러 가지 방법들이 제안되었다. 이러한 방법들을 설명하기 전에 식 (5.1)에서 정의된 부분 우도함수를 다시 한번 고려한다. $\delta = 1$인 관측 개체의 기여 정도는

$$\frac{\lambda_0(t_i)\exp(z_i\beta)}{\sum_{j\in R_i}\lambda_0(t_i)\exp(z_j\beta)} = \frac{\exp(z_i\beta)}{\sum_{j\in R_i}\exp(z_j\beta)} = \frac{r_i}{\sum_{j=1}^{n}Y_j(t_i)r_j} \tag{5.5}$$

이다. 여기서 r_i는 i번째 개체가 t_i 시점에서 사건을 경험할 위험점수(risk score)이며, $Y_j(t_i)$는 j번째 개체가 t_i 시점에서 위험 그룹에 속했는지를 보여 주는 위험지시함수(risk indicator)가 된다. 즉, 식 (5.5)는 i번째 개체가 t_i 시점에서 사건을 가질 조건부 확률로 해석된다. 동점 처리를 위해 사용되는 방법을 설명하기 위해, $n=5$이고 $(t_1=t_2<t_3<t_4<t_5)$인 자료가 주어져 있다고 예를 들어 보자. 동점 처리를 위해 자주 사용되는 세 가지 방법을 설명한다.

① Breslow 근사법

가장 간단한 방법으로 많은 통계 패키지에서 디폴트로 사용되고 있다. 위 예에서는 처음 두 관측치 $(t_1=t_2)$의 우도함수 기여치는

$$\left(\frac{r_1}{r_1+r_2+r_3+r_4+r_5}\right)\left(\frac{r_2}{r_1+r_2+r_3+r_4+r_5}\right)$$

로 표현된다. 즉 두 관측치가 모두 분모에 동시에 들어간다. 이 방법에 근거하여 추정된 회귀계수는 동점이 많은 경우 회귀계수가 영의 값을 가지게 하는 경향을 보이므로 보수적인 편의를 가진다고 알려져 있다.

② Efron 근사법

Efron에 의해 제시되었으며 분모에 한번은 두 위험점수 r_1, r_2가 그대로 사용되며 다음은 두 관측치의 절반만이 사용된다$(\frac{r_1}{2}, \frac{r_2}{2})$.

$$\left(\frac{r_1}{r_1+r_2+r_3+r_4+r_5}\right)\left(\frac{r_2}{0.5r_1+0.5r_2+r_3+r_4+r_5}\right)$$

만약 3개의 동점이 있다면 $(1, \frac{2}{3}, \frac{1}{3})$의 가중치가 차례대로 적용되며, 4개의 동점에 대해서는 $(1, \frac{3}{4}, \frac{2}{4}, \frac{1}{4})$가, r개의 동점이 있다면 $(1, \frac{r-1}{r}, \cdots, \frac{2}{r}, \frac{1}{r})$이 적용된다. 이 방법은 동점 개수가 아주 크지 않을 때 매우 만족스러운 결과를 제공한다고 알려져 있다. R 프로그램에서는 이 방법을 디폴트로 사용하고 있다.

③ 이산화 방법

전체 n명 중 d개의 동점이 있을 때, n명 중 d를 선택할 수 있는 모든 가능한 경우의 위험점수합에 대한 현재 관측된 동점인 개체의 위험점수의 비(ratio)를 이용한다. 즉

$$\frac{r_1 r_2}{\sum_{k \in S(d,n)} r_{k1} \cdots r_{kd}}$$

으로 표현된다. 우리의 예에서는 5개의 위험점수 중 2개를 선택하는 모두 10가지 가능한 경우가 분모에 주어진다. 그리고 $t_1 = t_2$이므로 분자에 $r_1 \times r_2$가 주어져 다음과 같이 표현된다.

$$\frac{r_1 r_2}{r_1(r_2+r_3+r_4+r_5)+r_2(r_3+r_4+r_5)+r_3(r_4+r_5)+r_4 r_5}$$

5.2 시간 가변 공변량

Cox의 비례위험모형의 장점 중 하나는 시간 가변 공변량을 포함할 수 있다는 것이다. 생존분석과 같이 일정 기간 동안 반응변수를 측정하는 종단 연구에서 공변량의 값이 변할 경우, 이를 시간 가변 공변량(time-dependent covariates)이라고 한다. 예를 들어 백혈병 환자의 사망 시점이 관심 있는 반응변수일 때, 골수이식과 같은 중간사건(intermediate event)의 발생 여부는 사망시간을 예측하는 데 매우 중요한 영향

을 미칠 수 있다. 여기서 중간사건은 연구 기간 동안 그 발생 여부가 서로 다르며 발생 시점 또한 다르다. 따라서 중간사건을 시간 가변 공변량으로 간주할 수 있다.

시간 가변 공변량은 유형에 따라 두 가지 종류로 나눌 수 있다. 외적 시간 가변 공변량(external time dependent covariate)과 내적 시간 가변 공변량(internal time dependent covariate)이며, 전자는 관측 개체와 무관하게 외부에서 결정되는 반면 후자는 관측 개체의 상태에 따라 변하는 것을 의미한다. 외적 공변량의 예로는 폐암 환자에게 영향을 미치는 주변 대기 오염의 정도를, 내적 공변량의 예로는 백혈병 환자의 CD4 cell 수치를 들 수 있다.

시간 가변 공변량 $z(t)$를 이용하여 비례위험모형은 다음과 같이 정의한다.

$$\lambda_i(t) = \lambda_0(t)\exp(\beta z_i(t))$$

회귀계수 β 를 추정하기 위해 부분우도함수는

$$PL(\beta) = \prod_i^m \left[\frac{\exp(\beta z_i(t_i))}{\sum_{l \in R_i} \exp[\beta z_l(t_i)]} \right]^{\delta_i}$$

이며, R_i는 t_i 시점에서 위험 그룹에 속한 개체의 모임이다. 위 우도함수에서 시간 가변 공변량이 어떤 방법으로 기여하는지 자세하게 공부하기 위해 다음의 모의자료를 고려해 보자. 4명의 생존시간과 사건 발생 여부를 보여 주는 지시함수, 그리고 각 시점에서의 관측된 시간 가변 공변량이 〈표 5.1〉에 주어져 있다. 위 표의 자료를 통해 부분우도함수는 다음과 같다.

표 5.1 시간 가변 공변량의 변화

subject(=i)	T_i (δ_i)	z_i(15)	z_i(19)	z_i(20)	z_i(27)
1	15 (1)	1	–	–	–
2	19 (1)	0	1	–	–
3	20 (0)	0	1	0	–
4	27 (1)	1	0	1	1

$$PL(\beta) = \prod_{l=1}^{4} \left\{ \frac{e^{\beta z_l(t_l)}}{\sum_{i=1}^{n} Y_i(t_l)\exp(\beta z_i(t_l))} \right\}^{\delta_l}$$

$$= \left\{ \frac{e^{\beta z_1(15)}}{e^{\beta z_1(15)} + e^{\beta z_2(15)} + e^{\beta z_3(15)} + e^{\beta z_4(15)}} \right\} \times \left\{ \frac{e^{\beta z_2(19)}}{e^{\beta z_2(19)} + e^{\beta z_3(19)} + e^{\beta z_4(19)}} \right\} \times \left\{ \frac{e^{\beta z_4(27)}}{e^{\beta z_4(27)}} \right\}$$

$$= \frac{e^{\beta}}{2e^{\beta}+2} \times \frac{e^{\beta}}{2e^{\beta}+1} \times \frac{e^{\beta}}{e^{\beta}}$$

R 프로그램에서 시간 가변 공변량을 분석할 때 어려운 점은 앞 절에서 제시한 coxph 명령문을 바로 적용할 수 없다는 것이다. 따라서 시간 가변 공변량을 코딩하기 위해서는 (start, stop] 형식의 코드가 필요하다. 아래 코드는 표 5.1의 자료에 대해 (start, stop]을 적용한 것이다.

```
id  start  stop  status  z
1   0      15    1       1
2   0      15    0       0
2   15     19    1       1
3   0      15    0       0
3   15     19    0       1
3   19     20    0       0
4   0      15    0       1
4   15     19    0       0
4   19     20    0       1
4   20     27    1       1
```

예제 5.3 심장이식 환자의 생존시간(Crowley and Hu(1977))

이 자료는 스탠포드 대학 병원에서 실시된 임상자료로 심장이식이 환자의 수명에 어떤 영향을 주는지를 조사하고자 한다. 심장이식을 기다리는 103명의 환자로 구성된다. 다음은 survival 패키지에 내장된 heart 자료의 일부를 보여 준다. (start,stop] 형식으로 표현되어 있다. event=1은 stop 시점에 그 환자가 사망했음을 의미한다. age는 표준화된 값이며(나이-48), year는 1967년 11월 1일을 기준으로 계산된 나이를 의미한다. 심장이식 전에 수술 경험 여부는 surgery(=0,1)로 코딩되며 심장이식 여부는 transplant(=0,1)로 표시된다. id는 환자의 식별번호이다. 여기서 surgery, age, year는 시간 고정 공변량이며 transplant는 시간 가변 공변량이다.

아래 자료로부터 id=3,4,7인 환자는 두 줄의 자료가 주어지는데, 그 이유는 transplant의 값이 변하기 때문이다. 즉, id=3인 환자는 연구에 들어온 지 1주일 만에 심장이식을 받아 그 시간 이후로는 심장이식 그룹에 속하게 된다. 이 환자는 16주(즉, 심장이식 15주 후)에 사망하였다. 이 자료에서는 연구 초기에는 모든 환자가 심장불이식 그룹(transplant=0)이었다가 그중 69명이 서로 다른 시점에서 심장이식 그룹으로 변환하게 된다. id=4인 환자는 36주에 심장이식을 받고 39주에 사망하였고, id=7인 환자는 51주에 심장이식을 받고 675주에 사망하였다.

```
> heart[1:10,]
   start  stop  event        age       year  surgery transplant  id
1      0    50      1 -17.155373  0.1232033        0          0   1
2      0     6      1   3.835729  0.2546201        0          0   2
3      0     1      0   6.297057  0.2655715        0          0   3
4      1    16      1   6.297057  0.2655715        0          1   3
5      0    36      0  -7.737166  0.4900753        0          0   4
6     36    39      1  -7.737166  0.4900753        0          1   4
7      0    18      1 -27.214237  0.6078029        0          0   5
8      0     3      1   6.595483  0.7008898        0          0   6
9      0    51      0   2.869268  0.7802875        0          0   7
1     51   675      1   2.869268  0.7802875        0          1   7
```

이 자료에서 심장이식을 받은 69명의 환자 중에 45명이 사망하였으며(65% 사망률) 심장을 이식받지 못한 34명 중에서는 30명이 사망하였다(88% 사망률). 다음은 시간 가변 공변량이 있을 때 적용될 수 있는 잘못된 분석 방법과 관련된 문제점을 논의한다.

심장이식의 효과를 평가하기 위해 가장 간단한 방법으로 심장이식 그룹(transplant =1)과 받지 못한 그룹(transplant=0), 두 그룹으로 나눈 후 그들의 생존분포를 비교하는 방법이 있을 수 있다. 하지만 이 방법은 표본편의(sampling bias)와 관련된 다음의 문제점을 발생시킨다.

[방법 1] 두 그룹의 사망시간을 비교하기 위해 log rank 방법을 적용시킨다. 이때 적용되는 생존시간은 time=d_time−entry_time로, 연구참여 시점(entry-time)부터 사망시간 또는 중도절단시간(d−time)까지이다.

하지만 [방법 1]은 선택 편의(selection bias) 문제를 가진다. 즉, 어떤 환자가 연구에 들어온 지 얼마 지나지 않아 사망할 경우, 그는 심장이식을 받을 기회조차 얻지 못하고 사망하게 된다. 그 환자는 transplant=0의 그룹에 속하게 되며 그의 짧은 생존시간이 transplant 효과에 반영된다.

[방법 2] 두 그룹에 대해 생존시간을 각각 달리 정의한다. 심장이식 그룹 환자(trans-plant=1)들의 생존시간(time=d_time−trans_time)은 심장이식 시점부터 사망시점(중도절단시점)으로 정의하며, 이식받지 못한 그룹(transplant=0)의 생존시간(time=d_time−entry_time)은 연구참여 시점(entry_time)부터 사망시간(중도절단시점)까지로 정의한다.

그러나 [방법 2]의 문제점은 심장이식이 연구 시작 시점보다 훨씬 시간이 지난 후에 이루어지거나 심장이식 직후 연구가 종료될 때, 심장이식의 효과를 적절하게 추정할 수 없다는 것이다.

즉, 위 두 가지 방법은 심장이식의 효과를 추정하는 데 적절한 방법이라 할 수 없다. 따라서 환자마다 다른 시간 가변 공변량을 포함한 다음의 비례위험모형이 고려된다.

$$\lambda_i(t|trans_i(t)) = \lambda_0(t)\exp(\beta\ trans_i(t))$$

여기서 $\beta=0$은 심장이식이 생존시간에 아무런 영향을 주지 못함을, $\beta<0$은 생존시간을 연장함을, $\beta>0$은 생존시간을 단축함을 의미한다. 물론 여기서 사용되는 생존시간은 연구 시작 시점에서부터 사망시간이 사용된다.

다음 R 프로그램 코드는 심장이식 자료분석에 대한 것이다. 각 코드는 [방법 1], [방법 2] 그리고 시간 가변 공변량이 각각 사용되었을 때([방법 3])의 결과를 보여 준다. 수술 경험 유무 관련 변수(surgery)가 함께 사용된다. [방법 1]과 [방법 2]를 적용하기 위해서는 새로운 변수가 정의되어야 한다. 또한 각 관측 개체마다 한 개의 생존시간이 분석에 적용된다. 반면에 [방법 3]은 (start, stop] 포맷과 함께 공변량의 값이 변하는 관측 개체에 대해서는 두 개의 생존시간 자료가 적용되어야 한다. 따라서 이 자료에 대해서는 heart를 사용한다.

[방법 1]

```
for (i in 1:103) {
  for (j in 1:nrow(heart)) {
    if(heart$id[j]==i) {
      time[i]=heart$stop[j]                          # 방법 1
      time2[i]=heart$stop[j]-heart$start[j]          # 방법 2
      cen[i]=heart$event[j]
      surg[i]=heart$surgery[j]
      trans[i]=heart$transplant[j]
     }
    }
 }

coxph(Surv(time,cen)~surg+trans)
coxph(formula = Surv(time, cen) ~ surg + trans)
            coef    exp(coef)    se(coef)       z        p
surg      -0.437       0.646       0.37      -1.18    2.4e-01
trans1    -1.241       0.289       0.25      -4.96    6.9e-07
Likelihood ratio test=27.5  on 2 df, p=1.08e-06  n= 103, number of events= 75
```

따라서 [방법 1]의 결과를 통해 심장이식(trans1)은 환자의 수명을 늘리는 데 매우 유의적인 역할을 한다고 할 수 있다($\hat{\beta}$=−1.241, p−value<0.001). 여기서 trans1은 trans=1에 대한 효과를 추정함을 의미한다.

[방법 2] 반응변수로 heart$stop[j]−heart$start[j]가 사용된다.

```
coxph(Surv(time2,cen)~surg+trans)
coxph(formula = Surv(time2, cen) ~ surg + trans)
           coef     exp(coef)   se(coef)     z        p
surg     -0.452      0.636       0.370     -1.22    2.2e-01
trans    -1.039      0.354       0.249     -4.18    2.9e-05
Likelihood ratio test=20.9  on 2 df, p=2.95e-05  n= 103, number of events= 75
```

[방법 1]보다는 덜 하지만 여전히 심장이식은 유의한 공변량이라는 사실을 알 수 있다.

[방법 3] 시간 가변 공변량

```
> coxph(Surv(start,stop,event)~surgery+transplant, data=heart)

                coef    exp(coef)   se(coef)      z        p
surgery       -0.749     0.473       0.360     -2.083    0.037
transplant1    0.158     1.172       0.297      0.533    0.590

Likelihood ratio test=5.36  on 2 df, p=0.0685  n= 172, number of events= 75
```

[방법 1]과 [방법 2]에서는 n=103인 데 반해 [방법 3]에서는 n=172가 사용되었다. 두 방법과는 달리 [방법 3]에서 심장이식은 유의한 공변량이 아니었다(p=0.590). 대신 수술 여부는 수명을 연장하는 데 유의한 역할을 하였다(p=0.037).

예제 5.4 백혈병 골수이식

5.1절에서는 시간 고정 공변량에 대한 무병 생존시간(disease-free survival time)의 위험률을 공부하였다. 이제 이 자료에 포함된 시간 가변 공변량의 효과를 검정한다. 골수이식 후 모든 환자는 두 가지 유형의 중간사건(intermediate event)을 경험할 수 있다. 1.3.6절에서 소개된 백혈병 골수이식 자료를 참고하라.

① 대숙주성 이식편병(GVHD: Graft-versus-host disease): 급성(acute)과 만성

(chronic)의 두 가지 종류가 있다.

② 혈소판 회복(platelet recovery)

전체 환자 137명 중 각 사건의 비율은 다음과 같다.

```
> table(bmt$da) # acute GVHD
  0   1
111  26
> table(bmt$dc) # chronic GVHD
  0  1
 76 61
> table(bmt$dp) # platelet recovery
  0   1
 17 120
```

예를 들어 혈소판 회복이 시간 가변 공변량인 경우를 고려하자. 여기서 모든 환자는 골수이식 시점에는 혈소판 회복이 0의 값을 가지고 시작한다. 이후 시간이 지남에 따라 이 중 일부는 혈소판이 회복되게 된다. 120명이 연구 기간 동안 혈소판이 회복되었다.

이제 시간 가변 공변량이 모형에 적용되기 위해 새로운 자료, (start, stop] 포맷으로 생존시간을 코딩하여야 한다. (1) 공변량이 변하지 않은 개체에 대해서는 d_freetime을 이용하여 (0, d_freetime]이 적용되며, (2) 공변량이 변하는 개체에 대해서는 두 경우가 만들어져야 한다. 즉, tp가 혈소판 회복 시간이라면 처음 경우는 (0,tp]이며 사건지시 함수값(cenn)은 0이 된다. 여기서 시간 가변 공변량값은 여전히 0의 값을 가진다. 두 번째 경우에서는 생존시간은 (tp, d_freetime]이며 d_freetime에서의 사건지시 함수값(즉, d_freetime이 사망시간이거나 재발사건이면 cenn=1이 되고 다른 경우에는 cenn=0)을 가지게 된다. 이때 시간 가변 공변량은 1의 값을 가진다. 다음은 위 과정을 프로그램한 것이다.

```
 n=nrow(bmt)+sum(bmt$dp)
 n=nrow(bmt)
d_freetime=bmt$t2
tt=tt0=cenn=group=plat=id=rep(0,nn)
 ii2=0
 for (i in 1:n) {
    t0=0;
    if(bmt$dp[i]==1&bmt$tp[i]<d_freetime[i]) {
     ii2=ii2+1
     id[ii2]=i; tt0[ii2]=0; tt[ii2]=bmt$tp[i]; cenn[ii2]=0;
     group[ii2]=bmt$group[i];   plat[ii2]=0   ;t0=tt[ii2];
       }
     ii2=ii2+1
     id[ii2]=i; tt0[ii2]=t0; tt[ii2]=d_freetime[i]; cenn[ii2]=bmt$d3[i];
     group[ii2]=bmt$group[i]; plat[ii2]=bmt$dp[i]

       }
cbind(tt0,tt,cenn,group,plat,id)

  [1,]   0     13     0    1    0    1
  [2,]  13   2081     0    1    1    1
  [3,]   0     18     0    1    0    2
  [4,]  18   1602     0    1    1    2
  [5,]   0     12     0    1    0    3
  [6,]  12   1496     0    1    1    3
  [7,]   0     13     0    1    0    4
  [8,]  13   1462     0    1    1    4

> tt<-ifelse(tt==tt0, tt0+0.1,tt)
> coxph(Surv(tt0,tt,cenn)~plat+factor(group))

coxph(formula = Surv(tt0, tt, cenn) ~ plat + factor(group))

                  coef  exp(coef)  se(coef)      z         p
plat           -1.1202    0.3262    0.3292  -3.403  0.000666
factor(group)2 -0.4971    0.6083    0.2892  -1.719  0.085656
factor(group)3  0.3818    1.4650    0.2676   1.427  0.153626

Likelihood ratio test=22.87  on 3 df, p=4.292e-05
n= 257, number of events= 83
```

위 자료에서 보면 id가 1부터 4인 환자는 두 줄의 자료를 가진다. 예를 들어, id=2인 환자에 대해 첫 번째 줄의 자료는 환자가 골수이식 18일이 지난 후 혈소판이 회복되어 18일 이후 혈소판 회복 공변량은 palet=1이 되었다. 즉, id가 1부터 4인 환자의 혈소판 회복 시간은 각각 13, 18, 12, 13주이며 이 환자들은 중도절단되었다. id=124인 환자는 골수이식 직후 tp=0에 혈소판이 회복(dp=1)된 것을 알 수 있다. 따라서 이 환자에 대해서는 [0, 0.1]의 값을 적용하였다.

분석 결과 혈소판 회복(platelet recovery)은 생존시간에 유의한 영향을 준다. 즉, 혈소판이 회복되면 재발 또는 사망할 위험률이 70% 줄어들게 된다.

5.3 층화된 비례위험모형

관심 있는 연구 대상들이 여러 개의 소 모집단으로 구성된 경우에 층화된 생존자료분석을 고려할 수 있다. 예를 들어 여러 병원이 참여한 임상 실험에서 환경적, 지리적 차이에 의한 병원 간의 이질성이 존재할 수 있으며 이는 관심 있는 반응변수에 영향을 줄 수 있다. 하지만 실제 우리의 관심은 병원 개개의 효과를 구하는 것이 아니므로 이를 공변량에 포함하는 것은 모형의 복잡성을 초래할 수 있을 것이다. 만약 병원의 효과를 측정하고자 한다면 다음 6장에서 배울 프레일티 모형을 적용할 수 있을 것이다. 이러한 유형의 자료분석을 위해 일반적으로 층화 비례모형(stratified PH model)을 적용한다. 이 모형하에서 각 층(stratum)들은 서로 다른 기저 위험함수를 가진다고 가정한다. 예를 들어, k번째의 병원에 속한 i번째 환자의 위험함수는 다음과 같다.

$$\lambda_{ki}(t) = \lambda_k(t)\exp(z_{ki}'\beta)$$

층화 모형의 가장 큰 장점은 교락변수에 대한 효과를 보정시킬 수 있다는 것이다. 층화 모형의 또 다른 유용성은 범주형 또는 그룹형 공변량이 비례 위험 가정에 위배된 경우, 그 변수를 층화 변수로 간주할 수 있다.

예제 5.5

예제 5.1의 PBC 자료에 edema를 층화변수로 사용하여 비례위험모형을 적용해 보자.

```
> fit1<-coxph(Surv(time, status==1)~log(bili)+age+strata(edema), data=pbc)
> summary(fit1)
  n= 418
             coef    exp(coef)   se(coef)      z        p
log(bili)  0.9605      2.61      0.0802      11.97   0.0e+00
age        0.0407      1.04      0.0078       5.22   1.8e-07
          exp(coef)  exp(-coef)   lower .95   upper .95
log(bili)    2.61      0.383        2.23        3.06
age          1.04      0.960        1.03        1.06

Rsquare= 0.297   (max possible= 0.974 )
Likelihood ratio test = 147  on 2 df,   p=0
Wald test             = 157  on 2 df,   p=0
Score (logrank) test = 170  on 2 df,   p=0
```

여기서 edema는 실제 관심 있는 공변량이 아니지만, edema 값의 수준에 따라 생존분포가 다름이 알려져 있다. 5.4절에서 edema 변수는 비례위험 가정이 적합하지 않음을 확인할 수 있다. 비례위험모형이 위배된 경우 시간 가변 회귀계수를 포함한 모형도 적용할 수 있을 것이다. 다음 절에서는 비례위험모형에서 논의될 수 있는 여러 가지 회귀 진단법을 공부한다.

5.4 회귀모형 진단

회귀모형에서 사용되는 여러 가지 모형 진단 방법을 생존분석에 적용해 보자. 중도절단자료를 포함하는 생존분석자료의 특성 때문에 일반적인 회귀분석의 진단 방법과는 다른 방법이 개발되었다. 이 절에서는 크게 네 가지 가정에 대한 진단법을 논의한다. ① 모형의 적합도 검정(goodness of fit test), ② 비례위험가정(proportional hazard assumption), ③ 영향력 자료 탐색(influential data), ④ 공변량과 로그 위험률

간의 관계에서 비선형성(nonlinearity between the log hazard and covariates)을 검토한다. 먼저 여러 가지 잔차를 소개하고 그 특성을 설명한다. 더 자세한 설명은 Therneau and Grambsch(2000)을 참고하길 바란다.

5.4.1 잔차(residuals)

1) Cox-Snell 잔차

이 유형의 잔차는 잔차=Data-추정된 Model의 형태와 다르다. 전체 적합도를 검토하기 위한 것으로 Cox-Snell 잔차를 정의하기 위해 다음의 관계를 떠올려 보자. 누적위험함수는

$$\Lambda(t) = -\log S(t) = -\log(1 - F(t))$$

평균이 1을 가지는 지수분포를 따른다. 공변량이 포함될 경우에도 비례위험모형하에서 이 성질은 여전히 유효하다.

$$\Lambda(t|z_i) = \Lambda_0(t)\exp(z_i'\beta) \sim \exp(\theta = 1)$$

이를 이용하여 Cox-Snell 잔차는 추정된 $(\hat{\beta}, \hat{\Lambda})$를 이용하여 다음의 Cox-Snell 잔차를 정의한다.

$$r_i = \widehat{\Lambda_0}(t_i)\exp(z_i'\hat{\beta}) \qquad \text{여기서} \qquad t_i = (\widetilde{T}_i \wedge C_i) \tag{5.6}$$

식 (5.6)에서 보다시피 Cox-Snell 잔차는 관측치와 추정치의 차이로 표현되는 일반회귀모형의 잔차와는 다른 형태로 표현되며 r_i는 언제나 양의 값을 가진다. 여기서 $\widehat{\Lambda_0}(t)$는 식 (5.4)의 Breslow 추정치가 사용되며 만약 비례위험모형이 적합하다면 r_i는 $\theta = 1$인 지수분포를 따르게 된다. 이를 검토하기 위해 다음의 과정이 적용된다.

(t_i,δ_i) 대신에 Cox-Snell 잔차와 중도절단 지시함수 (r_i,δ_i)를 이용하여 누적위험함수, $\widehat{\Lambda}_r(r_i)$를 추정한다. 이때 Nelson-Aalen 추정량(2.7.1)이 사용된다. $(r_i,\widehat{\Lambda}_r(r_i))$의 산점도가 원점을 지나고 기울기가 1인 직선의 형태를 보인다면 적합한 모형이 타당함을 알 수 있다. Cox-Snell 잔차는 전체 적합도(goodness of fit test)를 검토하는 데 매우 효과적인 반면 소 표본이나 극값을 가진 자료에 대해서는 효율성이 떨어진다고 알려져 있다.

여기서 한 가지 주목할 점은 사건 발생자료($\delta=1$)와 구분하기 위해 중도절단자료($\delta=0$)에 대한 적절한 처리가 필요하다는 것이다. 즉, 적합된 모형이 바르면 누적위험함수는 시간에 대해 선형으로 증가하게 된다. 따라서 중도절단자료는 계산된 잔차보다 좀 더 큰 값을 가져야 한다. 이를 반영하기 위해 다음의 수정된 Cox-Snell 잔차(modified Cox-Snell residual)가 사용된다.

$$\tilde{r}_i = 1-\delta_i + r_i$$

즉, 사건 발생자료 $(\delta_i=1)$에 대해서는 $r_i=\tilde{r}_i$로 같지만, 중도절단자료 $(\delta_i=0)$에 대해서는 $\tilde{r}_i=1+r_i$로 1만큼 더해진 형태로 정의된다.

2) 마팅게일 잔차: 공변량 함수 형태의 식별을 위해

수정된 Cox-Snell 잔차와 비슷한 형태로 다음과 같이 정의된다.

$$\widehat{M}_i = \delta_i - \widehat{\Lambda}_0(y_i)\exp(\widehat{\beta}' z_i) = \delta_i - r_i \tag{5.7}$$

식 (5.7)의 잔차는 마팅게일의 정의($M_i=N_i-\Lambda_i$)와 유사하기 때문에 마팅게일 잔차(Martingale residual)라고 한다. 여기서 $\sum_{i=1}^{n}\widehat{M}_i=0$이지만 영에 대해서 비대칭 분포를 가진다($-\infty<\widehat{M}_i<1$).

마팅게일 잔차는 공변량의 적절한 함수 형태를 찾기 위해서 사용될 수 있다. 예를 들어 선형 결합과정에서 p개의 공변량 중 한 개의 공변량 z_1의 적절한 함수 형태가 결정되지 않았을 경우, z_1의 최적 함수 형태를 찾고자 한다. 만약 $g(z_1)$을 z_1의 최적 형태로 가정할 때, 다음의 비례위험모형이 고려된다.

$$\Lambda(t|z_{1,}z^*) = \Lambda_0(t)\exp(z^*\beta^*)\exp(g(z_1))$$

$g(z_1)$을 찾기 위한 과정은 다음과 같다. z_1을 뺀 공변량 $z^* = (z_{2,} \cdots, z_p)$만을 이용하여 비례위험모형을 적용한 후, 마팅게일 잔차, $\widehat{M}_i(i=1,\cdots,n)$을 계산한다. 다음으로 $(z_{i1}, \widehat{M}_i), i=1,\cdots,n$의 산점도를 통해 공변량 z_{i1}의 적절한 함수 형태 $g(z_{i1})$을 추측하게 된다. 예를 들어, 그 관계가 직선이면 $z_{i1}\beta$가 적용되며, 만약 이차 형태로 보이면 $z_{i1}^2\beta$가 적용될 수 있다.

예제 5.6

PBC 자료에 적용될 공변량의 적절한 형태를 찾기 위해 마팅게일 잔차를 이용한다. 일단 두 가지 공변량(age, Bilirubin)의 함수 형태를 찾는다. R 프로그램에서는 resid(fit, res="martingale")이 적용된다.

```
fit0.pbc<-coxph(Surv(time,status==2)~1, data=pbc)
r1<-resid(fit0.pbc,res="martingale")
plot(pbc$age, r1, xlab="Age", ylab="martinale residual")
lines(lowess(pbc$age,r1, iter=0),lty=2)
```

〈그림 5.1〉은 산점도에 스무딩 기법을 적용한 결과를 보여 준다. age는 선형함수를 가지는 것이 적절해 보인다. Bilirubin 변수에 대해서도 똑같은 절차가 적용되어 〈그림 5.2〉를 그릴 수 있다. 하지만 Bilirubin의 잔차 산점도는 age의 산점도와 달리 선형의 관계를 보이지 않는다. 대신 〈그림 5.3〉을 통해 Bilirubin 변수는 로그 변환 후 선형 관계를 보여 주어 로그 변환이 적용된다.

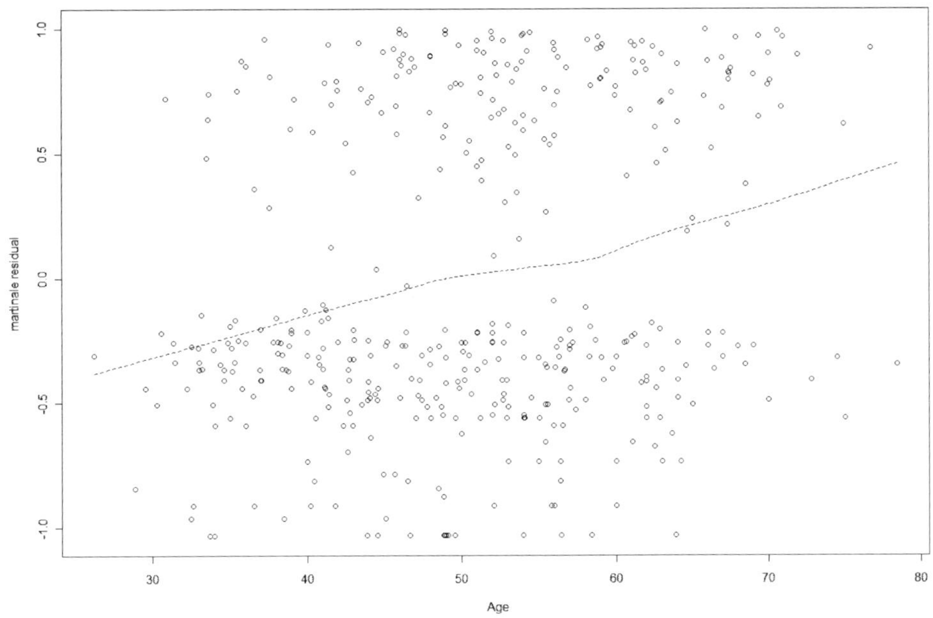

그림 5.1 AGE 변수와 마팅게일 잔차와의 관계

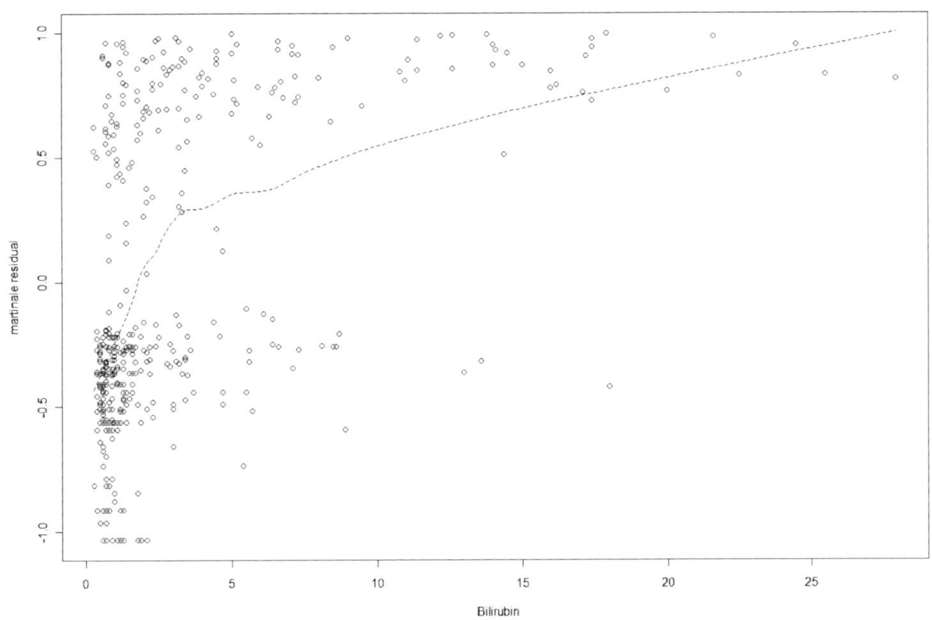

그림 5.2 Bilirubin 변수와 마팅게일 잔차와의 관계

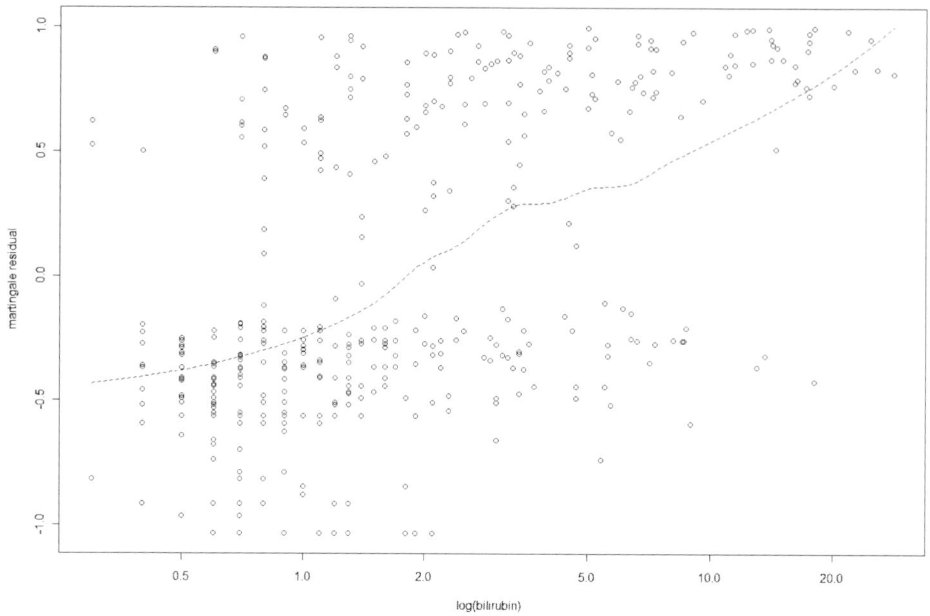

그림 5.3 log(Bilirubin) 변수와 마팅게일 잔차와의 관계

```
plot(pbc$bili, r1, xlab="Bilirubin", ylab="martinale residual")    # bilirubin 변수와 마팅게일 잔차
lines(lowess(pbc$bili,r1, iter=0),lty=2)

plot(pbc$bili,r1, log='x', xlab="log(bilirubin)", ylab="martingale residual")  # log (bilirubin)
lines(lowess(log(pbc$bili),r1, iter=0),lty=2)
```

3) 편차 잔차(Deviance residual): 이상치의 식별을 위해

편차 잔차는 일반 모형 검진에서 자주 사용되는 편차의 개념을 이용한다. 마팅게일 잔차가 비대칭 구조라는 단점을 보완하기 위해 다음의 잔차가 제시되었다.

$$D_i = sign(\widehat{M}_i) \times \sqrt{-2 \times \left(\widehat{M}_i + \delta_i \log(\delta_i - \widehat{M}_i)\right)} \tag{5.8}$$

편차 잔차는 영을 중심으로 대칭 구조($-\infty < D_i < \infty$)를 가지지만, 합은 0이 아니다. 여기서 두 모형하에서의 계산된 로그 우도함수값의 차이를 이용하여 다음의 편차(deviance)를 유도한다고 하자.

$$D = -2\{\log \widehat{L}_c - \log \widehat{L}_f\} \tag{5.9}$$

비례위험모형하에서 $\widehat{L}_c$와 $\widehat{L}_f$는 각각 현재 모형(current model)과 완전 모형(full model)의 편우도함수(partial likelihood)의 최댓값을 의미한다. 식 (5.8)과 식 (5.9)는 다음의 관계를 가진다.

$$D = \sum_{i=1}^{n} D_i$$

편차 잔차 D_i를 이용하여 이상치를 식별할 수 있다. 즉, 각 공변량과 D_i를 플롯하였을 때, 큰 절댓값을 가진 관측치는 이상치로서 의심할 수 있다. 또한 중도절단자료가 많지 않을 경우 D_i는 서로 독립이고 정규분포 형태를 취한다. 특히 D_i를 이용하여 작성할 수 있는 다음의 두 가지 그림은 이상치를 찾아내는 데 매우 유용하다.

① $\left[D_{(k)}, Z\left(\frac{k-0.375}{n+0.25}\right)\right]$

여기서 $D_{(k)}$는 k번째 순서 통계량, $Z(a)$는 표준정규분포의 a번째 백분위수를 의미한다. 만약 어떤 관측치가 이 선으로부터 멀리 떨어져 있다면 이를 이상치라 할 수 있다.

② $(D_i, \hat{\beta}' z_i)$의 산점도를 이용한다. 여기서 $\hat{\beta}' z_i$는 위험점수(risk score)이며 만약 어떤 관측치가 다른 관측치들과 다른 패턴을 가질 경우 이를 이상치라고 간주할 수 있다.

```
> par(mfrow=c(2,2))
> fit1.pbc<-coxph(Surv(time,status==2)~age+log(bili),data=pbc)
> dfbeta.pbc<-residuals(fit1.pbc, type='dfbeta')
> plot(dfbeta.pbc[,1],ylab="age"); abline(h=0, lty=2)
> plot(dfbeta.pbc[,2],ylab="bilirubin"); abline(h=0, lty=2)
> risk.score<-fit1.pbc$coef[1]*pbc$age+fit1.pbc$coef[2]*log(pbc$bili)
> plot(risk.score,dfbeta.pbc[,1])
```

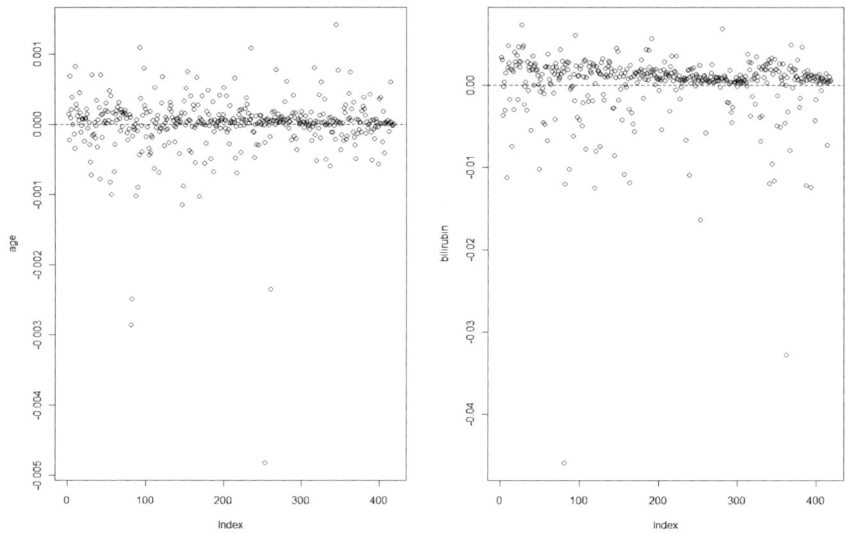

```
> plot(risk.score,dfbeta.pbc[,2])
```

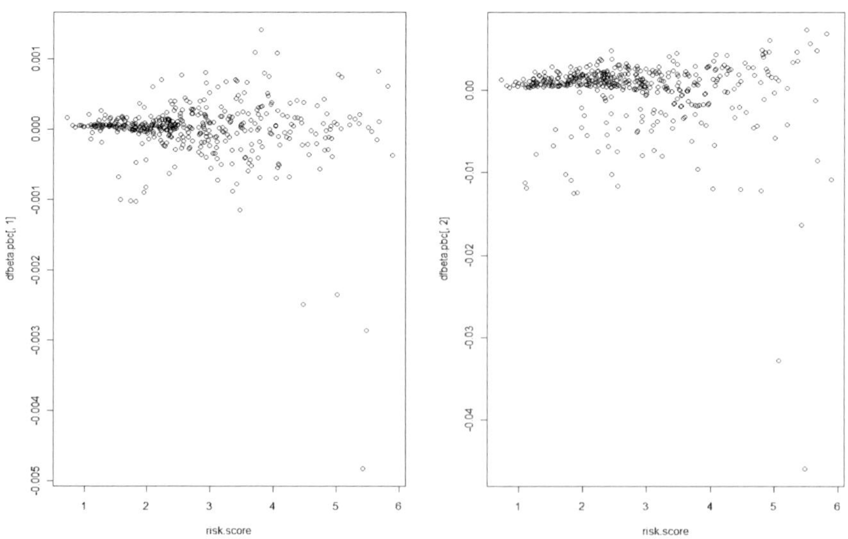

위 그림을 통해 age 변수와 관련해서는 네 개의 관측치가, bilirubin 변수에서는 세 개의 관측치가 이상치로 보인다.

4) Schoenfeld residual(또는 partial residual)

i번째 관측 개체의 j번째 설명 변수를 이용하여 다음의 잔차가 정의된다.

$$\overline{r_{ij}} = \delta_i (z_{ij} - e_{ij}) \qquad where \quad e_{ij} = \frac{\sum_{l \in R_i} \exp(z_l \hat{\beta}) z_{lj}}{\sum_{l \in R_i} \exp(z_l \hat{\beta})}$$

여기서 R_i는 t_i 시점에서의 위험군을 표시한다. $\overline{r_{ij}}$는 $\delta_i = 1$인 개체에 대해서만 정의되며 가장 큰 값을 가지는 생존자료는 $\overline{r_{ij}} = 0$이 된다. 관측 개체마다 공변량의 개수만큼 p개의 schoenfeld 잔차가 정의된다($\overline{r_i} = (\bar{r}_{i1}, \bar{r}_{i2}, \cdots, \bar{r}_{ip})$). 이 잔차는 부분 우도함수로부터 구할 수 있기 때문에 종종 부분편차(partial residual)라고도 한다. 대 표본하에서 $\bar{r}_{ij}$는 서로 독립이며, 기댓값 영을 가진다. 위 Schoenfeld 잔차를 보완하기 위해 다음의 측도화된 Schoenfeld가 제시되었다(Grambsch and Therneau(1994)).

$$\overline{r_i^*} = d \times var(\hat{\beta}) \times \bar{r}_i$$

여기서 d는 사건수($d = \sum_{i=1}^{n} \delta_i$)를 $var(\hat{\beta})$는 추정된 회귀계수의 $p \times p$인 분산-공분산 행렬을 의미한다. Schoenfeld 잔차는 영향력 있는 관측치를 식별하기 위해 사용될 수 있다.

5) 비례위험가정을 위한 Grambsch and Therneau test

시간에 따라 공변량의 효과가 고정됨을 가정하는 비례위험모형의 가정이 위배된다면 이는 공변량의 효과가 시간에 따라 변하는 함수 형태임을 의미한다. 이를 위해 다음의 시간가변회귀계수(time dependent coefficient)를 정의한다.

$$\beta(t) = \beta + \theta g(t) \tag{5.10}$$

앞 절에서 설명한 측도화된 Schoenfeld를 이용하여 $\beta(t)$를 추정할 수 있다. R 프로그램에서는 다음의 명령문(cox.zph)을 통해 시간 가변회귀계수에 대한 검정($H_0 : \theta = 0$)

을 할 수 있다.

```
> fit1.pbc<-coxph(Surv(time,status==2)~age+log(bili)+log(protime),data=pbc)
> zph.pbc<-cox.zph(fit1.pbc)
> zph.pbc
                  rho      chisq      p
age            -0.0402     0.213   0.644701
log(bili)       0.0585     0.439   0.507656
log(protime)   -0.3596    12.872   0.000334
GLOBAL              NA    13.040   0.004551
```

위 검정은 비례위험 가정이 적합하다는 귀무가설에 대한 검정 결과로, age와 log (bilirubin) 변수는 비례위험 가정을 만족시키는 반면에 log(protime) 변수는 비례위험 가정이 적합하지 않음을 알 수 있다. 즉, 시간이 지나면서 log(protime)의 효과도 점점 감소함을 알 수 있다.

비례위험모형의 가정이 적합하지 않은 경우에 고려될 수 있는 모형으로 시간 가변 계수 모형(time varying coefficient model)이 있다. 즉, 관심 있는 공변량 중에 비례위험가정 여부를 검정한 후 그 결과에 따라 다음과 같이 확장된 준회귀모형(semiparametric regression model)을 고려할 수 있다. Martinussen과 Scheike(2006)는 다음의 비모수 회귀모형(nonparametric regression model)으로부터 시작할 것을 제안하였다.

```
> par(mfrow=c(1,3))
> plot(zph.pbc)[1]; plot(zph.pbc)[2]; plot(zph.pbc)[3]
```

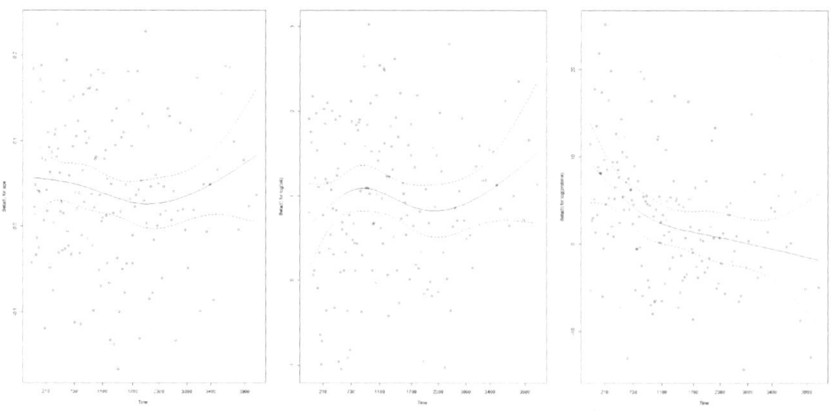

$$\lambda(t;Z_i) = \lambda_0(t)\exp(W_i'(t)\beta(t)) \tag{5.11}$$

위 모형에서는 모든 공변량의 효과는 시간에 따라 변함을 가정한다. 즉, 비례위험모형을 가정하지 않는다. 따라서 유한개의 회귀계수가 아닌 함수 형태로 공변량의 효과를 추정하게 된다. R 프로그램에서는 library(timereg) 패키지에서 위 모형을 추정할 수 있다.

```
> fit4<-timecox(Surv(time/365,status==2)~age+edema+log(bili)+log(protime), data=pbc,
  max.time=8)
> plot(fit4, ylab="Cumulative coefficients", xlab="Time")
> summary(fit4)
> par(mfrow=c(2,2));   plot(fit4)[1]; plot(fit4)[2]; plot(fit4)[3]; plot(fit4)[4]

Multiplicative Hazard Model

Test for nonparametric terms
Test for non-significant effects ①
              Supremum-test of significance p-value H_0: B(t)=0
(Intercept)                   8.25                    0
age                           5.28                    0
edema                         5.00                    0
log(bili)                    10.90                    0
log(protime)                  6.13                    0

Test for time invariant effects  ②
   Kolmogorov-Smirnov test     p-value H_0:constant effect # (콜모코로브 스미르노프 검정)
(Intercept)          32.0000          0.003
age                   0.0445          0.750
edema                 6.7500          0.001
log(bili)             0.8240          0.357
log(protime)         12.1000          0.007
   Cramer von Mises test       p-value H_0:constant effect
(Intercept)          3.46e+03         0.001           # (크레머 본 마이즈 검정)
age                  2.75e-03         0.746
edema                9.44e+01         0.000
log(bili)            1.13e+00         0.356
log(protime)         4.98e+02         0.001
```

위 검정 결과를 통해(①), 고려하고 있는 네 가지 공변량 모두 유의한 효과를 가짐을 알 수 있다. 이후 네 공변량의 비례위험가정을 검토하기 위해 두 가지 검정 통계량(콜

모코로브-스미르노프(KS) 검정 통계량, 크레머 본 마이즈(CM) 검정 통계량)의 결과를 보여 준다. age, log(bili)는 비례위험 가정을 만족하는 반면에 edema와 log(protime) 변수는 비례위험 가정을 기각하게 된다.

〈그림 5.4〉는 각 공변량의 누적 회귀계수 $\hat{B}(t)=\int_0^t \hat{\beta}(s)ds$ 를 보여 준다. 만약 PH 가정이 맞다면 선형의 기울기가 적합한 것이다. edema은 6년 이후에는 감소하는 경향을, log(protime)은 2년까지 증가하다가 더 이상 증가하지 않음을 보여 준다. age와 log(bili)는 그대로 비례위험모형을 적용하며 edema는 범주형 자료(0(354명); 0.5(44명); 1(20명))이므로 층화변수로 간주하여 처리하게 된다. log(protime)에 대한 적절한 함수 형태를 찾을 수 없을 경우 비모수 함수형태로 남겨둔다.

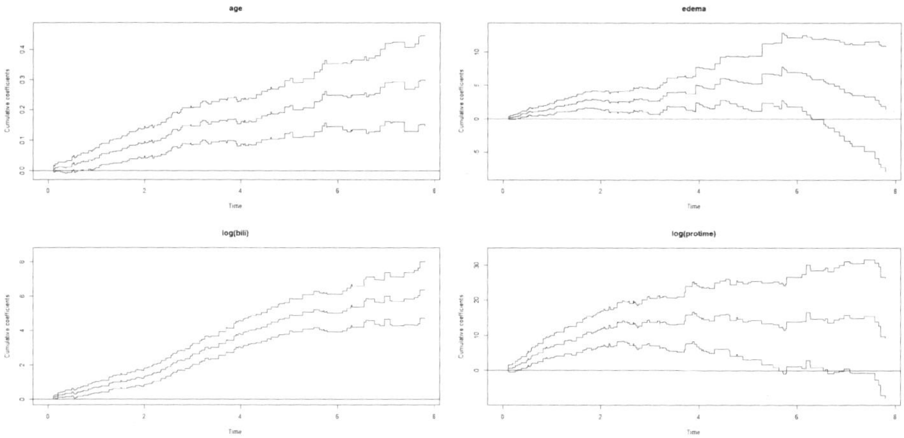

그림 5.4 누적회귀계수 추정 함수와 95% 신뢰구간

따라서 이 결과에 근거하여 두 가지 효과, 즉 모수 효과와 비모수 함수를 동시에 포함한 다음의 모형을 고려한다.

$$\lambda(t;Z_i)=\lambda_0(t)\exp(Z_i'(t)\beta(t)+X_i'(t)\gamma) \tag{5.12}$$

여기서 $(Z_i(t),X_i(t))$는 공변량이며 $\beta(t)$는 시간 가변 효과를, γ는 시간 고정 효과를 각각 측정한다. (5.11)의 모형에서는 공변량의 모든 효과가 비모수 형태로 추정된 반면, (5.12)의 모형에서는 PH 가정이 적합하지 않은 공변량에 대해서만 시간 가변 효과를 표현하기 위해 비모수 형태로 추정된다(예를 들어 log(protime)). 이러한 모형을 준모수(비모수+모수) 모형(semi parametric model)이라 한다. 물론, 이미 기저 위험 함수 $\lambda_0(t)$ 가 비모수 함수이므로 PH 모형도 준모수 모형이었다. 다음은 (5.12)를 추정하기 위해 적용될 수 있는 R 프로그램이다.

```
> fit5<-timecox(Surv(time/365,status==2)~const(age)+strata(edema)
+const(log(bili))+log(protime), data=pbc, max.time=8)

> summary(fit5)

Multiplicative Hazard Model

Test for nonparametric terms

Test for non-significant effects ③
                         Supremum-test of significance  p-value H_0: B(t)=0
(Intercept)                          8.18                      0.000
strata(edema)edema=0.5               3.41                      0.011
strata(edema)edema=1                 4.42                      0.001
log(protime)                         5.94                      0.000

Test for time invariant effects ④
                         Kolmogorov-Smirnov test     p-value H_0:constant effect
(Intercept)                          33.60                     0.006
strata(edema)edema=0.5               4.56                      0.006
strata(edema)edema=1                 7.31                      0.087
log(protime)                         12.80                     0.004
                            Cramer von Mises test    p-value H_0:constant effect
(Intercept)                          4060.0                    0.002
strata(edema)edema=0.5               46.3                      0.005
strata(edema)edema=1                 93.5                      0.075
log(protime)                         571.0                     0.002
Parametric terms ⑤
                  Coef.    SE     Robust SE   z     P-val   lower2.5%   upper97.5%
const(age)        0.039   0.010   0.010      3.80   0       0.019       0.059
const(log(bili))  0.832   0.094   0.093      8.92   0       0.648       1.020
```

③의 결과를 통해 edema 변수를 층화변수로 두어 개별 기저 함수를 가지도록 할 수 있다. baseline 그룹으로 edema=2가 사용되며 이 그룹의 효과는 (Intercept)에 관한 결과이다. 시간 가변 공변량인 log(protime)은 유의적인 효과를 보여 준다. ④를 통해

각 변수의 비례위험 적합도를 검정한 결과 log(protime)은 여전히 시간 가변 효과를 가진다(p-value=0.004; p-value=0.002 for KS test; CM test). age 변수와 log(bili) 변수는 모두 유의한 양의 효과를 가진다. ⑤의 결과를 통해 시간 고정 효과를 가지는 age와 log(bili) 변수의 유의성을 확인한다. 두 변수 모두 유의하며 나이가 많을수록 그리고 log(bili) 값이 클수록 사망 위험률이 증가하였다.

CHAPTER

06

프레일티 모형

지금까지 다루었던 다양한 회귀모형에서 추정된 회귀계수는 고정 효과(fixed effect) 또는 모집단의 평균효과(average effect)로 해석될 수 있다. 하지만 다음의 문장을 통해 평균에 대한 과대 신뢰는 위험할 수 있다는 것을 알 수 있다. Therneau and Grambsch (2000)는 그들의 책에서 다음 문구를 인용하며 의약학에서 환자(개인) 간의 이질성을 무시하는 것은 적절하지 못함을 강조하였다.

> It is a basic observation of medical statistics that individuals are dissimilar... Still, there is a tendency to regard this variation as a nuisance, and not as something to be considered seriously in its own right. Statisticians are often accused of being more interested in averages, and there is some truth to this...
>
> Aalen(1988, *Statistics in medicine*)

이 장에서는 이러한 개인 간의 이질성 또는 층 내 구성원들 간의 동질성을 표현하기 위해 프레일티를 고려한다. 6.1절에서는 기본 개념을 설명하고 6.2절에서는 감마분포 프레일티를 사용하여 모수 추정 과정을 설명한다. 6.3절에서는 프레일티 모형의 응용으로 군집생존자료분석을 공부한다.

6.1 프레일티

프레일티(frailty)를 잘 이해하기 위해 랜덤 효과(random effect)를 먼저 설명한다. 일정 기간 반응변수를 반복적으로 측정하는 종단 자료(longitudinal data)를 분석하기 위해 혼합 효과모형(mixed effect)이 종종 적용된다(Diggle et al., 2001).

$$Y_{ij} = \beta' z_{ij} + b'_i x_{ij} + \epsilon_{ij}$$

여기서 z_{ij}는 고정 효과와 관련된 공변량을, x_{ij}는 랜덤 효과에 대한 공변량을 표시하며 혼합모형은 고정 효과(fixed effect; β)와 랜덤 효과(random effect; b_i), 이 두 효과를 동시에 포함한 모형이다.

고정 효과는 공변량의 특정 값을 가지는 모집단(예를 들어 z=1: 치료군, z=0: 비치료군)의 평균 효과를 추정(비치료군에 대한 치료군의 평균효과)하는 반면에, 랜덤 효과는 개별 효과(subject-specific effect)를 표현하기 위해 적용된다. 특히 한 개체로부터 반복 측정된 반응변수들로 구성된 종단 자료에서는 각 개체의 유전적, 환경적 요인과 같은 잠재 효과(latent effect)가 반드시 모형화되어야 한다. 이를 위해 b_i는 개체별 랜덤 효과로 표현된다.

비슷한 예로 군집자료를 고려해 볼 수 있다. 같은 그룹 내 관측치들은 서로 공유하는 부분이 있으며 이는 랜덤 효과를 통해 표현될 수 있다. 선형모형에서는 정규 랜덤 분포를 가정하는 반면에 생존함수에서는 두 가지 분포, 감마분포와 정규분포가 자주 사용된다. 두 분포의 추론 결과는 아주 비슷하다고 알려져 있다.

예를 들어 다음의 군집생존자료(clustered survival data)를 고려해 보자. i번째 그룹(군집)에 속한 j번째 개체의 사건 발생 시간의 위험함수에 대해 비례위험모형을 확장하여 다음과 같이 두 가지 모형을 고려할 수 있다($i=1,\cdots,n, j=1,\cdots,n_i$).

$$\lambda_{ij}(t)=\lambda_0(t)\exp(\beta' z_{ij})u_i, \quad (6.1)$$

$$\lambda_{ij}(t)=\lambda_0(t)\exp(\beta' z_{ij}+u_i) \quad (6.2)$$

여기서 $\lambda_0(t)$는 임의의 기저 위험함수를, z_{ij}는 공변량 벡터이며, β는 해당 회귀계수로 정의한다. $(u_1,\cdots,u_n)$은 각 군집의 프레일티 효과이고 모형 (6.1)에서는 $u_i \geq 0$이며 모형 (6.2)에서는 $-\infty < u_i < \infty$의 값을 가진다. 각 u_i들은 서로 독립이며 동일한 분포를 따른다고 가정한다. 모형 (6.1)에서 u_i는 평균이 1이고 분산이 θ인 감마분포를 가정하며, 모형 (6.2)에서는 평균이 0이고 분산이 σ^2인 정규분포를 가정한다.

만약 모형 (6.1)에서 u_i가 1보다 큰 값일 때 i번째 군집은 다른 군집보다 더 빠른 사건 발생 시간을 가짐을 의미하며, 1보다 작은 값은 다른 군집에 비해 사건 발생 시간이 더 걸린다는 것을 의미한다. 비슷한 성질이 모형 (6.2)에서는 양수의 값과 음수의 값에 각각 해당된다.

모형 (6.2)는 다음의 랜덤 효과로 확장시킬 수 있다.

$$\lambda_{ij}(t) = \lambda_0(t)\exp(\beta' z_{ij} + u_i' x_{ij})$$

여기서 x_{ij}와 z_{ij}는 $q\times 1$과 $p\times 1$의 공변량 벡터를 의미한다. 이때 $u_i = (u_{i1},\cdots,u_{iq})$로 각 군집별 공변량의 랜덤 효과로 해석한다. β는 고정 효과로써 공변량 $z_{ij} = z_{kl}$처럼 같은 값을 가질 때는 서로 다른 군집에 속할지라도 같은 고정 효과를 가진다. 그러나 군집별 개체 이질성을 반영하기 위해 군집별 효과 u_i와 u_k가 각각 적용된다. 이에 대한 자세한 설명과 예는 Vaida and Xu(2000)를 참고하기를 바란다.

6.2 감마 프레일티 모형에서의 추정

프레일티가 다음의 감마분포를 따른다고 가정하자. 즉, $u_i \sim Gam\left(\frac{1}{\theta},\frac{1}{\theta}\right)$일 때 확률밀도함수는

$$g(u_i|\theta) = \frac{u_i^{\frac{1}{\theta}-1}\exp(-\frac{u_i}{\theta})}{\Gamma\left(\frac{1}{\theta}\right)\theta^{\frac{1}{\theta}}} \tag{6.3}$$

이며 평균과 분산은 각각 $E(u_i) = 1$와 $Var(u_i) = \theta$이다. 따라서 θ가 큰 값을 가질 때 u_i들은 서로 다른 값을 가짐을 의미하며, 군집 간의 이질성(heterogeneity)이 큼을 의미한다. 위 모형하에서 군집 내 개체 간의 연관 정도는 Kendall's tau인 $\theta/(2+\theta)$를 이용하여 추정할 수 있다. 따라서 $\theta=0$은 군집 내 개체 간의 독립성을 의미한다. 식 (6.1)과 (6.3)의 감마 프레일티를 이용하면 i번째 군집의 결합 생존함수는 다음과 같다.

$$\begin{aligned}
S(t_{i1},\cdots,t_{in_i}) &= P(T_{i1} > t_{i1},\cdots,T_{in_i} > t_{in_i}) \\
&= \int_0^\infty S(t_{i1},\cdots,t_{in_i}|u_i)\ g(u_i|\theta)du_i = \int_0^\infty \prod_{j=1}^{n_i} S(t_{ij}|u_i)\ g(u_i|\theta)du_i \\
&= [1+\theta\sum_{j=1}^{n_i}\Lambda_0(t_{ij})\exp(\beta' z_{ij})]^{-1/\theta}
\end{aligned}$$

즉, u_i가 주어질 때 $t_{i1}, t_{i2}, \cdots, t_{in_i}$는 서로 독립이라고 가정한다. 위 감마 프레일티하에서 모수 추정 과정을 서술하기 위해 먼저 관측 가능한 자료(observed data)를 정의한다. $O_i = (t_{ij}, \delta_{ij}, z_{ij}\ ; j = 1, \cdots, n_i)$는 i번째 군집에 속해 있는 j번째 개체의 생존시간, 중도절단 여부를 보여 주는 절단 지시함수, 그리고 공변량을 포함한다. 프레일티가 주어져 있을 때 관측 자료에 근거한 우도함수(observed data likelihood)는 다음과 같다.

$$L_o(\beta, \theta) = \int_0^\infty \prod_{i=1}^{n} L(\beta | u_i) g(u_i | \theta) du_i \tag{6.4}$$

$d_i = \sum_{j=1}^{n_i} \delta_{ij}$를 i번째 군집에서 관측된 사망자 수(또는 사건 발생 수)라고 할 때, 관측 자료에 근거한 로그 우도함수는 다음과 같다.

$$\begin{aligned} l_0(\theta, \beta) = & \sum_{i=1}^{n}\sum_{j=1}^{n_i} \delta_{ij}\left(\ln\lambda(t_{ij}) + \beta' z_{ij}\right) + \sum_{i=1}^{n}\left(d_i \ln\theta - \ln\Gamma\left(\frac{1}{\theta}\right) + \ln\Gamma\left(\frac{1}{\theta} + d_i\right)\right) \\ & - \sum_{i=1}^{n}\left(\frac{1}{\theta} + d_i\right)\ln\left(1 + \theta\sum_{j=1}^{n_i} \Lambda_0(t_{ij})\exp(\beta' z_{ij})\right). \end{aligned}$$

만약 기저 위험함수 $\lambda(t)$에 대해 와이블 또는 로그 로지스틱과 같은 모수모형이 가정된다면 위 우도함수의 일차 미분과 이차 미분을 이용하여 뉴톤-랍슨 알고리즘에 의해 관련 모수를 추정할 수 있다. 하지만 기저 함수에 대해 모수 분포를 사용하지 않는 비례위험모형에서 모수를 추정하기 위해서는 EM 알고리즘(Expectation-Maximization algorithm)이 적용되어야 한다. 이를 위해 관측 자료 우도함수가 아닌 다음의 완전자료 우도함수(full data likelihood function)가 사용된다.

$$l_{full} = l_1(\theta, \lambda_0) + l_2(\theta) \tag{6.5}$$

$$l_1(\beta, \lambda_0) = \sum_{i=1}^{n}\sum_{j=1}^{n_i} \delta_{ij}\left(\beta' z_{ij} + \ln\lambda_0(t_{ij})\right) - u_i \Lambda_0(t_{ij})\exp(\beta' z_{ij})$$

$$l_2(\theta) = -n\left(\frac{1}{\theta}\ \ln(\theta) + \ln\Gamma\left(\frac{1}{\theta}\right)\right) + \sum_{i=1}^{n}\left(\frac{1}{\theta} + d_i - 1\right)\ln u_i - \frac{u_i}{\theta}$$

위 로그 우도함수는 불완전한 자료(또는 관측되지 않는 자료)인 u_i와 $\ln u_i$를 포함한다. 따라서 E-step에서 불완전한 자료의 조건부 기댓값을 구하여 대체한 후 우도함수를 최대화하는 모수를 추정할 수 있다(M-step). EM 알고리즘은 E-step과 M-step을 번갈아 가며 반복함으로써 최대우도추정량을 구하게 된다. 좀 더 구체적으로 우도함수의 불완전한 자료인 u_i와 $\ln u_i$는 이들의 조건부 기댓값이 계산되어야 한다. 이를 위해 관측 자료 O_i와 현재 추정된 모수값 $\phi=(\beta,\theta,\lambda)$을 이용하여 u_i의 조건부 분포를 다음과 같이 유도할 수 있다.

$$g(u_i|O_{i,}\phi) \sim Gam\left(1/\theta + d_i, \left(1/\theta + \sum_{i=1}^{n_i} \Lambda_0(t_{ij})\exp(\beta' z_{ij})\right)^{-1}\right)$$

따라서 u_i의 조건부 분포도 감마분포를 따름을 알 수 있다. 위 감마 분포하에서 u_i와 $\ln u_i$의 사후 평균은 각각

$$E(u_i|O_{i,}\phi) = \frac{\frac{1}{\theta} + d_i}{\frac{1}{\theta} + \sum_{j=1}^{n_i} \Lambda_0(t_{ij})\exp(\beta' z_{ij})} \tag{6.6}$$

$$E[\ln u_i|O_i,\phi] = \psi\left(\frac{1}{\theta} + d_i\right) - \ln\left(\frac{1}{\theta} + \sum_{j=1}^{n_i} \Lambda_0(t_{ij})\exp(\beta' z_{ij})\right) \tag{6.7}$$

가 된다. 여기서 ψ는 digamma 함수로 $\frac{d\ln\Gamma(t)}{dt} = \psi(t)$를 의미한다. 따라서 EM 알고리즘은 다음과 같이 요약될 수 있다.

[Step 0] $\phi^{(0)}=(\beta^{(0)},\theta^{(0)},\lambda_0^{(0)})$에 대한 초깃값을 설정한다.

[Step 1] (E-step) $\phi^{(k)}$와 주어진 관측 자료를 이용하여 식 (6.6)과 식 (6.7)을 계산한 후 u_i^*, $\ln(u_i)^*$로 정의한다.

[Step 2] (M-step) 다음의 부분우도함수를 이용하여 β를 추정하게 된다.

$$L(\beta)=\prod_{i=1}^{n}\prod_{j=1}^{n_i}\left[\frac{u_i^{*}\exp(\beta' z_{ij})}{\sum_{(k,l)\in R(t_{ij})} u_k^{*}\ \exp(\beta' z_{kl,})}\right]^{\delta_{ij}}$$

추정된 $\hat{\beta}$를 이용하여 누적위험함수의 breslow 추정량을 구할 수 있다.

$$\widehat{\Lambda}_0(t)=\frac{\sum_{ij} I(t=t_{ij},\ \delta_{ij}=1)}{\sum_{(k,l)\in R(t)} u_k^{*}\ \exp(\widehat{\beta}' z_{kl})}$$

여기서 프레일티의 분산 θ를 추정하기 위해 $E[l_2(\theta)|O,\theta]$를 이용한다.

[Step 3] θ와 β가 수렴할 때까지 [Step 1]과 [Step 2]를 반복한다.

Nielsen et al.(1992)도 감마 프레일티에 대해 위 방법과 유사한 방법을 사용하였다. [Step 2]에서 θ를 추정하는 대신에 β값과 λ_0값만을 추정하고, 그 값들이 수렴된 뒤 그 추정값을 이용하여 θ를 추정한다. 그런 후 다시 β와 λ_0를 추정하게 된다. 이 방법은 위의 방법보다 수렴 속도가 더 빠르다고 알려져 있다. 하지만 두 방법의 결과는 거의 동일하다.

일단 위 알고리즘을 통해 모수 추정이 끝난 후 다음 단계는 추정량의 표준오차를 구하는 것이다. 이를 위해 식 (6.4)의 관측 자료 우도함수의 정보 행렬(information matrix)을 이용하거나 Louis' Formula를 적용시킨다. 더 자세한 내용은 Klein and Moeschberger(13장)를 참고하길 바란다.

6.3 군집생존자료

군집생존자료(clustered failure time data)는 연구 대상이 군집을 이루고 있을 때, 즉, 같은 군집에 속한 연구 대상의 생존시간들이 서로 연관된 경우에 발생한다. 의

약학 자료, 인구학, 보건학, 경제학 분야에서 군집형 자료가 자주 관측된다. 예를 들어, 독성 실험에서 같은 어미 쥐로부터 태어난 새끼 쥐들의 건강 상태와 생존시간들은 유전적, 환경적 요인에 의해 서로 연관되어 있다. 교수법 비교연구를 위해 여러 학교를 대상으로 특정 기술 취득 시간을 비교할 때 같은 학교 내에 속한 학생들의 자료는 독립이라고 할 수 없다. 다기관 임상시험 결과를 분석할 때 각 기관(병원)이 군집을 이루게 되며 같은 병원 내 환자들의 반응변수는 서로 연관되어 있을 것이다. 좀 더 구체적으로 우리가 관측할 수 있는 자료는 다음과 같다.

$$(T_{ik}, \delta_{ik}, Z_{ik}), \quad T_{ik} = \min(\widetilde{T}_{ik}, C_{ik}), \quad \delta_{ik} = I(\widetilde{T}_{ik} \leq C_{ik})$$

여기서 $\widetilde{T}_{ik}$는 $i(=1,\cdots,n)$번째 군집에 속한 $k(=1,\cdots,k_i)$번째 개체의 사건 발생 시간, C_{ik}는 대응되는 우중도절단시간을 의미하며, Z_{ik}는 공변량이다. $Y_{ik}(t) = I(T_{ik} \geq t)$는 위험함수를, $H_i(t)$는 i번째 군집의 t 시간까지의 모든 사건과 공변량에 대한 기록을 포함한다. 다음은 군집자료를 분석하기 위해 사용되는 방법인 (1) 조건부 모형(conditional model)과 (2) 주변 모형(marginal model)을 설명한다.

6.3.1 조건부 모형(conditional model)

군집 i의 k번째 관측 대상의 위험함수는

$$\lambda_{ik}(t|Z_{ik}) = \lim_{h \downarrow 0} \frac{\mathrm{pr}(t \leq T < t+h | H_i(t))}{h} = \lambda_{0i}(t) \exp(\beta' z_{ik})$$

이며 여기서 군집 효과는 군집별 기저 위험함수 λ_{0i}를 사용하여 표현된다. 즉 이 모형하에서 두 그룹의 비교는 같은 군집 내에 속한 두 그룹을 비교함을 의미하며, e^{β}는 같은 군집 내 속한 두 그룹 간의 사건 발생 위험률(hazard ratio)을 추정하게 된다. 좀 더 일반적으로 조건부 모형하에서 구한 회귀모형의 해석은 같은 군집 내의 두 그룹 간 차이를 추정하고자 한다. 이러한 조건부 방법에서 군집의 효과를 추정하기 위해 사용되는 두 가지 방법이 있다.

[방법 1] $\lambda_{0i}(t)=\alpha_i\lambda_0(t)$로 i번째 군집의 효과는 α_i를 통해 표현된다. 군집의 수가 많지 않은 경우, α_i를 고정 효과(fixed effect)로 간주하여 추정한다.

$$\lambda_{ik}(t|z_{ik}) = \lambda_0(t)\exp(\beta' z_{ik} + \log\alpha_i) = \lambda_0(t)\exp(\beta^{*'}\widetilde{z_{ik}})$$

이다. 여기서 $\beta^* = (\beta, \log\alpha_i)$이고 $\widetilde{z_{ik}} = (z_{ik}, 1)$이다. 하지만 군집의 수가 증가하게 되면 α_i 수가 커지며 추정될 모수의 수도 같이 증가하게 된다.

[방법 2] 또 다른 방법으로 군집의 효과 α_i를 랜덤 효과(random effect)로 간주하는 것이다. 즉, α_i는 적절한 분포를 따른다고 가정한다. 가장 널리 사용되는 분포는 감마분포로 평균이 1이고 분산이 σ^2을 가정한다. 이를 종종 군집 간의 이질성(heterogeneity)을 추정한다는 의미에서 프레일티 효과의 확장으로 고려된다. 여기서 β는 위험 요인에 유의한 영향을 주는 공변량을 식별하기 위해, α_i는 군집 효과를 추정하기 위해 사용된다. 이 방법은 조건부 방법에서 가장 많이 사용되며, 조건부 방법이란 일반적으로 이 방법을 의미한다.

예제 6.1 당뇨병 환자의 시력 손실에 대한 레이저 치료의 효과

다음은 R을 이용하여 프레일티 방법을 적용한 예이다. 1.3.4절에서 논의된 자료는 당뇨병 환자의 시력에 대한 레이저 치료의 효과를 알아보기 위한 것이다. 197명의 환자에 대해 두 눈 중 하나에만 레이저 치료를 한 후 두 눈의 시력 감퇴 시점을 관측하였다. 레이저 치료를 받은 눈 중에서는 54개가 시력을 잃게 되며, 레이저 치료를 받지 않은 눈 중 101개가 시력을 잃게 되었다. 여기서 관심 있는 공변량은 치료(trt)와 당뇨병 유형(adult=1)으로, Z_{ik1}는 i번째 환자의 k번째 눈이 레이저 치료를 받았다면 1로 코딩된다. Z_{ik2}는 i번째 환자의 당뇨병 발병이 성인일 때 1로 코딩된다. $Z_{ik3} = Z_{ik1} \times Z_{ik2}$로 두 공변량의 교호작용을 추정하기 위해 적용된다. frailty(id)는 각 환자의 개별 효과를 추정하기 위한 것이다. 여기서 프레일티는 감마분포를 가정한다.

```
> library(timereg); data(diabetes)
> retino.fit1<-coxph(Surv(time, status)~treat+adult+treat*adult+frailty(id), data =diabetes)
> summary(retino.fit1)

  n= 394
               coef   se(coef)    se2      Chisq    DF       p
treat         -0.505   0.225    0.221      5.03    1.0    0.0250
adult          0.397   0.259    0.205      2.35    1.0    0.1300
frailty(id)                              122.55   88.6    0.0098
treat:adult   -0.986   0.362    0.355      7.43    1.0    0.0064

            exp(coef)  exp(-coef)  lower .95   upper .95
treat         0.603      1.658      0.388       0.938
type          1.488      0.672      0.895       2.472
treat:type    0.373      2.680      0.184       0.758

Iterations: 6 outer, 31 Newton-Raphson
     Variance of random effect= 0.926   I-likelihood = -847    # sigma^2
Degrees of freedom for terms=  1.0  0.6 88.6  1.0
Rsquare= 0.426   (max possible= 0.988 )
Likelihood ratio test= 218  on 91.1 df,   p=1.86e-12
Wald test            = 33.2  on 91.1 df,   p=1
```

감마 프레일티의 효과를 추정하기 위해 프레일티 분산 추정량을 검토한다. 이 예에서 $\hat{\theta}^2$ =0.926이었으며 p-value는 0.0098로 $H_0:\theta=0$을 기각한다. 즉, 각 환자는 서로 다른 시력 감퇴 반응을 가짐을 알 수 있다. 또한 교호 효과도 유의하였다. 이 결과를 이용하여 위험함수는 다음과 같이 추정된다.

$$\lambda_{ik}(t)=u_i\lambda_0(t)\exp(-0.505trt_{ik}+0.397typediab_i-0.986\ \ trt_{ik}*typediab_i)$$

따라서 trt와 adult는 두 가지 수준을 가지므로 다음 네 그룹의 위험점수가 요약될 수 있다.

	성인발병(typediab=1)	청소년발병(typediab=0)
레이저치료그룹(trt=1)	exp(−0.505+0.397−0.986)=0.336	exp(−0.505)=0.604
비치료그룹(trt=0)	exp(0.397)=1.487	exp(0)=1

위 표의 위험률을 통해 성인 발병 그룹과 청소년 발병 그룹 모두 레이저 치료가 시력 상실의 위험을 감소시킴을 알 수 있다. 특히 성인발병 그룹에서 레이저 치료의 효과는 훨씬 유의적이며 이는 교호작용의 유의성을 가져온다(trt:type의 p-value=0.0064). 만약 감마분포 대신에 정규분포를 따르는 프레일티를 적용하기 위해서는 다음 명령문 frailty(id, dlst='gaussian')이 사용된다. 결과는 매우 유사하였다.

```
> retino.fit2<-coxph(Surv(time,status)~treat+adult+treat*adult+frailty(id, dist='gaussian'),data=
  diabetes)
> summary(retino.fit2)
  n= 394, number of events= 155

                          coef    se(coef)   se2     Chisq    DF      p
treat                   -0.4680   0.5317   0.5213    0.77    1.00   0.3800
adult                    0.3988   0.2452   0.2016    2.65    1.00   0.1000
frailty(id, dist = "gauss                           116.79   74.48   0.0013
treat:adult             -0.9669   0.3615   0.3549    7.15    1.00   0.0075

Iterations: 7 outer, 26 Newton-Raphson
    Variance of random effect= 0.8315921
Degrees of freedom for terms= 1.0  0.7  74.5  1.0
Concordance= 0.858  (se = 0.015 )
Likelihood ratio test= 212.1  on 77.08 df,   p=2e-14
```

6.3.2 주변 모형 방법(Marginal model approach)

프레일티 방법과 함께 군집 자료분석을 위해 자주 사용되는 방법으로 주변 모형(marginal model)이 있다. 이 방법에서는 군집 내 관측치들 간의 연관성을 무시하고 서로 독립임을 가정한다. 물론 이는 적절한 가정이 아니다. 그럼에도 불구하고 주변 모형을 이용하여 추정된 회귀계수의 추정치 $\hat{\beta}$는 β의 점근적 일치추정량(consistent estimator: 불편추정량)이 됨이 증명되었다(Lin and Wei, 1989). 그렇다면 관측치들의 연관성은 어떤 방법으로 추론에 반영될까? 연관성을 표현하지 못한 모형의 미설정(misspecification)에 대한 패널티는 추정량의 분산을 통해 이루어진다. 여기서 추정된 $\hat{\beta}$은 근사적으로 다음의 근사 분포를 가지게 된다.

$$\hat{\beta} \sim N(\beta, V), \qquad V = I^{-1} U^{'} U I^{-1}$$

여기서 $I = -\partial^2 \log L(\beta)/\partial\beta\partial\beta^{'}$ 이며 U는 스코어 함수이다. 이때 V를 로버스트 분산(robust variance) 또는 샌드위치 분산(sandwich variance)이라고 한다.

주변적 방법을 이용하여 예제 6.1의 당뇨병 자료를 분석해보자. R 프로그램은 다음과 같다.

```
retinofit3<-coxph(Surv(time, status)~treat+adult+treat*adult+cluster(id)
              ,data=diabetes))

  n= 394, number of events= 155

               coef    exp(coef)   se(coef)   robust se      z       Pr(>|z|)
treat        -0.4248    0.6539      0.2177     0.1850     -2.296    0.0217*
adult         0.3412    1.4067      0.1992     0.1957       .743    0.0813.
treat:adult  -0.8464    0.4290      0.3509     0.3035     -2.788    0.0053**
---
Signif. codes:  0  '***'  0.001  '**'  0.01  '*'  0.05  '.'  0.1  ' '  1

             exp(coef)   exp(-coef)   lower .95   upper .95
treat         0.6539      1.5293       0.4550      0.9396
adult         1.4067      0.7109       0.9585      2.0644
treat:adult   0.4290      2.3311       0.2366      0.7777

Rsquare= 0.07   (max possible= 0.988 )
Likelihood ratio test= 28.49  on 3 df,   p=2.862e-06
Wald test            = 34.93  on 3 df,   p=1.261e-07
Score (logrank) test= 28.44  on 3 df,   p=2.934e-06,   Robust = 30.31   p=1.185e-06
```

군집을 이루는 개체를 표현하기 위해 cluster(id)가 사용된다. 위 결과는 프레일티 방법의 결과와 매우 유사하다. 하지만 두 방법에서 추정된 회귀계수 β 에 대해서는 완전히 다른 해석이 적용되어야 한다. 먼저 프레일티 방법은 개별 효과로서 환자에 대해 두 처리 방법 적용하였을 때 추정되는 위험률인 데 반해, 주변모형은 레이저 치료를 받은 그룹과 치료받지 않은 그룹의 위험률을 추정하게 된다. 따라서 프레일티 모형은 개체별 효과(subject specific effect)를 추정하며, 주변 모형에서는 모집단 평균 효과(population average effect)를 추정하게 된다.

예제 6.2 발암물질과 생존시간의 관계

함께 태어난 세 마리의 쥐를 하나의 군집으로 구성한 후 그들 중 한 마리에 대해서만 발암물질에 노출시킨 후 세 마리 쥐들의 생존시간을 관측하였다. 이러한 방법을 총 50개의 그룹(litter)에 적용시켰다. 따라서 150마리의 쥐들의 생존시간(time)과 사망여부(status), 그리고 발암 처리여부(rx), 그룹 정보(litter)가 자료에 포함되어 있다.

```
> library(KMsurv)
> head(rats)
     litter  trt   time   tumor
1      1      1    101      0
2      1      0     49      1
3      1      0    104      0
4      2      1    104      0
5      2      0    102      0
6      2      0    104      0

> rat_fit1<-coxph(Surv(time,tunmor)~trt+frailty(litter), data=rats) ①
> summary(rat_fit1)

                 coef    se(coef)   se2     Chisq    DF      p
trt              0.914    0.323    0.319    8.01     1.0    0.0046
frailty(litter)                            17.69    14.4    0.2400

     exp(coef)  exp(-coef)  lower .95  upper .95
trt      2.5       0.401       1.32       4.7
Iterations: 6 outer, 24 Newton-Raphson
     Variance of random effect= 0.499   I-likelihood = -180.8     # 분산추정과 I-likelihood
Degrees of freedom for terms=  1.0 14.4
Concordance= 0.791  (se = 0.048 )
Rsquare= 0.222   (max possible= 0.916 )
Likelihood ratio test= 37.6  on 15.4 df,   p=0.00124
Wald test            = 8.01  on 15.4 df,   p=0.934
```

먼저 프레일티 모형을 적용시켰다(①). 위 결과를 통해 발암물질(rx)은 사망시간에 유의한 영향을 주며 비교 그룹에 비해 약 2.5배의 위험이 있음을 알 수 있다. 추정된 프레일티의 분산은 $\hat{\theta}=0.499$이고 p-value=0.240으로 분산에 대한 귀무가설 $(H_0:\theta=0)$을 기각할 수 없게 된다. 즉, 생존시간에 대해 50개 그룹 간에 이질성이 존재하지 않음을 의미한다.

추정된 $\hat{\theta}$를 이용하여 그룹 내 쥐들의 연관성을 측정할 때 Kendall's tau를 추정하면 $\hat{\tau}$=0.200=0.499/(2+0.499)이었다. 여기서 I-likelihood(-180.8)는 프레일티를 완전

우도함수에 대해 적분한(integrated) 후 구한 값을 의미한다. 따라서 이 값을 이용하여 다음의 $H_0 : \theta = 0$에 대한 우도비 검정을 시행할 수 있다. 즉,

$$LR = -2(-180.8 - (-181.66)) = 1.8$$

이다. 여기서 축소모형은 프레일티를 포함하지 않은 모형을 의미하며 해당되는 로그 우도값은 -181.66이었다. 자유도 1을 이용하여 구한 p-value=0.18이므로 귀무가설을 기각할 수 없다. 이는 월드 검정 결과와 비슷한 결과를 보였다(p-value=0.240). 다음은 축소모형의 결과를 보여 준다. 즉, frailty(id)를 생략하였다.

```
> rat_fit0<-coxph(Surv(time,tumor)~trt, data=rats)
> summary(rat_fit0)

  n= 150, number of events= 40
      coef    exp(coef)  se(coef)      z      Pr(>|z|)
trt  0.9047    2.4713    0.3175    2.849   0.00438**


      exp(coef)  exp(-coef)   lower .95   upper .95
trt     2.471      0.4046       1.326       4.605

Concordance= 0.586  (se = 0.039 )
Rsquare= 0.052   (max possible= 0.916 )
Likelihood ratio test = 7.98  on 1 df,   p=0.004741
Wald test             = 8.12  on 1 df,   p=0.004379
Score (logrank) test = 8.68  on 1 df,   p=0.003217

> rat_fit0$loglik
[1] -185.6556 -181.6677    # 귀무가설하에서 추정된 로그우도값
```

위 자료에 정규분포를 따르는 프레일티를 적용한 결과는 다음과 같다. 감마분포의 결과와 거의 동일함을 알 수 있다.

```
> at_fit3<-coxph(Surv(time,tumor)~trt+frailty(litter,dist='gaussian'), data=rats)
> summary(at_fit3)

  n= 150, number of events= 40

                          coef  se(coef)  se2    Chisq  DF    p
trt                       0.912 0.323     0.319   8.0   1.0  0.0047
frailty(litter, dist = "gauss                    15.6  11.9  0.2100

    exp(coef) exp(-coef) lower .95 upper .95
trt    2.49      0.402      1.32      4.68

Iterations: 6 outer, 21 Newton-Raphson
   Variance of random effect= 0.413
Degrees of freedom for terms= 1.0 11.9
Concordance= 0.775  (se= 0.048 )
Rsquare= 0.21   (max possible= 0.916 )
Likelihood ratio test= 35.3  on 12.9 df,   p=0.00071
Wald test            = 8     on 12.9 df,   p=0.837
```

이제 위 자료에 주변모형을 적용해 보자.

```
> rat_fit2<-coxph(Surv(time,tumor)~trt+cluster(litter), data=rats)
> summary(rat_fit2)

  n= 150, number of events= 40

      coef   exp(coef) se(coef) robust se   z     Pr(>|z|)
trt  0.9047   2.4713    0.3175   0.3025   2.991  0.00278 **
    exp(coef) exp(-coef) lower .95 upper .95
trt   2.471    0.4046     1.366     4.471

Concordance= 0.586  (se= 0.039 )
Rsquare= 0.052   (max possible= 0.916 )

Likelihood ratio test= 7.98  on 1 df,   p=0.004741
Wald test            = 8.94  on 1 df,   p=0.002783
Score (logrank) test= 8.68  on 1 df,   p=0.003217,   Robust= 7.65  p=0.005689

  (Note: the likelihood ratio and score tests assume independence of
         observations within a cluster, the Wald and robust score tests do not).
```

여기서 추정된 회귀계수는 $\tilde{\beta}$=0.9047이며, $se(\tilde{\beta})$는 robust se=0.3025가 사용된다. 이때 z^*=0.9047/0.3025=2.991이며 해당되는 p-value는 0.00278로 귀무가설을 기각하게 된다. 즉, 발암물질에 노출된 그룹은 비교 그룹보다 사망 위험률이 2.47배 높다고 할 수 있다. 이러한 결과는 프레일티 결과와 비슷함을 확인할 수 있다.

CHAPTER

07

재발자료분석

지금까지 논의된 자료에서는 반응변수가 서로 독립이라고 가정하였다. 하지만 한 관측 대상에 대해 반응변수가 여러 번 측정되거나 측정된 반응변수가 어떤 상황에서 서로 연관된 경우, 독립이라는 가정은 더 이상 타당하지 않으며 일변량 생존자료 분석 방법을 적용할 수 없다. 이와 같은 자료 형태를 다변량 생존자료(multivariate survival data)라고 한다. 다변량 생존자료는 (1) 순서를 가지면서 측정된 것인지 또는 (2) 다변량 자료가 같은 종류인지에 따라 네 가지로 분류할 수 있다. 〈표 7.1〉은 이러한 분류에 따라 네 가지 범주로 나눈 후 각 범주에 속하는 특별한 자료형태를 예시한다.

〈표 7.1〉에서 보인 것처럼 네 개의 자료 형태는 모두 $T_{i1}, T_{i2}, \cdots T_{im_i}$로 표현되며 서로 독립이 아니다. 하지만 각각의 자료 형태는 발생 구조가 다르기 때문에 연구 목적도 서로 다르다. 위 네 가지 자료 유형 중 군집생존자료분석은 6.3절에서 이미 다루었으며, 이 장에서는 재발자료에 대한 통계 방법을 소개할 것이다. 8장에서는 다상태 모형과 경쟁위험모형을 소개할 것이다.

표 7.1 4가지 종류의 다변량 생존자료

자료 type	순서 존재 존재함	순서 존재 존재 안 함
동일한 종류	재발사건분석(recurrent event analysis)	군집생존분석(clustered failure time)
다른 종류	다상태 모형(multi-state model)	경쟁위험모형(competing risk model)

7.1 자료의 소개

한 개체(subject)에 대해 같은 유형(same type)의 사건이 반복적으로 발생하는 형태인 재발사건자료(recurrent event data)에 대한 분석을 공부한다.

연구 개체 i에 대해, 연구 시작 시점에서부터 같은 사건의 반복적인 발생 시점을 $t_{i1}, \cdots, t_{im_i}$이라고 하며, 이러한 관측은 우중도절단 시점 또는 연구종료 시점까지 지속된다. 따라서 개체마다 서로 다른 발생 횟수 m_i를 가지게 된다.

재발사건은 여러 분야에서 그 예를 찾아볼 수 있다. 경제학에서는 피고용인의 빈번한 이직이나 사업장에서의 반복적인 안전사고, 범죄학에서는 강력 범죄의 재범이나 반복적인 교통 법규위반, 보험업계에서는 보험자의 빈번한 보험 청구, 공학계열에서는 부품과 기계의 반복적인 고장 등이 모두 재발사건의 예라고 할 수 있다. 특히 의약학에서는 조울증 환자의 반복적인 병원 입원, 뇌전증 환자의 발작 현상, 암 환자의 종양 재발 등이 재발사건자료의 대표적인 예가 될 것이다.

재발사건을 분석하기 위해 두 가지 접근방법을 고려해 볼 수 있다.

[방법1] 각 사건을 **개별적 사건으로 간주한다.** 이러한 가정하에서 counting process 방법을 확장하여 분석한다. 즉, $N_i(t) = \sum_{j=1} I(t_{ij} < t)$ 는 t 시점까지 발생된 사건의 총수를 의미한다.

[방법2] 각 사건의 **발생 순서(order)를 고려하여 분석한다.** 사건의 순서는 분석 시 중요한 정보가 된다. 예를 들어, 첫 번째로 일어난 사건과 두 번째로 일어난 사건 등이 서로 다른 의미를 가지므로 층(stratum)으로 간주한 후 **층화 비례위험모형(stratified proportional hazard model)**을 적용하게 된다.

위 두 방법 중 어떤 방법을 사용할 것인지는 분석할 자료의 성질과 연구 목적에 따라 결정한다. 예를 들어 심장병 환자의 급성 심근 경색은 그 순서가 그리 중요하지 않을 수 있다. 그보다는 심근 경색의 발생 패턴이 주 관심 대상이므로 [방법 1]이 적용될 것이다. 반면 범죄자의 재범 현상의 경우 첫 번째 교도소 수감과 두 번째 교도소 수감을 같은 성질로 간주할 수는 없다. 교도소 수감이라는 사건이 의미적으로 같은 종류의 사건일지라도 범죄의 재범은 횟수가 더할수록 질이 나빠지기 때문이다. 이러한 경우 [방법 2]을 적용하는 것이 더 타당할 것이다.

또 다른 재발사건 분석 방법으로 6장에서 공부한 프레일티를 적용하는 것이 있다. 각 관측 개체 내에서 발생한 사건들의 상관관계(correlation)를 공유 효과(shared effect)로 표현하기 위해 프레일티가 적용될 수 있다. 7.2절에서는 재발사건의 패턴을 연구하기 위해 적용될 수 있는 누적 평균 함수를 추정한다. 7.3절에서는 재발사건 발생에 영향을 줄 수 있는 공변량의 효과를 검토하기 위해 다양한 회귀모형이 적용된다.

7.2 누적평균함수와 강도함수의 추정

관측 내 재발사건을 같은 사건으로 간주할 때, 1.2절에서 다룬 계수 확률 과정(counting process)의 개념을 확장할 수 있다(Andersen and Gill, 1982). 여기서 반응변수는

$$N_i(t) = \sum_{j=1} I(t_{ij} \le t)$$

이며 t 시점까지 발생한 재발사건의 총 횟수로 정의한다. 포아송 확률 과정(poisson process)으로 가정할 때 각 사건의 발생 과정은 **강도함수(intensity function)**를 통해 구현될 수 있다.

$$\rho_i(t) = \lim_{\Delta t \downarrow 0} \frac{\Pr(dN_i(t) = 1 | H_i(t))}{\Delta t}$$

여기서 $H_i(t)$는 t 시점까지 재발사건의 모든 기록(history)을 포함한다. 만약 각 관측대상이 한 번의 사건만을 가진다면 이는 일반적인 생존자료가 된다. 공변량과의 관계를 표현하기 위해 강도함수는 다음과 같이 확장될 수 있다.

$$\rho_i(t | H_i(t), z_i(t)) = \rho_0(t) \exp\left(z_i(t)' \beta\right) \tag{7.1}$$

여기서 $z_i(t)$는 시간 가변 공변량을 포함한 것으로, 위의 승법모형(multiplicative model) 외에도 가법모형이 적용될 수 있다(Aalen(1988), Martinussen and Scheike (2004)).

$$\rho_i(t | H_i(t), z_i(t)) = \rho_0(t) + z_i(t)' \beta$$

공변량의 정보를 포함할 경우 $\widetilde{H}_i(t) = \{H_i(s), Z_i(s), s \le t\}$로 확장되며 위 모형은 다음

과 같이 표현될 수 있다.

$$\rho_i(t|\widetilde{H}_i(t)) = \rho_0(t)\exp\left(z_i'(t)\beta\right)$$

강도함수 대신 포아송 확률 과정 $N_i(t)$의 평균으로 누적 평균함수(cumulative mean function) $\mu_i(t) = E\{N_i(t)\}$를 정의할 수 있다. 이때 공변량 정보와 함께

$$\mu_i(t|z_i(t)) = \mu_0(t)\exp(z_i'(t)\beta) \tag{7.2}$$

의 모형이 적용된다. 만약 공변량이 시간 가변 공변량을 포함하지 않을 경우, 공변량 z_i에 대해 강도함수 (7.1)과 평균함수 (7.2)는 다음의 관계를 가진다.

$$\rho_i(t|z_i) = \rho_0(t)\exp(z_i'\beta) = d\mu(t|z_i) = d\mu_0(t)\exp(z_i'\beta)$$

i번째 관측 대상이 연구종료 시점 또는 중도절단 시점 τ_i 전에 m_i번의 재발사건을 경험했다고 하자. 그리고 각 재발사건 시간이 $t_{i1} < t_{i2} < \cdots < t_{im_i} < \tau_i$로 표시될 때, 식 (7.1)의 강도함수를 이용하여 다음의 우도함수를 유도할 수 있다.

$$\begin{aligned} L(\theta) &= \prod_{i=1}^{n} L_i(\theta) \\ &= \prod_{i=1}^{n}\prod_{j=1}^{m_i}[\rho_0(t_{ij})\exp(z_i'\beta)]\exp\left(-\int_0^{\tau} Y_i(s)\rho_0(s)\exp(z_i'\beta)ds\right) \end{aligned} \tag{7.3}$$

여기서 $\tau = \max(\tau_1, \cdots, \tau_n)$이며 $Y_i(t) = I(t \le \tau_i)$는 i번째 환자가 t 시점에도 여전히 연구에 포함되어 있음을 의미한다. 만약 t 시점 전에 사망하거나 중도탈락되었다면 $Y_i(t) = 0$이 된다. 여기서 τ_i는 재발사건과 독립임을 가정한다. 하지만 τ_i가 환자의 사망시간일 때, 그리고 그 사망이 재발사건과 관련된 경우일 때는 더 이상 독립 가정을 적용할 수 없다. 이를 위해 10장에서 공부할 결합모형이 적용될 수 있다. 관련된 연구

는 다양한 방법론을 제시하고 있다(Lin and Ghosh(2000), Liu et al.(2004), Kim (2021)).

먼저 기저 강도함수 $\rho_0(t)$의 추정을 고려한다. 즉, 공변량의 정보가 없다고 하자. 이를 위해 여러 가지 방법이 적용될 수 있다(Cook and Lawless(2006, 3장)). 모수 분포를 가정하거나, piecewise 모형을 가정하거나, 비모수 방법을 적용할 수 있다. 여기서는 비모수 방법을 이용하여 누적 평균함수와 강도함수를 추정하는 방법을 소개한다. 우도함수 (7.3)에서 $\beta=0$ 과 $d\mu(t)=\rho(t)dt$ 관계를 이용하여, 다음의 방정식을 얻게 된다.

$$l=\sum_{i=1}^{n} Y_i(s)\left[dN_i(s)-d\mu(s)\right]$$

위 식을 0으로 둔 후 $d\hat{\mu}(t)=\frac{d\overline{N}_{.}(t)}{Y_{.}(t)}=\frac{\sum_{i=1}^{n} Y_i(t)dN_i(t)}{\sum_{i=1}^{n} Y_i(t)}$을 구할 수 있으며 $\mu(t)=\int_0^t d\mu(s)$를 이용하여

$$\hat{\mu}(t)=\sum_{j:t_{(j)}\le t}\frac{d\overline{N}_{.}(t_{(j)})}{Y_{.}(t_{(j)})} \tag{7.4}$$

를 구할 수 있다. 여기서 $t_{(1)}<t_{(2)}<\cdots<t_{(m)}$은 m개의 모든 가능한 사건 시간을 크기순으로 나열한 것이다. 이는 Nelson-Aalen 추정량과 비슷한 형태이며 포아송 확률과정의 누적 평균함수(cumulative mean function)의 추정량이 된다. 관련된 분산의 추정량은

$$\widehat{Var}(\hat{\mu}(t))=\sum_{t_{(j)}\le t}\frac{d\overline{N}_{.}(t_{(j)})}{Y_{.}^2(t_{(j)})} \tag{7.5}$$

이다. 따라서 $\hat{\mu}(t)$의 100(1−α)% 신뢰구간은 근사적 정규 분포하에서 다음과 같이 유도된다.

$$\hat{\mu}(t)\pm z_{\alpha/2}\sqrt{\widehat{Var}(\hat{\mu})(t)}$$

하지만 위 신뢰구간은 음(negative)의 하한값을 가져올 수 있다. 따라서 이를 피하기 위해 $\log(\hat{\mu}(t))$의 추정량과 분산을 이용하여 신뢰구간을 구하거나 델타 방법을 이용하여 신뢰구간을 구할 수 있다. 즉,

$$
\begin{aligned}
&(e^{CL(\log(\hat{\mu}(t)))}, e^{CU(\log(\hat{\mu}(t))})\\
&=\left\{\exp(\log(\hat{\mu}(t)) - z_{\alpha/2}\sqrt{\widehat{var}\{\log\hat{\mu}(t)\}}, \exp(\log(\hat{\mu}(t)) + z_{\alpha/2}\sqrt{\widehat{var}\{\log\hat{\mu}(t)\}})\right\}
\end{aligned}
$$

이제 식 (7.4)에서 구한 누적평균함수 추정량을 이용하여 강도함수를 구하기 위해 스무딩 방법을 적용시킨다. 특히 Kernel 방법을 이용하여 구한 강도함수의 추정량은 다음과 같다.

$$
\hat{\rho}(t) = \frac{1}{h}\int_{t-b}^{t+b} K\left(\frac{t-s}{h}\right) d\hat{\mu}(s), \tag{7.6}
$$

여기서 h는 띠 너비이고 $K(\cdot)$는 적절한 커널 함수가 적용된다(Andersen et al., 1993). 실제 자료 $\{t_{ij}\}$가 주어질 때, 식 (7.6)은 다음 식으로 표현될 수 있다.

$$
\hat{\rho}(t) = \frac{1}{h}\sum_{t_{ij}} K\left(\frac{t-t_{ij}}{h}\right)\frac{1}{Y_{.}(t_{ij})} \tag{7.7}
$$

커널 함수로 균일, 삼각 확률 밀도 함수, trimmed 정규 밀도 함수 그리고 가장 널리 사용되는 Epanechnikov 함수 $K(x) = 0.75(1-x^2)$가 적용될 수 있다.

예제 7.1

R 프로그램에서 제공하는 방광암(bladder cancer)에 연관된 세 가지 종류의 데이터 셋 중에 bladder2는 두 가지 처리(placebo와 thiotepa) 그룹만을 포함한 자료이며 counting process 방법에 맞게 만들어진 자료이다. 즉, (start, stop] 형식은 시간 가변 공변량과 재발사건에서 유용한 포맷이다.

```
> library(survival)
> bladder2[1:12,]
   id  rx  number  size  start  stop  event  enum
1   1   1     1      3     0     1     0      1
2   2   1     2      1     0     4     0      1
3   3   1     1      1     0     7     0      1
4   4   1     5      1     0    10     0      1
5   5   1     4      1     0     6     1      1
6   5   1     4      1     6    10     0      2
7   6   1     1      1     0    14     0      1
8   7   1     1      1     0    18     0      1
9   8   1     1      3     0     5     1      1
10  8   1     1      3     5    18     0      2
```

위 자료는 처음 8명 환자의 재발 시점을 보여 준다. 이들 중, id=1,2,3,4,6,7인 환자들은 관측 종료 시점까지 어떤 재발을 가지지 않았다. 이에 반해 id=5인 환자는 t=6인 시점에, id=8인 환자는 t=5일 때 재발이 관측되었다. R 프로그램에서 coxph 명령문이 여전히 사용되며, (start,stop, event)에서 event를 통해 stop 시점에 발생된 사건이 재발사건(event=1)인지, 중단 사건(event=0)인지를 표시할 수 있다. 다음은 식 (7.4)의 누적평균 추정량을 구하기 위한 R 프로그램이다. 공변량을 포함하지 않는 coxph 함수가 사용될 수 있다.

```
> fit0<-coxph(Surv(start,stop,event)~1, data=bladder2, method="breslow")
> km<-survfit(fit0,type="aalen")
> meanf<-data.frame(time=c(0,km$time),NELSON=-log(c(1,km$surv)))
> plot(meanf$time, meanf$NELSON, type="s", xlab="time", ylab="Cumulative mean function")
```

coxph 함수에서 사용된 "breslow"는 동점 처리에 대한 것이다. 또한 type="aalen"을 통해 식 (7.4)의 추정량을 계산한다. 〈그림 7.1〉은 방광암의 재발사건의 누적평균 추정 결과를 보여 준다. 각 시점의 기울기를 비교하면서 발생 강도를 예측할 수 있다.

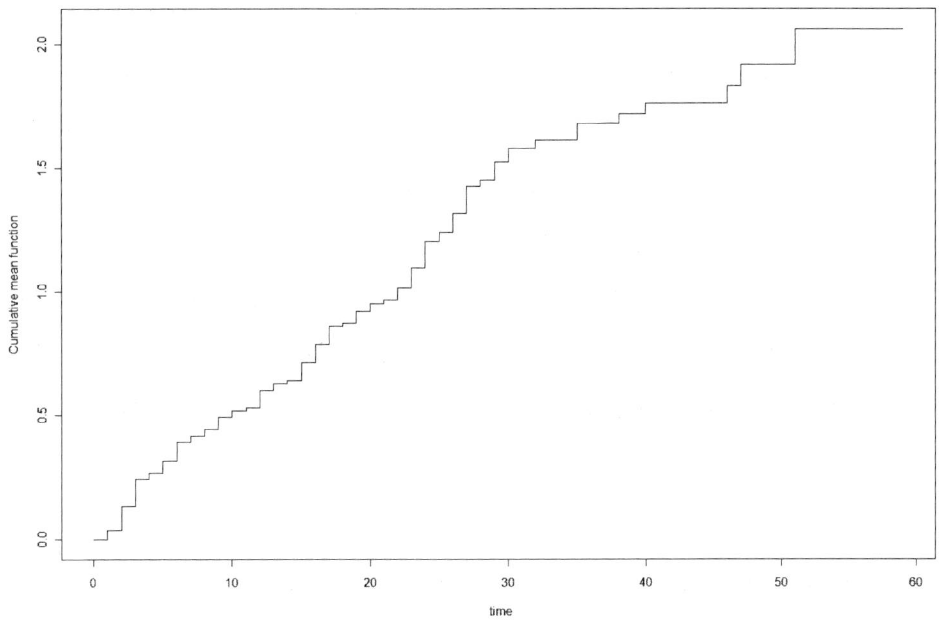

그림 7.1 bladder 환자의 누적평균함수(CMF)

7.3 회귀모형

공변량이 재발사건에 미치는 효과를 추정하기 위해 Kelly and Lim(2000)이 정리한 여러 가지 방법의 차이점을 risk set과 사용되는 time scale에 따라 비교한다. 이 절에서는 네 가지 방법을 소개한다. (1) Andersen and Gill 방법(AG); (2)Wei, Lin and Weissfeld(WLW); (3)Prentice, Williams and Peterson, total time(PWP-CP); (4)gap time(PWP-GT); 이 방법들은 모두 다음의 편우도함수를 통해 표현될 수 있다.

$$L = \prod_{i=1} \prod_{j=1} \frac{\exp(\beta' x_i(t_{ij}))}{\sum_{(k,l) \in R_{ij}} \exp(\beta' x_k(t_{ij}))}$$

여기서 (2), (3), (4)는 재발의 순서가 의미가 있는 자료 분석에 적용되어야 한다. 이들 방법을 비교하기 위해 〈표 7.2〉에 있는 두 명의 환자들의 재발사건시간을 고려해 보자. 첫 번째 환자의 재발시간은 (5,10,15)이며 16에서 중도절단되었다. 두 번째 환자는 (4,12,17) 시점에서 재발이 발생하며 17에서 재발과 동시에 중도절단된다. 여기서 중도절단은 재발사건과 무관함을 가정한다.

〈표 7.2〉에서 볼 수 있는 것처럼 AG 방법과 다른 방법의 가장 큰 차이는 strata 변수의 값이다. AG 모형에서는 모든 사건을 같은 종류로 간주하므로, 층으로 구분할 필요가 없는 반면에 나머지 모형에서는 각 반복 사건이 서로 다른 성질을 가질 수 있으므로 strata 변수를 통해 구분하였다.

표 7.2 회귀모형에서 정의되는 risk interval과 층(stratum)의 관계

<table>
<tr><th rowspan="2">방법</th><th rowspan="2">모형</th><th colspan="2">id=1
(5,10,15,16*)</th><th colspan="2">id=2
(4,12,17)</th></tr>
<tr><th>Risk interval
(event)</th><th>Strata</th><th>Risk interval
(event)</th><th>Strata</th></tr>
<tr><td rowspan="4">AG 방법</td><td rowspan="4">counting process</td><td>(0,5] (1)</td><td>1</td><td>(0,4](1)</td><td>1</td></tr>
<tr><td>(5,10](1)</td><td>1</td><td>(4,12](1)</td><td>1</td></tr>
<tr><td>(10,15](1)</td><td>1</td><td>(12,17](1)</td><td>1</td></tr>
<tr><td>(15,16](0)</td><td>1</td><td></td><td></td></tr>
<tr><td rowspan="4">Conditional: PWP-CP</td><td rowspan="4">Counting process</td><td>(0,5] (1)</td><td>1</td><td>(0,4](1)</td><td>1</td></tr>
<tr><td>(5,10](1)</td><td>2</td><td>(4,12](1)</td><td>2</td></tr>
<tr><td>(10,15](1)</td><td>3</td><td>(12,17](1)</td><td>3</td></tr>
<tr><td>(15,16](0)</td><td>4</td><td></td><td></td></tr>
<tr><td rowspan="4">Conditional: PWP-GT</td><td rowspan="4">gap time</td><td>5=5−0 (1)</td><td>1</td><td>4=4−0(1)</td><td>1</td></tr>
<tr><td>5=10−5 (1)</td><td>2</td><td>8=12−4 (1)</td><td>2</td></tr>
<tr><td>5=15−10(1)</td><td>3</td><td>5=17−12 (1)</td><td>3</td></tr>
<tr><td>1=16−15(0)</td><td>4</td><td></td><td></td></tr>
<tr><td rowspan="4">Marginal: WLW</td><td rowspan="4">total time</td><td>(0,5] (1)</td><td>1</td><td>(0,4](1)</td><td>1</td></tr>
<tr><td>(0,10](1)</td><td>2</td><td>(0,12](1)</td><td>2</td></tr>
<tr><td>(0,15](1)</td><td>3</td><td>(0,17](1)</td><td>3</td></tr>
<tr><td>(0,16](0)</td><td>4</td><td></td><td></td></tr>
</table>

7.3.1 AG 모형

Andersen and Gill(1982)의 intensity 모형을 재발자료에 확장한 것으로 counting process 방법을 이용한다. 이 모형하에서 risk는 $Y_i(t) = I(\tau_i \geq t)$로 연구종료 등 중도 절단, τ_i까지 계속 1의 값을 가진다. 한 개인으로부터 발생하는 각 사건은 독립적인 증가(increment)로 인식된다.

따라서 두 환자의 자료가 각각 {(5,10,15,16+),(4,12,17)}일 때, 우도함수는 위험점수 $r_i(t)$를 이용하여 다음과 같이 표현된다. 여기서 $r_i(t) = \exp(\beta' z_i(t))$를 의미한다.

$$L = \frac{r_2(4)}{r_1(4)+r_2(4)} \times \frac{r_1(5)}{r_1(5)+r_2(5)} \times \frac{r_1(10)}{r_1(10)+r_2(10)} \times \frac{r_2(12)}{r_1(12)+r_2(12)} \times \frac{r_1(15)}{r_1(15)+r_2(15)} \times \frac{r_2(17)}{r_2(17)}$$

bladder2 자료에 AG 방법을 적용하면 다음의 결과를 얻는다. 여기서 bladder2 자료는 (start, stop] 형태임을 기억하자.

```
> fit_AG<-coxph(Surv(start,stop,event)~rx+number+size, data=bladder2)
> summary(fit_AG)

  n= 178, number of events= 112
              coef    exp(coef)   se(coef)      z      Pr(>|z|)
rx         -0.46469    0.62833    0.19973    -2.327    0.019989 *
number      0.17496    1.19120    0.04707     3.717    0.000202 ***
size       -0.04366    0.95728    0.06905    -0.632    0.527196
---
Signif. codes:  0  '***'  0.001  '**'  0.01  '*'  0.05  '.'  0.1  ' '  1

           exp(coef)  exp(-coef)  lower .95  upper .95
rx           0.6283     1.5915     0.4248     0.9294
number       1.1912     0.8395     1.0862     1.3063
size         0.9573     1.0446     0.8361     1.0960

Concordance= 0.634  (se = 0.03 )
Rsquare= 0.094        (max possible= 0.994 )
Likelihood ratio test  = 17.52  on 3 df,   p=0.0005531
Wald test              = 19.11  on 3 df,   p=0.0002595
Score (logrank) test   = 19.52  on 3 df,   p=0.0002133
```

위 분석결과를 통해 종양의 크기(size)를 제외하고 rx(thiotepa=1, placebo=0)와 종양의 수(number)는 종양 재발에 매우 유의한 영향을 줌을 알 수 있었다. 즉, thiotepa 그룹은 위약 그룹보다 재발이 덜 일어났으며, 초기 시점의 종양 수가 많을수록 재발 횟수가 많음을 알 수 있다.

종종 각 재발사건의 순서가 중요한 정보를 제공한다. 특히 일어난 횟수에 따라 적용되는 강도함수가 달라질 수 있다. 즉, 두 번째 재발의 강도함수와 세 번째 재발의 강도함수에 대해 서로 달리 인식해야 할 자료가 있다. 예를 들어 조울증 환자의 병동 입원은 그 횟수가 빈번해질수록 상태가 악화되었다는 의미로 해석해야 할 것이다. 이처럼 각 재발 횟수를 층(strata)으로 인식하여 따로 분석하는 방법이 고려되며, 이때 사용되는 time scale에 따라 다음 세 가지로 분류할 수 있다.

① 조건부 방법(counting process format) : PWP-CP
② 조건부 방법(gap time) : PWP-GT
③ 주변 방법(marginal model) : WLW

7.3.2 조건부 모형 I(전체 시간: PWP-CP)

이 방법은 Prentice, Williams & Peterson(1981)이 제안한 방법으로, 사용되는 time scale에 따라 두 가지 방법으로 나뉜다. 모든 환자가 사건 반복의 가능성을 가지고 있다고 가정한다. 예를 들어 방광암 환자들은 모두 4번의 재발을 가진다고 가정할 때, 두 번째 사건이 발생하기 위한 조건(condition)은 첫 번째 사건이 일어나야 한다는 것이다. 즉, k번째 사건이 발생하기 위해서는 k-1번째 사건이 발생하여야 함을 의미한다. 5.3절에서 비례위험모형하에서의 분석을 위해 층화변수 strata(factor(enum))가 사용되었다. 재발사건자료에서는 각 발생 순서를 범주형 자료로 코딩하여 층화변수로 사용할 것이다.

$$\lambda_k(t) = \lambda_{k0}(t)\exp(\beta' z_i) \tag{7.8}$$

예를 들어 두 명의 재발자료(id=1 (5,10,15,16+), id=2 (4,12,17))는 각 환자가 세 번의 재발을 가지고 있다. 조건부 모형하에서 우도함수는 다음과 같이 표현된다.

$$\begin{aligned} L_{cp} = & \frac{r_2(4)}{r_1(4)+r_2(4)} \times \frac{r_1(5)}{r_1(5)} \quad \text{\# 첫 번째 사건} \\ & \times \frac{r_1(10)}{r_1(10)+r_2(10)} \times \frac{r_2(12)}{r_2(12)} \quad \text{\# 두 번째 사건} \\ & \times \frac{r_1(15)}{r_1(15)+r_2(15)} \times \frac{r_2(17)}{r_2(17)} \quad \text{\# 세 번째 사건} \end{aligned}$$

```
> fit_con1<-coxph(Surv(start,stop,event)~rx+number+size+strata(factor(enum)),data=bladder2)
> summary(fit_con1)
Call:
coxph(formula = Surv(start, stop, event) ~ rx + number + size +
    strata(factor(enum)), data = bladder2)

  n= 178, number of events= 112
              coef    exp(coef)   se(coef)       z     Pr(>|z|)
rx        -0.43228    0.64903    0.22082    -1.958    0.0503.
number     0.11557    1.12252    0.05373     2.151    0.0315 *
size      -0.01566    0.98446    0.07297    -0.215    0.8300
---
Signif. codes:  0 '***' 0.001 '**' 0.01 '*' 0.05 '.' 0.1 ' ' 1

          exp(coef)  exp(-coef)  lower .95   upper .95
rx          0.6490     1.5408     0.4210      1.001
number      1.1225     0.8909     1.0103      1.247
size        0.9845     1.0158     0.8533      1.136

Concordance= 0.607  (se= 0.053 )
Rsquare= 0.041      (max possible= 0.972 )
Likelihood ratio test= 7.4   on 3 df,   p=0.06007
Wald test            = 7.64  on 3 df,   p=0.05408
Score (logrank) test= 7.71  on 3 df,   p=0.0523
```

모형 (7.8)을 통해, 각 층(stratum)의 공변량 효과는 동일하다는 가정하에서 위 모형이 적용된다. 위 결과는 AG 모형의 결과와 비슷하였다. 재발에는 종양의 크기는 유의하지 않지만 치료 방법과 초기 시점에 발견한 종양수는 유의하였다. 새로운 처리(thiotepa)를 받을수록, 연구 초기에 발견된 종양의 수가 많지 않을수록 종양 재발의 위험도가 줄어듦을 알 수 있다.

7.3.3 조건부 방법 II(소요시간: PWP-GT)

어떤 연구에서는 다음 사건이 얼마나 빨리 또는 얼마나 천천히 발생하는지 조사하기를 원한다. 이를 위해 재발사건 간에 경과된 소요시간(gap time, waiting time)을 이용할 수 있다. 예를 들어, 두 번째 사건은 첫 번째 사건보다 더 빨리 일어날 수 있다. 소요시간을 $g_{ij}=t_{ij}-t_{ij-1}$로 정의할 때, 다음의 강도함수가 적용될 수 있다.

$$\lambda_k(g_{ij}) = \lambda_{0k}(g_{ij})\exp(\beta' z_i)$$

예를 들어 두 명의 재발자료(id=1 (5,10,15,16*), id=2 (4,12,17))에 대해 소요시간은 각각 {(5,5,5), (4,8,5)}이다. 두 환자 모두 세 번의 재발을 경험하므로 소요시간을 이용하여 우도함수는 다음과 같이 표현된다.

$$\begin{aligned} L_{GT} = & \frac{r_2(4)}{r_1(4)+r_2(4)} \times \frac{r_1(5)}{r_1(5)} && \text{\# 첫 번째 사건} \\ & \times \frac{r_1(5)}{r_1(5)+r_2(5)} \times \frac{r_2(8)}{r_2(8)} && \text{\# 두 번째 사건} \\ & \times \frac{r_1(5)}{r_1(5)+r_2(5)} \times \frac{r_2(5)}{r_1(5)+r_2(5)} && \text{\# 세 번째 사건} \end{aligned}$$

R 프로그램을 적용하기 위해 소요시간으로 stop-start를 반응변수로 사용한다.

```
> head(bladder2)
  id rx number size start stop event enum
1  1  1      1    3     0    1     0    1
2  2  1      2    1     0    4     0    1
3  3  1      1    1     0    7     0    1
4  4  1      5    1     0   10     0    1
5  5  1      4    1     0    6     1    1
6  5  1      4    1     6   10     0    2

> fit_con2<-coxph(Surv(stop-start,event)~rx+number+size+strata(factor(enum)), robust=T,
  data=bladder2)
```

```
> summary(fit_con2)
  n= 178, number of events= 112

          coef       exp(coef)  se(coef)   robust se   z        Pr(>|z|)
rx       -0.279005   0.756536   0.207348   0.217334   -1.284    0.19923
number    0.158046   1.171220   0.051942   0.055976    2.823    0.00475**
size      0.007415   1.007443   0.070023   0.069467    0.107    0.91499
---
Signif. codes:  0  '***'  0.001  '**'  0.01  '*'  0.05  '.'  0.1  ' '  1

         exp(coef)  exp(-coef)  lower .95   upper .95
rx        0.7565     1.3218      0.4941      1.158
number    1.1712     0.8538      1.0495      1.307
size      1.0074     0.9926      0.8792      1.154

Concordance= 0.596  (se= 0.056 )
Rsquare= 0.051        (max possible= 0.983 )
Likelihood ratio test= 9.33 on 3 df,  p=0.02517
Wald test            = 8.15 on 3 df,  p=0.04306
Score (logrank) test = 10.27   on 3 df,  p=0.0164,   Robust= 9.49  p=0.02344

(Note: the likelihood ratio and score tests assume independence of observations within a
       cluster, the Wald and robust score tests do not).
```

예상했듯, 위 결과는 앞 방법들(AG model와 PWP-CP model)과 다른 결과를 보여준다. 또한 반응변수가 소요시간이므로 전체 시간에 대한 앞의 두 모형의 결과와는 다르게 해석되어야 한다. 예를 들어, thiotepa는 다음 종양의 발생까지 소요시간에는 유의적인 차이를 보이지 않는다. 반면에 초기 시점에 발견된 종양 수는 여전히 유의한 변수이며 종양 수가 많을수록 재발 시간이 짧아짐을 알 수 있다. 소요시간 간의 연관성에 대해 모형 미설정(misspecification)을 보완하고자 분산 추정을 위한 로버스트 방법이 적용되었다(robust=T).

이제 gap time(소요시간)에 대해 6장에서 소개된 프레일티 모형을 적용하자. 반복적으로 발생하는 사건 간에는 서로 연관성이 존재하며 이러한 공유 효과(shared effect)는 프레일티를 통해 표현할 수 있다.

```
> fit_frailty<-coxph(Surv(stop-start,event)~rx+number+size+frailty(id),data=bladder2)
> summary(fit_frailty)
Call:
coxph(formula= Surv(stop - start, event) ~ rx + number + size + frailty(id), data= bladder2)
n= 178, number of events= 112

              coef     se(coef)   se2      Chisq   DF    p
rx          -0.45315   0.2879    0.2156    2.48    1.0   0.120
number       0.21695   0.0789    0.0550    7.56    1.0   0.006
size         0.00198   0.0973    0.0704    0.00    1.0   0.980
frailty(id)                                55.56   34.7  0.014 # frailty의 분산에 대한 검정

          exp(coef)  exp(-coef)  lower .95  upper .95
rx          0.636      1.573      0.362      1.12
number      1.242      0.805      1.064      1.45
size        1.002      0.998      0.828      1.21

Iterations: 7 outer, 35 Newton-Raphson
     Variance of random effect= 0.644   I-likelihood= -502.8
Degrees of freedom for terms =  0.6  0.5  0.5 34.7
Concordance= 0.77  (se = 0.032 )
Rsquare= 0.407     (max possible = 0.997 )
Likelihood ratio test= 93    on 36.2 df,   p=6.94e-07
Wald test           = 8.88  on 36.2 df,   p=1
```

위 결과 여전히 종양 수만 유의한 변수이며, 감마분포를 따르는 프레일티의 분산은 $\hat{\sigma^2}$=0.644로 추정되었다. 또한 귀무가설 $H_0 : \sigma^2 = 0$을 기각하는 결과(p-value=0.014)를 통해 환자들 간의 이질성이 존재함을 알 수 있다.

7.3.4 주변 방법(Marginal WLW)

Wei, Lin, and Weissfeld(1989)는 재발자료순서를 무시하고 각각의 사건시간을 분석하였다. 즉, 순서에 의한 자료 구조를 고려하지 않았으며, 한 개인 간에 관측된 재발시간 간의 상관관계도 무시하였다. 대신 이러한 모형의 미설정(misspecificaton)에 대한 보완으로 로버스트 분산을 적용하였다.

이 방법에서는 (start, stop] 대신에 stop 시간이 사용되고, 각 재발사건은 층(stratum)으로 간주되며 공변량 효과도 층마다 다름을 가정할 수 있다. 앞에서 사용했던 두 사람의 모의 자료를 이용하여 우도함수를 유도해 보자.

$$L_{WLW}=\left(\frac{r_2(4)}{r_1(4)+r_2(4)}\times\frac{r_1(5)}{r_1(5)+r_2(5)}\right)\times\left(\frac{r_1(10)}{r_1(10)+r_2(10)}\times\frac{r_2(12)}{r_1(12)+r_2(12)}\right)$$
$$\times\left(\frac{r_1(15)}{r_1(15)+r_2(15)}\times\frac{r_2(17)}{r_2(17)}\right)$$

주변 방법을 적용하기 위해서는 다른 형태의 방광암 자료가 사용된다. R 프로그램에서 제공하는 방광암 자료(bladder)는 다음과 같다.

```
> bladder
...    id  rx  number  size  stop  event  enum
292    73   2     1      1    41     0     4
293    74   2     1      1     1     1     1
294    74   2     1      1    27     1     2
295    74   2     1      1    43     0     3
296    74   2     1      1    43     0     4
297    75   2     1      1    44     0     1
298    75   2     1      1    44     0     2
299    75   2     1      1    44     0     3
300    75   2     1      1    44     0     4
301    76   2     6      1     2     1     1
302    76   2     6      1    20     1     2
303    76   2     6      1    23     1     3
304    76   2     6      1    27     1     4
305    77   2     1      2    45     0     1
306    77   2     1      2    45     0     2
307    77   2     1      2    45     0     3
308    77   2     1      2    45     0     4
309    78   2     1      4     2     1     1
310    78   2     1      4    46     0     2
311    78   2     1      4    46     0     3
312    78   2     1      4    46     0     4
313    79   2     1      4    46     0     1
314    79   2     1      4    46     0     2
315    79   2     1      4    46     0     3
316    79   2     1      4    46     0     4
317    80   2     3      3    49     0     1
```

위 출력은 id=74부터 79인 환자들의 자료를 보여 준다. 여기서 최대 관측 횟수를 4라고 가정한다. id=74인 환자는 두 번의 재발을 경험하였으며 그들의 재발 시점은 $t_1=1, t_2=27$이다. 세 번째와 네 번째 사건은 발생하지 않았으며 각각 c=43에서 중도절단되었다. 따라서 event는 지시함수로 (1,1,0,0)의 값을 가진다. 반면에 id=76인 환자는 네 번의 재발을 겪었으며 그 시점은 각각 $(t_1,t_2,t_3,t_4)=(2,20,23,27)$이고 event=(1,1,1,1)이다. 하지만 id=79인 환자는 재발을 한 번도 경험하지 않았으며 네 번의 재발 시점은 c=46에 의해 중도절단되었고 event=(0,0,0,0)이 사용된다.

```
> fit_WLW<-coxph(Surv(stop,event)~rx+number+size+strata(factor(enum)),robust=T,data=
bladder)
> summary(fit_WLW)
Call:
coxph(formula = Surv(stop, event) ~ rx + number + size + strata(factor(enum)),
      data = bladder, robust = T)

  n= 340, number of events= 112

            coef  exp(coef)  se(coef)  robust se      z    Pr(>|z|)
rx      -0.58479    0.55722   0.20105    0.19255 -3.037  0.00239**
number   0.21029    1.23404   0.04675    0.04554  4.618  3.88e-06***
size    -0.05162    0.94969   0.06973    0.06483 -0.796  0.42590
---
Signif. codes:  0 '***' 0.001 '**' 0.01 '*' 0.05 '.' 0.1 ' ' 1

        exp(coef) exp(-coef) lower .95 upper .95
rx         0.5572     1.7946    0.3821    0.8127
number     1.2340     0.8103    1.1287    1.3493
size       0.9497     1.0530    0.8364    1.0784

Concordance= 0.663  (se= 0.058 )
Rsquare= 0.072   (max possible= 0.924 )
Likelihood ratio test= 25.26  on 3 df,   p=1.362e-05
Wald test            = 28.76  on 3 df,   p=2.512e-06
Score (logrank) test= 28.6   on 3 df,   p=2.718e-06,   Robust= 28.57  p=2.759e-06

(Note: the likelihood ratio and score tests assume independence of observations within a
       cluster, the Wald and robust score tests do not).
```

위 분석은 전체 재발 횟수가 정해진 후, 재발 시간의 연관성에 대한 특정한 가정이 없을 때 적용된다. 이전의 분석에서 사용된 (start, stop] 형식과는 다름을 주목하자.

CHAPTER

08

다상태 모형과 경쟁위험모형

생존분석(survival analysis)은 사건사 분석(event history analysis)이라는 또 다른 명명 아래 경제학, 정치학, 보건학, 사회학 등에서 다양하게 적용되어 왔다. 이 장에서는 사건사에서 종종 발생하는 여러 사건(events)의 연속적인 발생 과정을 자연스럽게 모형화하기 위해 적용되는 다상태 모형을 소개한다. 〈표 7.1〉에서 분류한 것처럼 여기서 고려되는 사건은 서로 다른 종류이다. 8.1절에서는 다상태 모형에 대한 개념과 통계적 모형을 소개하고 추론 과정을 공부한다. 또한 경쟁위험모형을 8.2절에서 논의한다.

8.1 다상태 모형

8.1.1 개념과 예

사건사 분석은 종단 연구(longitudinal study)의 한 유형으로, 일정 기간 동안 발생한 여러 가지 유형의 사건 발생 시간을 분석하기 위한 통계 방법론이다(Andersen et al., 1993; Klein and Moeschberger, 2003). 다상태 모형은 재발사건자료(recurrent event data), 경쟁위험모형(competing risk model)에 대한 분석을 위해 적용될 수 있다(Cook and Lawless, 2006; Andersen et al., 2002).

가장 단순한 다상태 모형(multi state model)은 두 가지 상태를 가진 생존분석 자료이다. 상태(state) 0은 생존상태를, 상태 1은 사망상태를 표시한다.

여기서 state 1의 사망상태는 다상태(multi state)의 **흡수상태(absorbing state)**로, 더 이상의 전이(transition)가 일어날 수 없는 상태이다. 생존분석에서 반응변수인 생존시간 또는 사건 발생 시간(time to event)은 T로 표현되며, 관련된 통계량으로 생존함수 $S(t)=\Pr(T>t)$ 또는 분포함수 $F(t)=\Pr(T\le t)$가 추정된다. 다상태 모형에서

$S(t)$는 t 시점에서 상태 0에 머물 확률이며 $F(t)$는 t 시점에서 상태 1에 머물 확률을 의미한다. 0->1 전이를 연구하기 위해 다음과 같이 정의되는 위험률

$$a(t)=\lim_{\Delta t\to 0}\frac{\Pr(T\le t+\Delta t|T\ge t)}{\Delta t}$$

은 상태 0에서 상태 1로의 전이 강도(transition intensity)로 이해할 수 있다.

이제 좀 더 일반적인 다상태 모형을 고려해 보자. K개의 유한한 상태, $\widetilde{K}=\{1,\cdots,K\}$를 가진 확률화 과정$(X(t),t\in T)$에 대한 통계모형을 구축하기 위해 $T=[0,\tau]$ 동안 발생한 모든 사건이 기록된 사건사 F_t를 정의할 수 있다. 이에 근거하여 다음의 전이 확률(transition probability)이 정의된다.

$$P_{hj}(s,t)=P(X(t)=j\ |X(s)=h,\ F_{s-}) \tag{8.1}$$

여기서 $h,j\in\widetilde{K},\ s,t\in T,\ s\le t$를 의미하며, **전이 강도**(transition intensity)는 전이 확률의 도함수(derivative)로 다음과 같이 정의한다.

$$\alpha_{hj}(t)=\lim_{\Delta t\to 0}\frac{P_{hj}(t,t+\Delta t)}{\Delta t} \tag{8.2}$$

또 다른 중요한 확률은 **상태 확률**(state probability, duration probability)이다. 이는 상태 h에 머물 확률이며

$$\pi_h(t)=\sum_{j\in\widetilde{K}}\pi_j(0)P_{jh}(0,t)$$

와 같이 정의된다. 즉, $T=0$에서 상태 $j(j\in\widetilde{K})$에 머물다가 $T=t$ 시점에 상태 h로 전이될 모든 확률의 합이다. 전이 확률 또는 전이 강도가 만약 t 시점 바로 전의 상태에만 의존할 때, $X(t)$는 **마르코브**(Markov) **성질**을 가진다고 한다. 다음은 다상태 모형이 적용된 여러 가지 자료 형태를 소개한다.

1) 경쟁위험모형

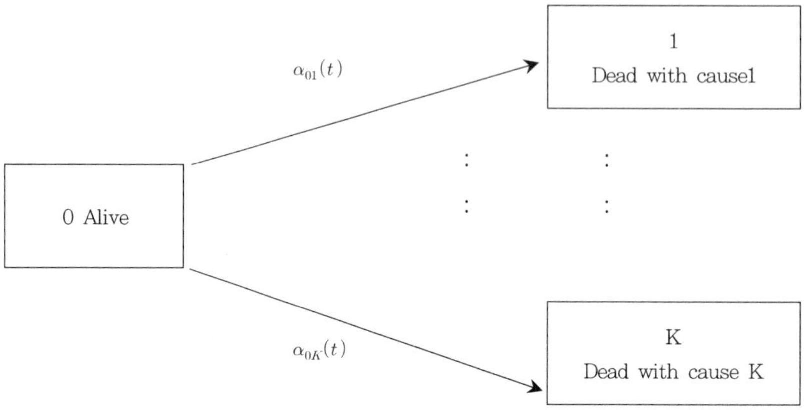

그림 8.1 경쟁위험모형

경쟁위험모형은 상태 0에서 K개의 서로 다른 상태(또는 원인별 사망)로 전이하는 확률화 과정(stochastic process)이다. 여기서 K개의 상태는 모두 흡수 상태이며 각 상태에 대한 전이 강도는 **원인별 위험함수**(cause-specific hazard function)로 정의된다.

$$\alpha_{0h}(t) = \lim_{\Delta t \to 0} \frac{P(Dead\ by\ cause\ \ h\ \ by\ \ t + \Delta t | T \geq t)}{\Delta t}$$

이때, 상태 0에 머무를 확률과 상태 h의 전이 확률은 위에서 정의된 원인별 위험함수를 이용하여 다음과 같이 정의된다.

$$P_{00}(t) = S(t) = P(T > t) = \exp\left(-\int_0^t \sum_{h=1}^{K} \alpha_{0h}(u)du\right),$$

$$P_{0h}(0,t) = \int_0^t P_{00}(u-)\alpha_{0h}(u)du = \int_0^t S(u-)\alpha_{0h}(u)du,$$

$$h = 1, \cdots, K.$$

특히 P_{0h}는 누적발생함수(cumulative incidence function)라고 한다. 경쟁위험모형은 8.2절에서 자세하게 논의될 것이다.

2) 질병-사망모형(illness-death model)

모든 관측 대상은 $t=0$에서 상태 0, 즉 건강한 상태(healthy)에 있다고 가정한다. 다음 그림을 살펴보자. $\alpha_{02}(t)$와 $\alpha_{12}(t)$는 모두 사망과 관련된 전이 강도이다. 특히 $\alpha_{12}(t)$는 질병의 치사율(lethality)을 추정하는 데 적용될 수 있다.

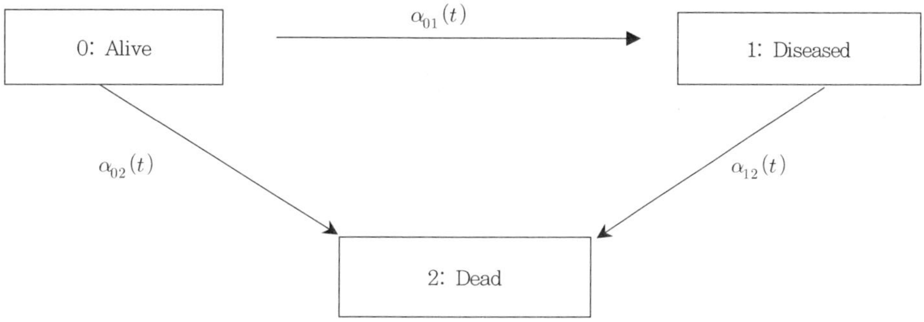

그림 8.2 질병-사망모형

위 모형하에서 전이 확률은 다음과 같이 정의된다.

$$P_{00}(s,t) = \exp\left(-\int_s^t (\alpha_{01}(u)+\alpha_{02}(u))du\right)$$

$$P_{01}(s,t) = \exp\left(-\int_s^t P_{00}(s,u-)\alpha_{01}(u)P_{11}(u,t)du\right)$$

여기서 $P_{11}(s,t) = \exp\left(-\int_s^t \alpha_{12}(u)du\right)$이다. 만약 $\alpha_{12}(t)$가 질병 상태(즉, 상태 1)에 머문 시간에 종속된다면 $\alpha_{12}(t)$는 준 마르코브 성질(semi-markov)을 가진다고 한다. 예를 들어 질병의 치사율이 전체 경과 시간 t뿐만 아니라 질병 경과 시점 d와 연관될 경우, 다음과 같이 정의될 수 있다.

$$\alpha_{12}(t,d) = \lim_{\Delta t \to 0} \frac{P(X(t+\Delta t)=2|X(t)=1,\ 0\to 1\quad transition\ \ at\ \ t-d)}{\Delta t}$$

이때 $P_{11}(u,t) = \exp\left(-\int_u^t \alpha_{12}(s,s-u)ds\right)$로 다시 정의된다.

8.1.2 모형과 우도함수

K개의 유한한 상태, $\widetilde{K}=\{1,\cdots,K\}$를 가진 확률화 과정$(X(t),t\in T)$을 고려하자. 우도함수를 유도하기 위해 다음의 counting process를 정의한다.

$N_{hj}^{i}(t)$: i번째 대상이 $[0,t]$ 동안 상태 $h\to j$로 바로 이동한 총횟수

여기서 해당 사건 발생 시점은 $0<T_{hj}^{i1}<T_{hj}^{i2}<\ldots<T_{hj}^{iN_{hj}^{i}(\tau_i)}$이다. 총 n명의 개체들의 합을 $N_{hj}(t)=\sum_{i=1}^{n}N_{hj}^{i}(t)$로 정의한다. 또한 t 시점에서 상태 h에 있다는 것을 표현하기 위해 다음의 위험지시함수 $Y_h^i(t)=I\{X_i(t-)=h\}$가 사용된다. 이에 대해 개체 n명의 합은 $Y_h(t)=\sum_{i=1}^{n}Y_h^i(t)$로, t 시점에서 상태 h에 있는 대상자의 총수이다. 이를 이용하여 다음과 같이 우도함수를 정의할 수 있다.

$$\prod_{i=1}^{n}\prod_{h\neq j}\prod_{k=1}^{N_{hj}^{i}(\tau_i)}\alpha_{hj}^{i}(T_{hj}^{ik})\exp\left(-\int_0^{\tau_i}\alpha_{hj}^{i}(t)\,Y_h^i(t)dt\right)$$

예제 8.1 백혈병 환자의 골수이식 후 전이

1.3.6절에서 설명되고 예제 5.2에서 논의된 백혈병 자료에 대해 illness-death 모형을 적용한다. 따라서 〈그림 1.3〉의 축소된 형태가 고려된다.

표 8.1 백혈병 환자의 사건 전이별 분포

질병유형	patients	혈소판 회복 0 → 1	재발 또는 사망 0 → 2	혈소판 회복 후 재발 또는 사망 1 → 2
ALL(1)	38	35	3	12
AML(Low risk) (2)	54	48	6	9
AML(High risk) (3)	45	38	7	18
total	137	121	16	67

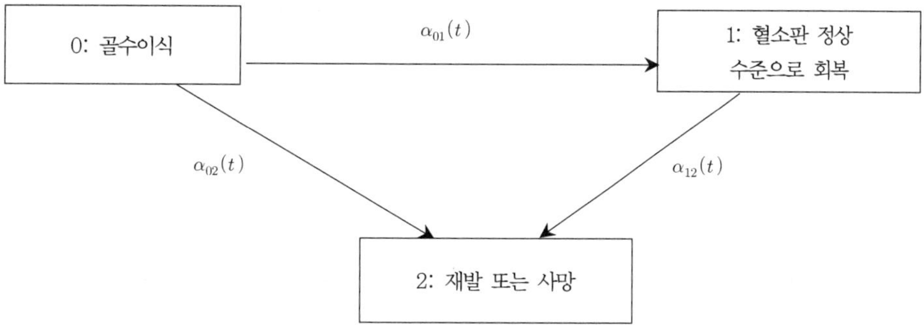

그림 8.3 백혈병 환자의 전이

따라서 세 가지 종류의 전이 확률 P_{01}, P_{02}, P_{12} 가 정의된다.

$$P_{01}(s,t) = \exp\left(-\int_s^t P_{00}(s,u-)\alpha_{01}(u)P_{11}(u,t)du\right)$$

$$P_{02}(s,t) = \exp\left(-\int_s^t P_{00}(s,u-)\alpha_{02}(u)du\right)$$

$$P_{12}(s,t) = \exp\left(-\int_s^t P_{11}(s,u-)\alpha_{12}(u)du\right)$$

여기서

$$P_{00}(s,t) = \exp\left(-\int_s^t \alpha_{01}(u) + \alpha_{02}(u)du\right)$$

$$P_{11}(u,t) = \exp\left(-\int_u^t \alpha_{12}(w)dw\right)$$

이때 P_{00}은 골수이식 후 어떤 사건도 발생하지 않을 확률이며 P_{01}는 혈소판이 정상 수준으로 회복할 확률, P_{02}는 혈소판 회복 없이 재발 또는 사망할 확률, P_{12}는 혈소판 회복 상태에서 재발 또는 사망할 확률이다. 이 확률을 추정하기 위해 전이 강도 α_{01}, α_{02}, α_{12}를 추정할 필요가 있다. 골수이식자의 나이(z1), 수혜자의 나이(z2), MTX 사용 여부(z3)와 전이 강도함수와의 연관성을 추정하고자 한다.

먼저 공변량을 고려하지 않고 전이 강도를 구해 보자. 즉, 모든 개체가 같은 전이 강도를 가진다고 가정한다($\alpha_{hj}^i(t) = \alpha_{hj}(t)$). 또한 개체는 전이를 한 번씩만 경험한다고 가정한다. 따라서 $N_{hj}^i(t)$ 0 또는 1이 된다. Aalen and Johansen(1978)은 다음의 누적 전이 강도함수(integrated transition intensity)의 추정량을 제안하였다.

$$A_{hj}(t) = \int_0^y \alpha_{hj}(u)du$$

함수의 추정을 위해 Counting process 개념을 확장하여 다음의 Nelson–Aalen 추정량이 제안되었다.

$$\widehat{A_{hj}}(t) = \int_0^t \frac{J_h(u)}{Y_h(u)} dN_{hj}(u) = \sum_{i=1}^{n} \frac{I(0 < T_{hj}^i < t)}{Y_h(T_{hj}^i)} \tag{8.3}$$

여기서 $J_h(t) = I(Y_h(t) > 0)$이다. 식 (8.3)의 분산 추정량은 다음과 같다.

$$\hat{\sigma}^2(\widehat{A_{hj}}(t)) = \int_0^t \frac{J_{h(u)}}{Y_h(u)^2} dN_{hj}(u) = \sum_{i=1}^{n} \frac{I(0 < T_{hj}^i < t)}{Y_h^2(T_{hj}^i)}$$

Nelson–Aalen 추정량의 대표본 성질은 Andersen et al.(1993, 4.4절)에 자세하게 설명되어 있다. 위에서 구한 누적 전이 강도를 이용하여 전이 강도를 추정하기 위해 커널 스무딩 등 다양한 스무딩 기법이 적용될 수 있다(Andersen et al.(1993), Ramlau-Hansen (1983)).

이제 위에서 유도된 방법을 확장하여 전이 확률을 추정하고자 한다. 이를 위해 다음의 다중적분(product integral)을 사용한다. 항등 행렬 I와 일반 행렬 G에 대해 다중적분은 다음과 같이 정의된다.

$$\prod_0^t (I + G(ds)) = \lim_{\max|t_v - t_{v-1}| \to 0} \prod (I + G(t_v) - G(t_{v-1}))$$

여기서 $0 = t_0 < t_1 < \cdots < t_n = t$는 $[0,t]$의 분할(partition)이다. 특히 G가 연속인 상수로 표현되면

$$\prod_{0}^{t}(I+G(ds))=e^{G(t)-G(0)}$$

이 된다. 만약 계단상수함수이면

$$\prod_{0}^{t}(I+G(ds))=\prod_{k=1}^{K}(1+\Delta G(t_{(k)}))$$

로 표현될 수 있다. 여기서 $0<t_{(1)}<\cdots<t_{(K)}\le t$는 G의 점프가 발생한 시점이며 점프 크기는 $\Delta G(t_{(k)})=G(t_{(k)})-G(t_{(k-1)})$가 된다. 다중적분을 사용하여 전이 확률함수는 전이 강도함수 $A(t)=(\alpha_{hj}(t))$에 의해 다음과 같이 표현된다.

$$P(s,t)=\prod_{s}^{t}(I+A(du))$$

따라서 식 (8.3)의 Nelson–Aalen 추정량을 사용하여 다음의 Aalen–Johansen 추정량(1978)이 정의된다.

$$\hat{P}(s,t)=\prod_{s}^{t}(I+\hat{A}(du))$$

간단한 예로, 생존자료에서 $\hat{P}_{00}(0,t)$은 Kaplan–Meier 추정량이 된다.

$$\hat{S}(t)=\prod_{T_i<t}\left(1-\frac{dN_{01}(T_i)}{Y_0(T_i)}\right)$$

8.1.3 회귀분석

개체 i가 질병-사망 상태(illness-death state)모형에 대해 공변량 $Z_i=(Z_{i1},\cdots,Z_{ip})$를 가지고 있을 때, 전이 강도에 대한 다음의 승법모형을 가정한다.

$$\alpha_{hj}^{i}(t)=\alpha_{hj}^{0}(t)\ \exp(\beta_{hj}^{'}Z_i)$$

$\exp(\beta_{hjm})$은 m번째 공변량 Z_{im}이 $(h\to j)$로의 전이에 대한 효과를 표현한다. 여기서 고려되는 상태전이는 (0→1), (0→2), (1→2)이다. 각 전이 확률에 대한 공변량의 효과를 추정하기 위한 회귀모형을 백혈병 자료(1.3.6절)를 이용하여 설명한다.

1) $\alpha_{01}(t)$의 추정

예제 8.1에서 상태 0은 골수이식, 상태 1은 혈소판 회복이다. 따라서 α_{01}의 추정에서 관심 있는 사건은 혈소판 회복이기 때문에 회복 시점과 회복 여부가 분석을 위해 사용된다. 공변량으로는 환자의 나이(page1), 기부자의 나이(dage1), 그들의 교호작용(dage1 ×page1), MTX 사용 여부의 효과가 추정되고 검정된다. 여기서 dage1과 page1은 기부자와 환자의 나이를 그들의 평균값(=28세)으로 빼준 값이다. 이러한 처리를 통해 교호작용(=dage1×page1)은 흥미로운 해석을 유도할 수 있다. 예를 들어 dage1×page1이 양의 값을 가지기 위해서는 두 변수가 같은 부호를 가져야 한다. 즉, 환자와 기부자가 모두 28보다 작거나 28보다 큰 값일 때 이들의 교호작용에 해당하는 공변량은 양수값을 가지게 되는 것이다. 따라서 해당 회귀계수는 환자와 기부자의 나이 차가 비슷할 때 효과를 분석할 수 있다.

분석을 위해 사용되는 반응변수는 (tp,dp)로 tp는 혈소판 회복 시간을, dp는 혈소판이 회복된 환자만이 1의 값을 가지게 된다.

```
> bmt$dage1=bmt$z2-28
> bmt$page1=bmt$z1-28
> fit1<-coxph(Surv(tp,dp)~dage1+page1+dage1*page1+MTX, data=bmt)
> summary(fit1)

  n= 137, number of events= 120

                  coef      exp(coef)    se(coef)       z      Pr(>|z|)
dage1        -0.0271533   0.9732120   0.0147898   -1.836   0.06637.
page1         0.0377642   1.0384863   0.0163310    2.312   0.02075*
MTX          -1.0771356   0.3405697   0.2234948   -4.820   1.44e-06***
dage1:page1  -0.0028324   0.9971716   0.0009783   -2.895   0.00379**
```

분석 결과 환자의 나이가 평균보다 많을수록, MTX 사용 경험이 없을수록, 그리고 기부자와 환자의 나이 차가 클수록 정상 수준으로 혈소판이 회복될 가능성이 높다. 이제 사건 발생(재발 또는 사망: 상태 2)에 대한 공변량의 효과를 다상태 모형을 통해 검정하고자 한다.

2) $\alpha_{02}(t)$, $\alpha_{12}(t)$의 추정

혈소판 회복의 사건 경험 여부에 따라, 혈소판 회복 없이 재발이나 사망할 위험률은 $\alpha_{02}(t)$이며, 혈소판 회복 후 재발이나 사망 위험률은 $\alpha_{12}(t)$가 된다.

```
> table(bmt$d3,bmt$dp)        # d3: 재발이나 사망(=1) dp: 혈소판 회복(=1)

     0   1                    # 혈소판 회복
  0  1  53
  1 16  67                    # 혈소판 회복 발생여부에 따른 재발이나 사망 사건

> bmt$event2<-ifelse(bmt$dp==0&bmt$d3==1,1,0)+2*ifelse(bmt$dp==1&bmt$d3==1,1,0)
> table(bmt$event2)
  0  1  2
 54 16 67
```

위 결과를 보면 혈소판 회복 없이 재발 또는 사망 사건을 경험한 환자는 16명이며, 67명의 환자는 혈소판 회복 후 재발이나 사망을 경험한다. 위 두 함수 $\alpha_{02}(t)$와

$\alpha_{12}(t)$에 대한 공변량 효과를 추정하기 위해 두 가지 방법이 적용될 수 있다.

[방법 1] 비례위험모형가정을 사용한다. $\alpha_{02}(t)$(혈소판 회복 없이 재발이나 사망함)에 대한 비례위험모형을 적용하기 전에 혈소판이 회복된 환자들에 대해서는 회복 시간에 중도 절단된 것으로 간주되어야 한다. 따라서 새로운 반응변수 t02가 만들어진다. 즉, 혈소판이 회복되거나 또한 아무런 사건(재발 또는 사망)을 경험하지 못한 환자를 중도절단한 것으로 간주한다.

```
> bmt$t02<-ifelse(bmt$t2>bmt$tp&bmt$dp==1,bmt$tp,bmt$t2)
> bmt$cen02<-ifelse(bmt$t2>bmt$tp&bmt$dp==1,0,bmt$d3)
> table(bmt$cen02)

  0    1
121   16   # 1은 혈소판 회복 없이 재발 또는 사망한 환자 수는 16명

> fit2<-coxph(Surv(t02,cen02)~as.factor(group)+dage1+page1+dage1*page1,data=bmt)
> summary(fit2)

  n= 137, number of events= 16

                       coef   exp(coef)   se(coef)        z     Pr(>|z|)
as.factor(group)2   0.914782   2.496231   0.833817    1.097    0.27260
as.factor(group)3  -0.122590   0.884626   0.768311   -0.160    0.87323
dage1               0.138033   1.148014   0.047373    2.914    0.00357**
page1              -0.149497   0.861141   0.060641   -2.465    0.01369*
dage1:page1         0.004164   1.004172   0.002053    2.028    0.04255*
```

위 분석에서는 환자와 기부자의 나이뿐만 아니라 백혈병의 종류(ALL(1), AML low risk(2), AML high risk(3))가 고려된다. 위 결과에 의하면 교호작용의 유의성을 통해 기부자와 환자의 나이가 평균보다 모두 크거나 작은 경우 혈소판 회복 없이 재발 또는 사망을 경험할 확률이 높았다. 하지만 백혈병 종류 간에는 차이가 없었다. 하지만 여기서 주의할 사항은 사건 수가 16명밖에 되지 않으므로 전체 관측 수의 약 10%에 해당한다는 것이다.

이제 혈소판 회복 후 재발 또는 사망할 확률 $\alpha_{12}(t)$을 구해 보자. 다시 위와 비슷한

방법으로 반응변수와 중도절단 여부가 다시 정의된다. 즉, 혈소판 회복 후 사건을 가진 사람들이 cen12=1의 중도절단값을 가지며, 혈소판 회복만 하거나 회복 없이 죽은 사람은 cen12=0의 값을 가지게 된다.

```
> bmt$t12<-ifelse(bmt$t2==bmt$tp&bmt$dp==1,bmt$tp,bmt$t2)
> bmt$cen12<-ifelse(bmt$event2==1,0,d3)
> table(bmt$cen12)
> table(bmt$cen12)

 0  1
70 67

> fit2<-coxph(Surv(t12,cen12)~as.factor(group)+dage1+page1+dage1*page1,data=bmt)
> summary(fit2)

  n= 137, number of events= 67
                       coef    exp(coef)    se(coef)       z       Pr(>|z|)
as.factor(group)2  -0.95637    0.38429      0.33738    -2.835     0.00459**
as.factor(group)3   0.02651    1.02687      0.32720     0.081     0.93542
dage1              -0.02320    0.97707      0.01928    -1.203     0.22895
page1               0.02338    1.02365      0.01964     1.190     0.23390
dage1:page1         0.00259    1.00259      0.00110     2.354     0.01856*
```

분석 결과 교호작용과 AML(low) 환자 그룹이 유의한 변수임을 알 수 있다. 즉, AML(low) 그룹은 다른 그룹보다 혈소판 회복 후 재발 위험이 낮았다.

[방법 2] 좌절삭자료(left truncation) 형태를 고려하는 것이다. 따라서 α_{02}, α_{12}는 서로 다른 기저 위험함수를 사용하게 된다. 특히 $\alpha_{02}(t)$ 추정 시 혈소판 회복 환자들은 중도절단되었다고 간주하며, $\alpha_{12}(t)$ 추정을 위해 혈소판이 회복된 환자의 자료만이 사용된다. 즉, 다른 환자들은 절삭자료로 간주되며 입력 자료 형태는 surv(t1, t2, cen)이었다. 더 자세한 설명은 Klein and Moeschberger (1991)를 참고하라.

8.2 경쟁위험모형

경쟁위험모형은 다상태 모형의 특별한 유형으로 여러 개의 흡수 상태(absorbing state)를 가진다. 경쟁위험모형의 가장 큰 특징은 한 사건의 발생은 다른 사건의 발생을 중도절단시킨다는 것이다. 예를 들어, 주 관심이 암의 재발일 때 사망 사건은 암 재발에 대해서는 중도절단 사건이 된다. 그러나 사망사건을 중도절단으로 간주하여 일반적인 분석방법을 적용하는 것은 바람직하지 못하다. 왜냐하면 이는 중도절단의 독립성을 위배하기 때문이다.

특별한 예로, $K=2$일 때 한 사건이 다른 사건으로의 전이를 허용하지만 그 역은 성립하지 않는 경쟁위험모형이 있는데 이를 준경쟁위험(semi competing risk)모형이라 한다. 8.1에서 논의된 질병 사망모형(illness–death model)은 준경쟁위험모형의 예이다(Fine et al., 2001).

K개의 원인에 의해 사망이 발생할 때 각 환자는 그중 한 가지 원인에 의해 사망하게 된다. 물론 그 환자는 여전히 나머지 $K-1$개의 원인으로도 사망할 위험을 가지고 있다. 하지만 실제 관측 가능한 자료는 사망시점과 사망원인으로 구성되기 때문에 일단 한 가지 원인에 의해 사망이 발생하면 다른 원인에 의한 사망 시점은 관측될 수 없으며, 따라서 그들의 시점은 중도절단되었다고 한다.

8.2.1 누적발생함수 추정

T_j가 j번째 원인에 의한 사건 발생 시간일 때, K개의 서로 다른 종류의 사건 발생 시간으로부터 다음을 정의할 수 있다.

$$T=\min\{T_j \quad : j=1,2,...K\} \qquad \epsilon=\arg\min_j\{T_j : j=1,...K\}$$

즉, T는 K개의 원인 중에 가장 먼저 일어난 사건의 발생 시점을 의미하며 ϵ는 이 사건의 원인이 어떤 종류인지를 보여 준다. 원인별 위험함수(cause-specific hazard function)를 정의한다.

$$\alpha_j(t) = \lim_{h \to 0} \frac{P(t < T < t+h, \epsilon = j | T \ge t)}{h}, \quad j = 1, \ldots, K \tag{8.4}$$

는 위험 그룹에서 t 시점에 원인 j에 의한 사망할 위험률이며 따라서

$$\alpha(t) = \sum_{j=1}^{K} \alpha_j(t)$$

는 t 시점에서 어떤 원인에 의해서든지 사망 발생률을 의미한다. j번째 원인별 누적발생함수(cause-specific cumulative incidence function: CIF)는 다음과 같다.

$$\begin{aligned} F_j(t) = P(T \le t, \epsilon = j) &= \int_0^t \alpha_j(s) S(s-) ds \\ &= \int_0^t \alpha_j(s) \exp\left\{ -\int_0^s \sum_{j=1}^{K} \alpha_j(w) dw \right\} du, \end{aligned} \tag{8.5}$$

누적발생함수란 모든 실패 원인이 가능할 때 t 시점까지 원인 j에 의해 사망할 확률을 의미한다. 여기서 $\lim_{t \to \infty} F_j(t) = P(\epsilon = j) = F_j$이며, 중도절단이 없을 경우 $\sum_{j=1}^{K} F_j = 1$이 된다. 따라서 $F_j(t)$를 부분포(subdistribution)라고 한다. 여기서 $S(t) = P(T > t)$는 생존함수를 의미하며, 경쟁위험모형에서

$$S(t) = \exp\left\{ -\int_0^t \sum_{j=1}^{K} \alpha_j(t) dt \right\} \tag{8.6}$$

로 정의된다. 여기서 주목할 점은 식 (8.5)에서 정의된 j번째 누적발생함수 $F_j(t)$는 생존함수 식 (8.6)을 통해 다른 원인별 위험함수와 서로 연관되어 있다는 것이다. 또한 다음의 관계를 통해 j번째 CIF는 j번째 원인별 위험함수와 1:1의 관계가 유효하지 않

다는 것이다.

$$1-F_j(t) \neq \exp\left(-\int_0^t \alpha_j(s)ds\right)$$

따라서 j번째 누적발생함수 $F_j(t)$의 추정량은

$$\widehat{F}_j(t) = \sum_{m:t_m \le t} \hat{\lambda}_j(t_m)\hat{S}(t_m) \tag{8.7}$$

이며 여기서

$$\hat{\lambda}_j(t_m) = \frac{d_{jm}}{n_m}, \quad \hat{S}(t_{m-1}) = \prod_{i=1}^{m-1}\left(1-\frac{d_i}{n_i}\right)$$

가 된다. t_m이 모든 원인에 의한 사망 시점을 크기 순서로 나열했을 때의 m번째 사망 시간인 경우 필요한 통계량은 다음과 같다.

d_{jm}: t_m 시점에 원인 j에 의한 사망 수

$d_m = \sum_{j=1}^{K} d_{jm}$: t_m 시점에서의 모든 원인의 사망 수

n_m : t_m 시점에서 위험 그룹에 속해 있는 개체 수

만약 j번째 원인에 의한 실패만을 사건으로 간주하고 나머지 다른 원인에 의한 실패들을 중도절단으로 간주한 후 추정된 Kaplan–Meier 추정량을 $\widehat{S}_j$라 할 때, $\widehat{S}_j$와 $\widehat{F}_j$는

$$1-\widehat{S}_j(t) \ge \widehat{F}_j(t) \tag{8.8}$$

의 관계가 성립한다. 여기서 일반적 생존자료(우중도절단자료)의 $\widehat{S} = 1-\widehat{F}$와 다름을 알 수 있다. 따라서 $1-\widehat{S}_j(t)$는 j번째 사건의 누적 발생함수를 과대 추정함을 알 수 있다. 그 결과 모든 원인의 누적발생함수를 더할 경우, $\sum_{j=1}^{K}(1-\widehat{S}_j(t)) > 1$가 되기도 한다.

다음은 경쟁위험모형을 적용한 예로 피부암 발생자료를 분석한다.

예제 8.2 피부암 자료(melanoma II)

피부암(melanoma) 환자 205명을 대상으로 그들의 사망원인이 조사되었다. 피부암과 관련되어 사망한 환자는 57명이며 다른 원인에 의한 사망자 수는 14명, 그리고 나머지 134명은 중도절단되었다. 다음은 timereg 패키지가 포함된 melanoma 환자 자료에 대한 요약치를 구하기 위한 과정이다.

```
> library(timereg)
> data(melanoma)
> head(melanoma)
    no  status  days  ulc  thick  sex
1  789       3    10    1    676    1
2   13       3    30    0     65    1
3   97       2    35    0    134    1
4   16       3    99    0    290    0
5   21       1   185    1   1208    1
6  469       1   204    1    484    1
```

melanoma 자료는 환자의 아이디(no), 사망원인(status, 1: 피부암 관련 사망, 2: 중도절단, 3: 다른 원인에 의한 사망), 생존시간(days), 궤양 여부(ulc, 1: 있음, 0:없음), 종양 두께(thick), 성별(sex, 1: 남자, 0: 여자) 변수를 포함한다. table 명령문을 이용하여 사건 유형별 발생 건수는 다음과 같다.

```
> table(melanoma$status)
  1   2   3          # 1은 피부암 관련 사망, 2는 중도절단, 3은 다른 원인에 의한 사망
 57 134  14
```

cmprsk 패키지를 이용하여 원인별 누적발생함수를 추정할 수 있다.

```
> library(cmprsk)
status1<-NULL
> status1[melanoma$status==2]=0
> status1[melanoma$status==3]=2
> status1[melanoma$status==1]=1

 fit<-cuminc(melanoma$days/365, status1) # status1별로 CIF를 계산
Estimates and Variances:
$est
              5          10        15          <- 각 시점(5,10,15시점)
1  1  0.22353960 0.3387175 0.3387175          <-"피부암 관련 사망 사건"의 누적발생함수
1  2  0.04419779  0.1059471  0.1059471  <-"다른 원인에 의한 사망 사건"의 누적발생함수

$var
               5             10             15
1  1  0.0008713044  0.001690760  0.001690760
1  2  0.0002086252  0.001040155  0.001040155
```

경쟁위험을 무시하고 구한 Nelson-Aalen 추정량과 누적발생함수(cumulative incidence function)를 비교해 보자. 원인이 피부암인 사망에 대한 Nelson-Aalen 추정량은 다음과 같이 추정하였다.

```
 melanoma$status2[melanoma$status==3]=0              (Status=1)
 melanoma$status2[melanoma$status==2]=0
 melanoma$status2[melanoma$status==1]=1
 fitt <-basehaz(coxph(Surv(melanoma$days/365, melanoma$status2)~1))

        hazard          time
1    0.000000000  0.02739726
2    0.000000000  0.08219178
3    0.000000000  0.09589041
4    0.000000000  0.27123288
5    0.004975124  0.50684932
6    0.009975124  0.55890411
7    0.015000250  0.57534247
8    0.020050755  0.63561644
9    0.025152796  0.76438356
10   0.030281001  0.80821918
11   0.030281001  0.97260274
12   0.035462348  1.05753425
13   0.040670681  1.16712329
```

```
14  0.045906284   1.28493151
15  0.045906284   1.35068493
16  0.051197289   1.44931507

plot(fit$"1 1"$time,fit$"1 1"$est, ylim=c(0,0.5), xlim=c(0,8), xlab="Time(years)", ylab="Probability",
type="s")
lines(fitt$time, 1- exp(-fitt$hazard), type="s", lty=4)
legend(0.5,0.5, legend=c("CIF","Nelson-Aalen"), lty=c(1,4))
```

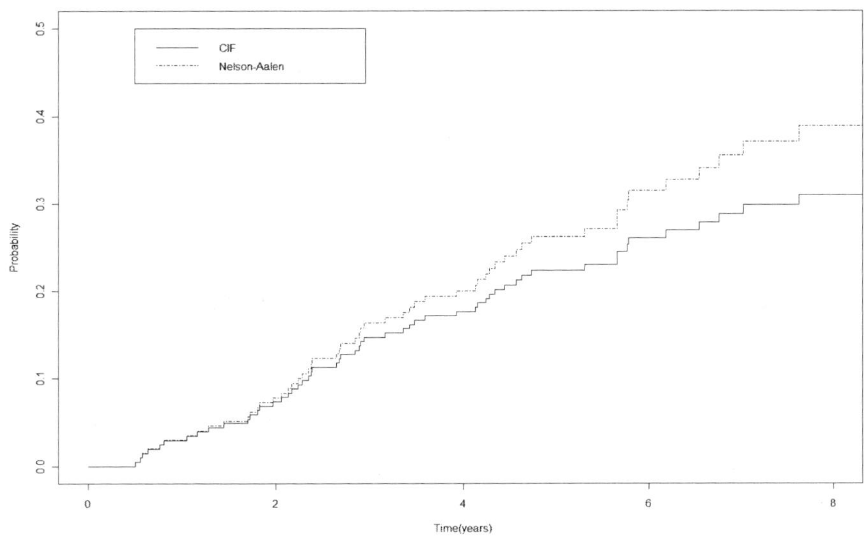

그림 8.4 누적발생확률(CIF)과 Nelson-Aalen 추정량

〈그림 8.4〉를 통해 CIF는 Nelson-Aalen 추정량보다 더 작은 추정량을 보여 준다. 그 이유는 (8.6)과 (8.7)로부터 CIF 추정 시 생존함수의 추정량이 반영되기 때문이다. 〈그림 8.5〉는 피부암 관련 사망의 누적발생확률의 신뢰구간을 포함한 그래프를 작성한 것이다.

```
fit$"1 1"$up<-fit$"1 1"$est + 1.96*sqrt(fit$"1 1"$var)
fit$"1 1"$low<-fit$"1 1"$est - 1.96*sqrt(fit$"1 1"$var)

plot(fit$"1 1"$time,fit$"1 1"$est, ylim=c(0,0.4), xlim=c(0,8), xlab="Time(years)", ylab="Probability", type="s")
lines(fit$"1 1"$time, fit$"1 1"$up, type="s" ,lty=2)
lines(fit$"1 1"$time, fit$"1 1"$low, type="s" ,lty=2)
```

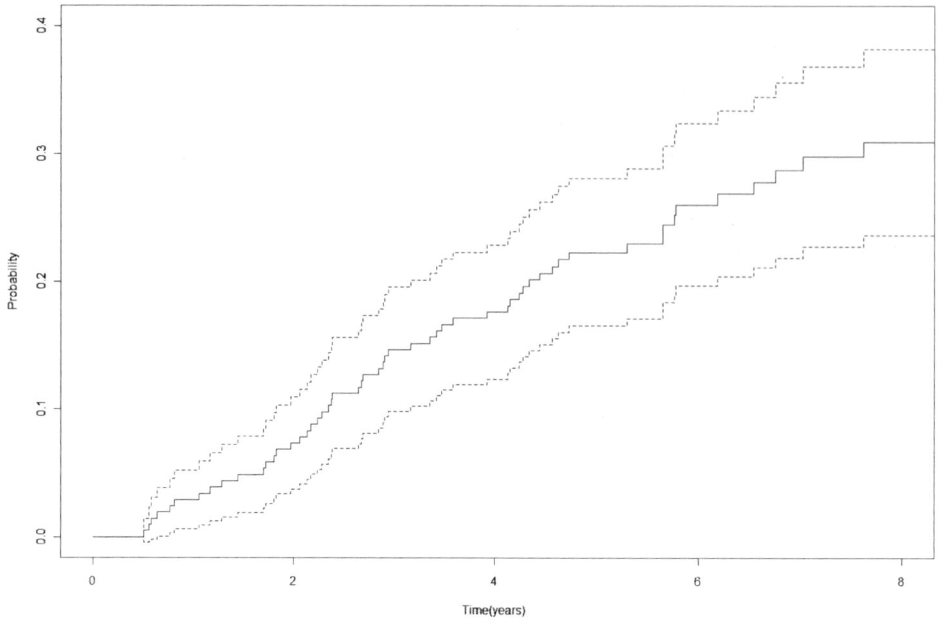

그림 8.5 피부암에 의한 사망의 누적사건 발생함수

위 그래프를 보면 수술 후 5.29년 이내에 피부암으로 사망할 확률은 22%, 수술 후 0.76년(약 9개월) 이내에 피부암으로 사망할 확률은 1.9%이다.

```
> fit$"1 1"$time[92]
[1] 5.29589
> fit$"1 1"$est[92]
[1] 0.2235396

> fit$"1 1"$time[10]
[1] 0.7643836
> fit$"1 1"$est[10]
[1] 0.01960879
```

예제 8.3

1,186명의 임산부를 대상으로 항응고제인 Coumarin derivative가 자연유산에 미치는 영향력을 조사하고자 한다. 이 연구는 후향 연구로 173명이 처리 그룹(group=1)에 속하며 1,013명은 대조 그룹(group=0)에 속하게 된다. 여기서 관심 있는 주요 사건은 자연유산이며 경쟁사건은 출산과 인공유산이다. 위 자료는 etm 패키지에 포함된 자료이다. 사건별 발생 건수는 각각 58명(1:인공유산), 1,016명(2:출산), 112명(3:자연유산)이다.

```
> library(etm)
> data(abortion)
> head(abortion)
    id  entry  exit  group  cause
1    1      6    37      0      2
2    2      9    40      0      2
3    3     29    40      0      2
4    4     32    41      0      2
5    5     11    39      0      2
6    6     10    39      0      2
> table(cause)
cause
   1    2    3     # 1은 인공유산, 2는 출산, 3은 자연유산
  58 1016  112
```

사건별 항응고제의 효과를 조사하기 위해 다음의 "etm CIF" 함수를 적용한다. etmCIF 함수는 각 그룹의 원인별 CIF 함수를 추정한다. failcode는 주 관심 사건을 명시하며(자연유산, cause=3), (start, stop] 포맷으로 (entry, exit] 변수가 사용되고 모든 원인의 CIF가 유도된다(cause!=0).

```
cif.ab<-etmCIF(Surv(entry, exit, cause!=0)~group, data=abortion, etype=cause, failcode=3)
                         # 주 관심 사건은 cause=3
Covariate:  group
        levels:  0 1

group= 0                          # 대조 그룹
        time        P           se(P)          n.event
CIF 1   43     0.04015931   0.009257784       20
CIF 2   43     0.79905931   0.022186468      924
CIF 3   43     0.16078139   0.021326113       69

group = 1                         # 처리 그룹
        time        P           se(P)          n.event
CIF 1   42     0.2851118    0.04249308         8
CIF 2   42     0.3525651    0.04213898        92
CIF 3   42     0.3623231    0.04947340        43
```

위 결과는 전체 추정 결과 중에 마지막 관측 시점에서 추정된 누적발생함수의 추정량을 보여 준다. group=0에서는 출산 사건(=2)에 비해 자연유산(=3)의 발생비율이 훨씬 낮은 반면에, group=1(항응고제 사용그룹)에서는 세 가지 사건의 CIF를 비교해 보았을 때 출산(=2)과 자연유산(=3)의 발생 확률에 큰 차이가 없음을 알 수 있다. 또한 자연유산 사건에 대해 두 그룹을 비교하였을 때 항응고제 사용 그룹의 자연유산 누적률이 높음을 보여 준다.

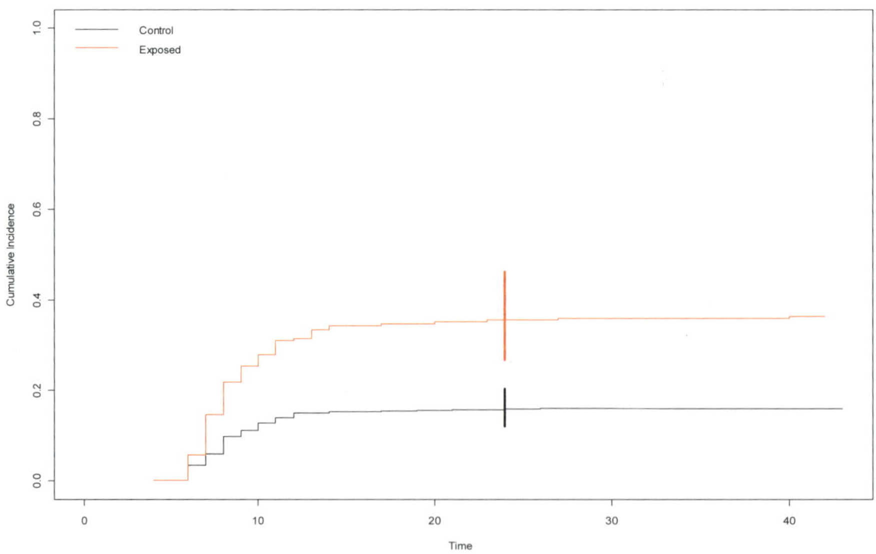

그림 8.6 두 처리 그룹의 유산 사건의 누적발생함수

```
> plot(cif.ab, ci.type="bars", pos.ci=24, col=c(1,2), lty=1, curvlab=c("Control", "Exposed"))
```

〈그림 8.6〉은 두 처리 그룹의 자연 유산사건(failcode=3)의 CIF를 보여 준다. t=24 주에서 각 그룹의 CIF의 신뢰수준 범위를 표시한다.

경쟁위험모형에서 공변량의 효과를 추정하기 위해서 적용될 수 있는 두 가지 방법이 논의된다. 먼저 원인별 위험함수를 설명한 후 그 한계점을 보완하기 위해 사용할 수 있는 subdistribution을 이용한 회귀모형을 설명한다.

8.2.2 원인별 위험함수(Cause specific hazard model: CSH)

원인별 위험함수(cause-specific hazard function)를 설명하기 위해 다음의 비례위험모형을 가정한다.

$$\alpha_j(t;x_i) = \alpha_{j0}(t)\exp(\beta_j' x_i), \qquad j = 1,\cdots,K \tag{8.9}$$

여기서 j번째 원인별 위험함수는 실패 원인에 따라 정의되며 다음 부분우도함수를 통해 $(\beta_1',\cdots,\beta_K')$를 추정할 수 있다.

$$L^p(\beta_1,\cdots,\beta_K) = \prod_{j=1}^{K}\prod_{i=1}^{d_{ij}}\left(\frac{\exp(\beta_j' x_i)}{\sum_{l\in R_i}\exp(\beta_j' x_l)}\right)$$

각 원인별 회귀계수 β_j를 추정하기 위해 5장에서 사용한 coxph 함수를 이용할 수 있다.

예제 8.4

다시 피부암 자료를 분석하자. 여기서 세 가지 공변량(ulcer, thick, sex)이 고려되었다.

```
> melanoma$event2<-ifelse(melanoma$status==1,1,0) # 첫 번째 피부암에 의한 사건에 대해 고려함
> table(melanoma$event2)
  0    1
148   57              # 57건이 발생하였으며 나머지 사건은 중도절단으로 간주됨

> coxph(Surv(days,event2)~(ulc+thick+sex), data=melanoma))
            coef      exp(coef)   se(coef)       z       p
ulc         1.16681     3.21      0.311461      3.75    0.00018
thick       0.00113     1.00      0.000379      2.99    0.00280
sex         0.45949     1.58      0.266758      1.72    0.08500
Likelihood ratio test=39.4  on 3 df, p=1.44e-08  n= 205, number of events= 57
```

status=0, 2를 중도절단으로 간주하였다. sex 변수는 유의하지 않고 궤양(ulcer)과 종양 두께가 유의하였다. 예를 들어 궤양이 있는 환자는 피부암으로 사망할 위험률이 $e^{1.166}=3.209$배 증가하게 된다.

```
> melanoma$event22<-ifelse(melanoma$status==3,1,0)
> coxph(Surv(days,event22)~ulc+thick+sex, data=melanoma)

            coef      exp(coef)    se(coef)       z       p
ulc         0.189846    1.21      0.588614      0.323   0.75
thick       0.000904    1.00      0.000844      1.071   0.28
sex         0.521108    1.68      0.543930      0.958   0.34
Likelihood ratio test=2.91  on 3 df, p=0.405  n= 205, number of events= 14
```

다른 원인에 의한 사망에는 세 변수 모두 유의한 영향을 주지 못하였다.

8.2.3 누적발생함수에 대한 회귀분석

누적발생함수(CIF)에 대한 공변량의 효과와 원인별 위험함수(CSH)에 대한 공변량의 효과는 서로 다르다. 식 (8.6)을 통해 $F_j(t)$는 j번째 원인의 위험함수 α_j뿐만 아니라 다른 원인들($k \neq j$)의 위험함수들의 결합 형태이므로 그들의 영향을 받는다는 사실을 알 수 있다.

예를 들어, 두 그룹 '가'와 '나' 그룹 중, 그룹 '가'는 새로운 치료법을 받았다고 하자. 여기서 새로운 치료법은 사건 A의 발생 확률을 50% 감소시킨다고 알려져 있다. 그리고 그룹 '나'는 사건 B를 경험할 가능성이 높다고 하자. 연구 결과, 그룹 '가'는 새로운 치료법 덕분에 A가 발생할 확률이 낮아지지만, 경쟁 사건 B의 발생 확률이 높아지게 된다. 그룹 '나'는 사건 B를 빨리 경험하는 바람에 사건 A를 경험할 가능성이 줄어들게 된다. 여기서 사건 B의 발생은 새로운 치료법에 의해 어떤 영향을 받지 않는다고 하자. 그럼에도 불구하고 사건 B의 누적발생 확률은 두 그룹에서 모두 증가하게 된다.

Fine and Gray(1999)는 subdistribution에 근거한 회귀모형을 통해 누적발생함수를 추정하고자 하였다. 여기서 subdistribution이란 $\lim_{t \to \infty} F_j(t) = \Pr(\epsilon = j)$로부터 유래한 것으로, K개의 원인별 분포함수라는 의미를 가지게 된다. 관련 위험률은 다음과 같이 정의된다.

$$
\begin{aligned}
\lambda_j(t;x) &= \lim_{h \to 0} \frac{1}{h} \Pr\{t \leq T < t+h | T \geq t \cup (T \leq t \cap \epsilon, j), x\} \\
&= \frac{dF_j(t,x)/dt}{1 - F_j(t,x)} = -\frac{d\log(1 - F_j(t,;x))}{dt}
\end{aligned}
$$

CSH 원인별 위험함수 (8.8)의 가장 큰 차이점은 위험함수의 정의에 있다. subdistribution 위험함수에서는 다른 유형으로 이미 사망한 사람(혹은 경쟁 사건을 경험한 사람)이 계속 위험 그룹에 남게 된다. 하지만 그들을 끝까지 위험 그룹에 머무르게 하지 않고 여러 가지 방법을 통해 그들의 위험 그룹 참여 여부를 조절할 수 있다. 여기서 경쟁 사건을 경험한 사람들의 잠재적 관심 사건 발생 시간을 구하는 대신에 그들의 우중도절단 시점에 대한 정의를 사용하고자 하였다. 이를 censoring complete data라 한다. 이를 위해 다음의 세 가지 방법들이 고려될 수 있다. (1) administrative censoring time

을 이용, (2) IPCW(Inverse Probability Censoring Weighting) 방법, (3) Multiple imputation(다중 대체) 방법이 적용될 수 있다.

1) administrative censoring time으로 잠재적 중도절단자료를 대체하는 방법

아래의 R 프로그램은 첫 번째 유형의 competing risk에 대해 administrative censoring을 가정한 방법을 적용한 것이다. 가장 큰 관측 시간은 일반적으로 administrative censoring time으로 사용된다. 즉, 관심 있는 사건을 제외한 다른 종류의 사건을 경험한 사람은 중도절단으로 간주하되, 그의 중도절단 시점은 administrative censoring time으로 대체하는 것이다.

```
> max(melanoma$days)
[1] 5565
> adm<-max(melanoma$days)
> melanoma$time2<-I(melanoma$status!=1)*(adm+1)
+I(melanoma$status==1)*melanoma$days
> melanoma$cen2<-ifelse(melanoma$status==1,1,0)
> coxph(Surv(time2,cen2)~ulc+thick+sex, data=melanoma)

          coef     exp(coef)   se(coef)     z       p
ulc       1.154462   3.17      0.314245    3.67   0.00024
thick     0.000985   1.00      0.000379    2.60   0.00940
sex       0.386084   1.47      0.268379    1.44   0.15000
Likelihood ratio test= 36.1  on 3 df, p=7.02e-08  n= 205, number of events= 57
```

예제 8.4의 원인별 위험함수의 추정결과와 비교했을 때, 가장 눈에 띄는 차이점은 sex 변수의 유의성에 관한 것이다. CSH에서는 p-value=0.085인 데 반해, 여기서는 p-value=0.15로 유의수준 10%하에서 두 방법이 다른 결론을 가질 수 있다.

2) IPCW 기법

경쟁 사건을 경험한 사람들에 대해 위험 그룹에서의 영향력을 점점 축소하기 위해 우중도절단시간 가능대에 따라 다른 가중치를 부여한다. 즉, IPCW 기법을 활용하여 위험 그룹(risk set)은 다음과 같이 정의된다.

$$Y_i(t) = I(T_i \geq t) + I(T_i < t, \delta \neq 1)\hat{G}(t-)/\hat{G}(T_i)$$

여기서 $\hat{G}$는 우중도절단시간(right censored time)의 추정된 생존함수이다. 이를 이용하여 비례위험모형 가정하에서 pseudo 편우도함수는 다음과 같다.

$$L(\beta) = \prod_{i=1}^{n}\left(\frac{\exp(x_i\beta)}{\sum_j Y_j(T_i)\exp(x_j\beta)}\right)^{I(\delta_i = 1)}$$

이 방법에 대한 좀 더 자세한 설명은 Fine and Gray(1999)를 참고하길 바란다.

```
> melanoma$event22<-1*ifelse(melanoma$status==1,1,0)
+2*ifelse(melanoma$status==3,1,0)
> cov<-cbind(melanoma$ulc,melanoma$thick,melanoma$sex)    # 공변량 행렬을 지정
> crr(melanoma$days, melanoma$event22,cov,cencode=0,failcode=1)
convergence:  TRUE
coefficients:
   cov1        cov2          cov3    # Ulcer, thick, sex
1.1360000  0.0009428  0.4187000
standard errors:
[1] 0.3041000 0.0003809 0.2743000
two-sided p-values:
  cov1     cov2     cov3
0.00019  0.01300  0.13000
```

R에서는 cmprsk 패키지의 crr 명령문이 사용된다.

궤양이 있거나 종양의 두께가 두꺼울수록 피부암으로 사망할 확률이 높다. 세 번째 변수인 성별은 피부암 사망에 유의한 변수가 아니었다.

3) 다중 대체 방법

다중 대체 방법은 Ruan과 Gray(2008)가 제안한 방법으로, 경쟁 사건의 우중도절단 시간을 결측 자료(missing data)로 간주한 후 다중 대체 방법을 통해 이 자료를 복구한다. 여기서 M개의 완전 자료에 대해 일반적인 자료분석 방법을 적용함으로써 M개의 결과값이 나오며, 이것의 평균을 추론에 사용한다. R 프로그램에서는 최근에 개발된

kmi package를 사용할 수 있다.

```
> melanoma$censor<-ifelse(melanoma$event22==0,0,1)  # 우중도절단 지시함수

>imp.dat<-kmi(Surv(rep(0,205),days,censor)~1,data=melanoma,etype=status,
id=no,failcode=1, nimp=5)  # imputation dataset(반복치는 M=5)
> fit.kmi <- cox.kmi(Surv(rep(0,205), days, event22==1) ~ulc+thick+sex, imp.dat)
> summary(fit.kmi)
Call:
cox.kmi(formula = Surv(rep(0, 205), days, event22 == 1) ~ ulc +
    thick + sex, imp.data = imp.dat)
*****************
Pooled estimates:
*****************
            coef      exp(coef)    se(coef)      t       Pr(>|t|)
ulc      1.1561494    3.1776736    0.3188356   3.626    0.00029***
thick    0.0011151    1.0011157    0.0003853   2.894    0.00381**
sex      0.2359027    1.2660511    0.2850800   0.827    0.40835
---
Signif. codes:  0  '***'  0.001  '**'  0.01  '*'  0.05  '.'  0.1  ' '  1

       exp(coef)  exp(-coef)  lower .95   upper .95
ulc      3.178     0.3147      1.7009      5.937
thick    1.001     0.9989      1.0004      1.002
sex      1.266     0.7899      0.7231      2.217
```

변수의 유의성 여부는 앞의 두 방법과 마찬가지로 ulcer와 thick는 유의한 영향을 주는 반면에 피부암 사망에 대해 성별 간에는 차이가 없었다.

CHAPTER

09

머신러닝 기법을 이용한 생존분석

기계 학습 기법의 확장으로 기존에 다루기 어려웠던 고차원 자료 분석 방법의 범위가 넓어졌다. 생존분석에서도 사건의 발생 시점을 예측하기 위해 다양한 머신러닝 기법과 딥러닝 기법들이 제안됐다. 9.2절에서는 고차원 공변량에 대한 패널티에 기반한 축소 방법(shrinkage method)인 lasso, ridge, elastic net의 성질과 적용 예를 공부한다. 9.3절에서는 특정 모형을 기반하지 않는 트리 기법을 적용하여 예측 모형을 유도할 수 있다. 이들 모형의 예측력과 오차를 평가하기 위해 Brier score, 시간 가변 ROC 곡선(AUC)과 시간 가변 C-index를 9.1절에서 먼저 논의한다.

9.1 예측 모형의 평가

통계 분석의 주요 목적은 관측 자료에 적합한 모형을 유도한 후 이를 이용하여 예측하고자 함이다. 이러한 작업을 하기 전에 고려하고 있는 추정 모형의 예측력에 대한 평가가 필요하다. 이번 절에서는 생존분석 모형에서 자주 사용하는 세 가지 통계량을 소개한다. 생존분석의 반응 변수인 사건 발생 시간은 추적을 통해 관측되기 때문에 이러한 시간 가변성이 통계량에 반영된다.

9.1.1 시간 가변 ROC 곡선과 AUC(t)

0.4절에서 다룬 이항 반응변수 $D=\{0,1\}$에 대한 로지스틱 모형의 분류 능력을 판단하기 위해 ROC 곡선과 그 곡선 아래 면적(AUC)이 사용되었다. 모형을 통해 구한 위험 점수 또는 마커(Marker)를 M으로 표시한다. 예를 들어, 추정된 모형으로부터 구한 회귀 계수값을 이용하여 $M_i = X_i'\hat{\beta}$ 가 사용될 수 있다. 임계치 c를 이용하여 다음의 민감도(sensitivity; 참 양성)와 특이도(specificity:참 음성)를 통해 구할 수 있다.

$$se(c) = \Pr(M > c | D = 1),\ sp(c) = \Pr(M \le c | D = 0)$$

여기서 임계치 c는 M이 취할 수 있는 범위로부터 선택된다. c 값을 바꿔가며 계산된 민감도와 특이도를 이용하여 구한 ROC 곡선 아래 면적을 AUC(area under curve)라 하며 그 값이 클수록 모형의 분류 능력(discriminative ability)이 우수함을 의미한다. AUC에 대한 공식은

$$\text{AUC} = P(M_i > M_j | D_i = 1, D_j = 0)$$

로 표현될 수 있으며 랜덤하게 선택된 두 사람 중, 환자 $D_i = 1$와 건강인 $D_j = 0$에 대해 환자의 위험점수값이 건강인의 값보다 클 확률을 의미한다. 따라서 AUC 값이 1에 가까울수록 위험점수에 적용되었던 모형이 환자와 건강인을 잘 분류한다고 할 수 있다.

이제 이 개념을 생존분석 자료에 적용해 보자. 특정 기간을 통해 사건 발생 여부가 관측되므로 민감도와 특이도는 시간의 함수로 정의되어야 한다. Heagerty and Zheng (2005)은 이러한 시간 가변 ROC 곡선을 다음과 같이 세 가지 유형으로 정의하였다.

I) 누적 민감도(cumulative sensitivity), 다이내믹 특이도(dynamic specificity)

$$Se^C(c,t) = P(M > c | T \le t) \qquad Sp^D(c,t) = P(M \le c | T > t)$$

II) 발생 민감도(incident sensitivity), 다이내믹 특이도(dynamic specificity)

$$Se^I(c,t) = P(M > c | T = t) \qquad Sp^D(c,t) = P(M \le c | T > t)$$

III) 발생 민감도(incident sensitivity), 고정 특이도(static specificity)

$$Se^I(c,t) = P(M > c | T = t) \qquad Sp^S(c,t) = P(M \le c | T > t^*)$$

가장 널리 사용되는 누적 민감도와 다이내믹 특이도 $(Se^C(c,t), Sp^D(c,t))$를 통해 유도되는 $AUC^{C/D}(t)$는 t 시점을 기준으로 이전까지 사건을 경험할 가능성과 이후에 사건을 경험할 가능성을 분류하는 능력을 평가하기 위해 적용된다. t 시점까지 사건을 경험한 사례군(case)은 사건을 경험하지 못한 대조군(control)보다 더 높은 마커 값을 가질 것이라 기대된다. 누적 민감도 추정량은 중도절단율이 증가할수록 편이된 추정

량을 가져올 수 있다. 예를 들어, t 시점의 누적 민감도 계산에서 t 시점 전에 중도절단된 관측 개체 $j(C_j < t)$의 사건 발생 시간 T_j는 알려지지 않으며 대신 $C_j < T_j$라는 정보만을 가지게 된다. 따라서 t가 증가할수록 무시되는 중도절단자료의 비율은 점점 더 커지게 되어 표본의 편이(biased sampling)를 가져오게 된다. 이러한 편이를 보정하기 위한 여러 가지 방법이 제안되었다. Heagerty et al.(2000)이 제시한 Kaplan-Meier를 이용한 방법과 비모수 이변량 분포함수를 이용한 방법, Chambles and Diao (2006)이 제시한 재귀(recursive) 방법을 통해 계산된 위험 그룹을 이용한 방법, Uno et al.(2007)와 Hung and Chiang(2010)이 제안한 표본 편이의 보정을 위한 역확률 중도절단 가중(inverse probability censoring weighting: IPCW) 방법이 바로 그 예이다. 더 자세한 리뷰는 Kamarudin et al.(2017)와 Kim(2022)를 참고하길 바란다. R 패키지 중에 survAUC, time ROC 패키지가 적용될 수 있다. 경쟁위험자료에 대해서는 CompRisks ROC(Saha and Heagerty, 2010)와 survCompetingRisk(Zheng et al.2012) 패키지가 적용될 수 있다.

t 시점의 사건 발생 여부에 관심 있는 다이내믹 예측(prediction)을 위해서는 발생 민감도($Se^I(c,t), Sp^D(c,t)$)를 이용한 $AUC^{I/D}(t)$가 더 바람직하다. 즉, 시점 t에 있는 위험 그룹을 사건 발생여부로 분류하는데, case는 t 시점에서 경험한 사건만을 포함하게 된다. 따라서 그 수는 매우 작을 수 있으므로 민감도와 $AUC^{I/D}(t)$ 계산을 위해서 적절한 스무딩 기법이 적용된다. Heagerty and Zheng(2005)와 Van Houweling and Putter (2011)이 개발한 risksetROC와 dynpred 패키지가 적용될 수 있다.

9.1.2 C-index

C-index 또는 일치쌍(concordance) 통계량은 임의의 두 환자(i,j) 중 짧은 생존시간을 가진 환자의 위험점수가 생존시간이 더 긴 환자의 위험점수보다 더 높을 확률을 의미하며 다음과 같이 정의된다.

$$C = \Pr(M_i > M_j | T_i < T_j)$$

위 통계량을 Harrell's C-index(Harrell et al., 1982)라 하며 이 값을 통해 예측 모형의 판별 능력(discrimination ability)을 측정한다. 범위는 $0.5 \le C \le 1$로 여기서 $C = 0.5$는 예측 모형에 판별 능력이 없음을, $C = 1.0$은 분류 능력이 완벽함을 의미한다. 만약 모든 환자의 생존시간과 마커 값이 알려져 있다면 다음과 같이 추정된다.

$$\hat{C} = \frac{\sum_{i=1}^{n}\sum_{j=1}^{n} I(M_i > M_j) I(T_i < T_j)}{\sum_{i=1}^{n}\sum_{j=1}^{n} I(T_i < T_j)}$$

하지만 우중도절단이 발생된 경우 truncated 버전으로 수정된 C-index는

$$C_\tau = \Pr(M_i > M_j | T_i^* < T_i^*, T_i^* < \tau),$$
$$T^* = \min(T_i, C_i)$$

로 정의된다. 여기서 τ는 생존시간의 최댓값이며 다음과 같이 추정된다.

$$\hat{C}_\tau = \frac{\sum_{i=1}^{n}\sum_{j=1}^{n} \delta_i I(M_i > M_j) I(T_i^* < T_j^* T_i^* < \tau)}{\sum_{i=1}^{n}\sum_{j=1}^{n} \delta_i \ I(T_i^* < T_j^*, T_i^* < \tau)}$$

Heagerty and Zheng(2005)는 9.1.1에서 정의된 $(Se^I(c,t),\ Sp^D(c,t))$를 이용하여 구한 $AUC^{I/D}(t)$와 다음의 관계가 있음을 보였다.

$$C_\tau = \int_0^\tau AUC^{I/D}(s) w^\tau ds$$

여기서 $AUC^{I/D}(t) = P(M_i > M_j | T_i = t, T_j > t), w^\tau(t) = 2f(t)S(t)/W^\tau,$

$$W^\tau = \int_0^\tau 2f(s)S(s)ds = 1 - S^2(\tau)$$

가 된다. 하지만 위 추정량의 단점은 초기에 발생한 중도절단이 계산에 포함되지 않으며 이에 따라 표본의 편이가 발생한다. Uno et al.(2011)은 중도절단 시간의 생존함수를 고려하여 다음의 추정량을 제안하였다.

$$\hat{C}_{\tau,IPCW} = \frac{\sum_{i=1}^{n}\sum_{j=1}^{n} \hat{G}(T_i)^{-2}\delta_i I(T_i < T_j, T_i < \tau) I(M_i > M_j)}{\sum_{i=1}^{n}\sum_{j=1}^{n} \hat{G}(T_i)^{-2}\delta_i I(T_i < T_j, T_i < \tau)}$$

즉, $\hat{G}(\cdot)$는 중도절단 시간의 생존함수 $G(t) = P(C \geq t)$ 추정량으로 중도절단 시간의 Kaplan-Meier 추정량이 사용될 수 있다.

앞에서 $AUC(t)$가 시간마다 추정된 것처럼 C-index도 시간별로 변하는 위험 그룹(risk set)과 시간 가변 위험점수를 반영하기 위해 다음의 시간 가변 C-index가 정의될 수 있다.

$$C(t) = \Pr(M_i(t) > M_j(t) | T_i \leq t, \delta_i = 1, T_i < T_j)$$

Gerds et al.(2013)는 공변량에 의존하는 중도절단 시간의 효과를 고려하여 IPCW 추정량을 유도하였다.

$$\hat{C}_{IPCW}(t) = \frac{\sum_{i=1}^{n}\sum_{j=1}^{n} N_i(t) I(T_i < T_j) I(M_{i(t)} > M_j(t)) \hat{W}_{ij}}{\sum_{i=1}^{n}\sum_{j=1}^{n} N_i(t) I(T_i < T_j) \hat{W}_{ij}}$$

여기서 $\hat{W}_{ij} = \frac{1}{\hat{G}(T_i | X_i)\hat{G}(T_i | X_j)}$와 $N_i(t) = I(T_i \leq t)\delta_i$로 계산된다.

9.1.3 Brier score

예측의 정확도를 측정하기 위해 오차 척도의 확장을 고려한다. 공변량 또는 예측인자 X_{new}를 가진 새로운 환자를 고려해 보자. 이 환자의 사망시간을 T_{new}라고 하

자. 예측 모형의 예측력을 평가하기 위해 모형에 기반하여 추정된 생존함수 $\hat{S}(t|X_{new})$ 를 이용하면 MSE와 비슷한 형태를 가진 시간 가변 Brier score가 정의된다.

$$BS(t,\hat{S}) = E[\delta_{new}(t) - \hat{S}(t|X_{new})]^2$$

여기서 $\delta_{new}(t) = I(T_{new} \geq t)$를 의미한다. 중도절단의 영향을 반영하기 위해 다음과 같이 정의되는 IPCW(역확률 중도절단 가중치)를 고려한다(Gerds and Schumacher, 2006).

$$\widehat{W}_i(t) = \frac{(1-\widetilde{Y}_i(t))\Delta_i}{\widehat{G}(\widehat{T}_i - |X_i)} + \frac{\widetilde{Y}_i}{\widehat{G}(t|X_i)}$$

$\widehat{G}(t|x) \approx P(C_i > t|X_i = x)$는 중도절단의 생존함수 추정량이다. 공변량이 없는 경우에는 Kaplan-Meier 추정량으로, 공변량이 존재하는 경우에는 회귀모형(Cox' PH model, Aalen's additive model)을 이용하여 구한다. 위 가중치를 이용하면 시간 가변 Brier score는 다음과 같이 추정할 수 있다.

$$\widehat{BS}(t,\hat{S}) = \frac{1}{M}\sum_i \widehat{W}_i(t)[\delta_{new}(t) - \hat{S}(t|X_{new})]^2$$

예제 9.1

8장의 경쟁위험모형에서 분석한 피부암 자료를 이용하여 모형의 예측력을 검토하기 위해 시간 가변 AUC, C-index, Brier score를 적용하는 과정을 설명한다.

먼저 경쟁위험을 고려하지 않는 모형을 적용한다. 따라서, 피부암 관련 사망을 관심 사건으로 나머지 사건은 중도절단사건으로 간주한다.

여기서 예측력을 평가하기 위해 205명의 자료를 training set과 testing set로 나누었다. SurvAUC 패키지는 $AUC^{C/D}(t)$를 구하기 위한 여러 가지 다양한 옵션을 제공한다. 이 중 Uno etal.(2007)의 IPCW 추정량을 적용한다.

```
> install.packages("survAUC")
> library(survAUC)
> set.seed(3)
> data(melanoma)
> melanoma$time<-melanoma$days
> train=sample(c(TRUE,FALSE), nrow(melanoma), rep=T)
> test=!train

> melanoma.t<-melanoma[train,]
> melanoma$status2<-ifelse(melanoma$status==1,1,0)
> melanoma.tr<-melanoma[train,]
> melanoma.te<-melanoma[test,]
> fit1<-coxph(Surv(time,status2)~sex+log(thick),data=melanoma.tr,
+                    x=TRUE,y=TRUE)
> fit2<-coxph(Surv(time,status2)~sex+log(thick)+ulc,data=melanoma.tr,
+                    x=TRUE, y=TRUE)
> times=c(365,365*4,365*8)
> lpnew1<- predict(fit1, newdata=melanoma.te)
> lpnew2<- predict(fit2, newdata=melanoma.te)
> Surv.rsp <- Surv(melanoma.tr$time, melanoma.tr$status2)
> Surv.rsp.new <- Surv(melanoma.te$time, melanoma.te$status2)
> AUC_Uno1<- AUC.uno(Surv.rsp, Surv.rsp.new, lpnew1, times)
> AUC_Uno1
$auc
[1] 0.8588470 0.8133837 0.7438355
$times
[1]  365 1460 2920
$iauc
[1] 0.7944781

attr(,"class")
[1] "survAUC"
> AUC_Uno2<-AUC.uno(Surv.rsp, Surv.rsp.new, lpnew2, times)
> AUC_Uno2
$auc
[1] 0.8843714 0.8243110 0.7674618

$times
[1]  365 1460 2920

$iauc
[1] 0.8119907

attr(,"class")
[1] "survAUC"
```

두 가지 모형(fit1:age+log(thickness)), fit2: age+log(thickness)+ulcer+sex)이 적용되고 비교되었다. t=(365 1460 2920)일에 계산된 $AUC^{C/D}(t)$와 $C(t)$를 통해 시간이 경과할수록 판별력은 조금씩 감소하였다. 또한 결과를 통해 네 가지 공변량을 포함한 fit2 모형이 모든 시간대에 fit1 모형보다 더 높은 분별력과 작은 오차를 보여 주었다. 또한 다음은 C-index와 Brier score를 구하는 프로그램이다.

```
> Cstat1<- UnoC(Surv.rsp, Surv.rsp.new, lpnew1)
> Cstat2<- UnoC(Surv.rsp, Surv.rsp.new, lpnew2)
> Cstat1
[1] 0.7542545
> Cstat2
[1] 0.7604964
 #### Brier score
> lpnew<-predict(fit1)
> lpnew20<-predict(fit2)
> BR1<-predErr(Surv.rsp, Surv.rsp.new, lpnew, lpnew1, times, type = "brier", int.type ="
  weighted")

> BR2<-predErr(Surv.rsp, Surv.rsp.new, lpnew20, lpnew2, times, type = "brier", int.type ="
  weighted")

> BR1
$error
[1] 0.0450823 0.1520568 0.2092503
$times
[1]  365 1460 2920
$ierror
[1] 0.1580822

> BR2
$error
[1] 0.04478896 0.14539105 0.19959138
$times
[1]  365 1460 2920
$ierror
[1] 0.151207
```

UnoC의 결과를 통해 두 모형의 시간 가변 C-index와 요약치를 구할 수 있다. 비슷한 결과는 pec 패키지에서 제공하는 cindex를 이용하면 된다. PredErr의 결과를 통해 두 모형의 Brier score를 구할 수 있다. 이제 8.2절에서 논의된 것처럼 경쟁위험을 고려한 모형을 적용한다. 경쟁위험을 고려한 AUC(t)를 계산하기 위해 timeROC 패키지(Blanche, 2013)를 적용한다. 위 결과를 통해 age, thickness, ulcer, sex를 가진 fit2

모형이 age와 thickness를 가진 fit1 모형보다 모든 시간대에서 더 높은 예측력을 가짐을 알 수 있다(AUC(t)=0.9062, 0.8341, 0.7885). 또한 앞에서 구한 cox 비례모형의 예측력과 비교해 볼 때, 경쟁위험모형의 AUC 값이 더 큰 값을 가졌다(cox AUC(t)= 0.8542460 0.7890459 0.7690289).

```
> library(timeROC)
> library(cmprsk)
> library(timeROC)
> library(cmprsk)
> cov=cbind(Melanoma.tr$thickness,Melanoma.tr$age)  ##  fit1  model
> cm<-crr(Melanoma.tr$time,Melanoma.tr$status,cov,failcode=1)
> cov2=cbind(Melanoma.tr$sex,log(Melanoma.tr$thickness),
Melanoma.tr$ulcer,Melanoma.tr$age)
> cm2<-crr(Melanoma.tr$time,Melanoma.tr$status,cov2,failcode=1)     ##fit2  model

## calculate a marker using linear predictor at test set
> marker1<-cbind(Melanoma.te$age, log(Melanoma.te$thickness))%*%cm$coef
> marker2<-cbind(Melanoma.te$sex,  log(Melanoma.te$thickness), Melanoma.te$ulcer,
     Melanoma.te$age) %*%cm2$coef
> ROC.fit1_CR<-timeROC(T=Melanoma.te$time,delta=Melanoma.te$status,
+                        marker=marker1,cause=1,
+                        times=c(365,365*4,365*8),
+                        iid=TRUE)
> # Evaluate age at operation as a prognostic tool for
> # death from malignant melanoma.
> ROC.fit2_CR<-timeROC(T=Melanoma.te$time,delta=Melanoma.te$status,
+                      marker=marker2,cause=1,
+                      times=c(365,365*4,365*8),
+                      ROC=TRUE,iid=TRUE)
> ROC.fit1_CR
Time-dependent-Roc curve estimated using IPCW  (n=103, with competing risks).
         Cases Survivors Other events Censored AUC_1 (%)   se_1   AUC_2 (%)  se_2
t=365      4      96          3          0        47.92      15.30   47.73     15.38
t=1460    19      79          5          0        49.83      8.26    49.31     8.27
t=2920    30      26         47          0        64.23      7.36    54.66     6.77
Method used for estimating IPCW:marginal
Total computation time : 0.02  secs.

> ROC.fit2_CR
Time-dependent-Roc curve estimated using IPCW  (n=103, with competing risks).
         Cases Survivors Other events Censored AUC_1 (%)   se_1   AUC_2 (%) se_2
t=365      4      96          3          0        90.62      3.76    90.91     3.65
t=1460    19      79          5          0        83.41      5.47    82.96     5.44
t=2920    30      26         47          0        78.85      6.11    75.80     5.24

Method used for estimating IPCW:marginal
Total computation time : 0.02  sec
```

9.2 lasso 기법을 이용한 변수 선택

빅데이터 분석기법 중 고차원(high dimensional) 예측인자(predictor) 또는 공변량에 관한 다양한 방법론이 개발되었다. 차원 축소 기법과 패널티에 기반하여 조정화된(regularized) 회귀모형은 생존분석 모형에도 적용될 수 있다.

예를 들어, 고차원 공변량인 유전자 정보는 일반적인 Cox 비례위험모형의 적용 시 불안정이라는 결과를 가져올 수 있다. 그 원인은 고차원 공변량 간의 연관성과 관련하여 다중 공선성 문제를 가져오기 때문이다. 이 문제를 해결하기 위해 패널티에 기반한 ridge 모형과 lasso 방법이 적용될 수 있다. 본 절에서는 glmnet 패키지에서 제공되는 함수를 이용하여 우중도절단자료를 분석한다.

lasso는 종종 least absolute shrinkage and selection operator의 줄임말로 사용되며 고전적인 후향 제거법(backward elimination)과 함께 변수 선택 기법(variable selection)으로 자주 사용된다.

생존자료에 대한 lasso의 적용 과정을 설명하기 위해 Cox의 비례위험모형하에서 유도된 편우도함수(partial likelihood function)를 사용한다. n명의 환자 중 사건을 경험한 환자의 사건 발생 시간을 크기 순서로 $t_1 < t_2 < \cdots < t_m$ 정리한다.

$$L(\beta) = \prod_{r \in D} \frac{\exp(\beta' x_r)}{\sum_{j \in R_r} \exp(\beta' x_j)}$$

D는 사건 발생 개체의 집합이며, R_r은 t_r 시점의 위험 집합(risk set)을 의미한다. 유의적인 공변량을 선택하기 위해 다음의 패널티 항 $P(\beta,\lambda)$을 포함한 음 로그 편우도함수(negative log partial likelihood)를 최소화하는 추정량을 구하고자 한다.

$$Q(\beta) = -l(\beta) + P(\beta;\lambda)$$

여기서 $l(\beta) = \log L(\beta)$이다. 패널티 항에 대해서는 lasso에서는 $P(\beta,\lambda) = \lambda \sum_{j=1}^{p} |\beta_j|$가 적

용되며 ridge 모형에서는 $P(\beta,\lambda)=\lambda\sum_{j=1}^{p}\beta_j^2$가 각각 적용된다. Tibshirani(1996)는 lasso 추정량 β를 구하기 위해 패널티를 다음의 제한 조건으로 표현하였다.

$$\hat{\beta}=\arg\max\log L(\beta), \qquad \text{subject to } \sum_{j=1}^{p}|\beta_j|\le c$$

여기서 c는 조정 모수(tuning parameter)이며 이 값에 따라 0으로 축소되는 회귀계수의 개수가 결정된다. 또한 ridge 방법과 lasso 방법을 결합한 패널티 항으로 $P(\beta,\lambda)=\lambda\sum_{j=1}^{p}|\beta_j|+(1-\lambda)\sum_{j=1}^{p}\beta_j^2\le c$를 사용하는 elastic net도 제안되었다(Zou and Hastie, 2005). 여기서 (λ,c)의 여러 가지 값들을 스캔해 가면서 $Q(\beta)$를 최소화하는 $\hat{\beta}$를 구한다.

예제 9.2

네덜란드 유방암 환자를 대상으로 환자의 질병 정보를 이용하여 전이와 사망 발생에 유의한 공변량을 탐색하고자 한다. nki70 에 포함된 144명의 유방암 환자의 자료를 분석한다. 간단한 예를 보이기 위해 유전자 정보를 제외한 공변량만을 이용하여 분석한다. 적절한 패널티 계수를 구하기 위해 9.1.2에서 설명한 C-index를 이용하여 가장 큰 값을 주는 λ값을 구하게 된다. 마지막 결과를 보면 Cox 비례위험모형을 적용해서 구한 회귀계수와 매우 유사하다는 사실을 알 수 있다. glmnet 패키지가 사용된다.

```
> data(nki70)
> y<-Surv(nki70[,1], nki70[,2])
> x<-data.frame(nki70[,c(3:7)])
> coxph_fit<-coxph(y~Diam+N+ER+Grade+Age, data=nki70)
> fit <- glmnet(model.matrix(coxph_fit), y, family = "cox")
> plot(fit)
> set.seed(1)
> cvfit <- cv.glmnet(model.matrix(coxph_fit), y, family = "cox", type.measure = "C")
> cvfit
Measure: C-index
```

```
                Lambda    Index    Measure    SE       Nonzero
min             0.00317   44       0.7528     0.04497  6
1se             0.09903   7        0.7248     0.04658  2
> plot(cvfit)
> lam<-cvfit$lambda.min
> lam
[1] 0.003168177
> glmnet_fit <- glmnet(model.matrix(coxph_fit) ,y, family = "cox", lambda =lam)

> cbind(coef(glmnet_fit), coef(coxph_fit))
6 x 2 sparse Matrix of class "dgCMatrix"
                  s0
Diam>2cm        0.38474416     0.40346774
N1-3           -0.72823450    -0.73700324
ERPositive     -0.52862621    -0.54479590
Grade.L        -0.52943139    -0.55403759
Grade.Q        -0.25264680    -0.28129580
Age            -0.04712778    -0.04882453
```

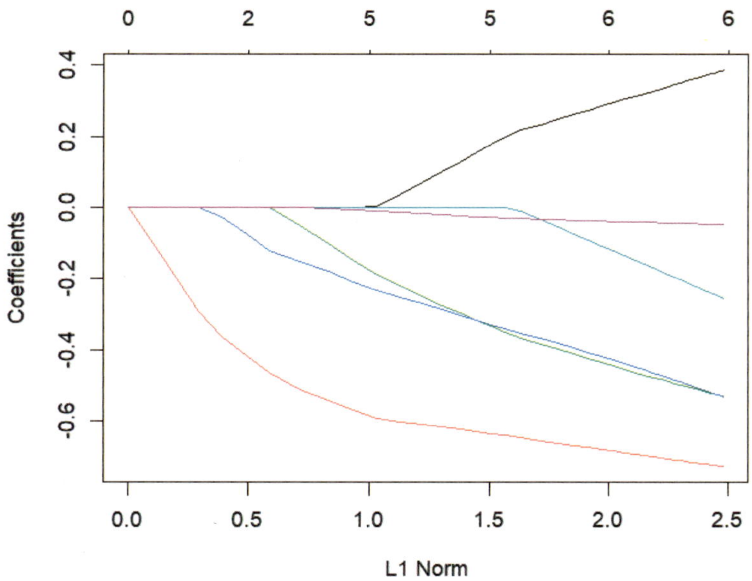

그림 9.1 lasso 방법을 이용한 5개 변수에 대한 nki 자료

위 결과를 통해 최적의 λ값으로 0.003이 유도되었으며 모형의 예측력을 보여 주는 c-index =75.28이었다. 비례위험모형값과 비교하였을 때 추정값은 비슷한 결과를 보여 주었다.

9.3 생존 트리 모형과 앙상블 모형

tree 모형은 기존의 모수적 회귀모형 또는 PH, additive, AFT 모형과 같은 준모수적 회귀모형의 구조적 가정을 요구하지 않으며 공변량 간의 교호작용을 탐색할 수 있는 비모수 방법이다.

tree 모형에서는 p 차원의 공변량 중 분할(partition)에 사용될 공변량 선택과 그 공변량의 분할 시점의 결정이 키 포인터가 된다. 이후 딸 노드로 계속 분할을 하며(recursively) 적절한 순도 척도(impurity measure)를 확보한다.

CART(classification and regression tree; Brieman et al., 1984)는 가장 널리 적용되는 방법으로, tree를 최대한 키운 후(이는 과적합(overfitting)을 가져옴) 가지치기(trimming)를 통해 최적의 모형을 구하는 방법이다. 이를 위해 비용-복잡도(cost-complexity) 가지치기를 사용하여 최종 노드(terminal node)의 숫자 T를 결정하게 된다. 예를 들어, 연속형 반응변수 y에 대해 패널티 항이 더해진 다음의 잔차제곱을 최소화하는 최종 노드 수를 선택하게 된다.

$$\sum_{t=1}^{T}\sum_{i:x_i\in R_t}(y_i-\bar{y}_{R_t})^2+\alpha T$$

여기서 $\bar{y}_{R_t}$는 최종 노드 R_t의 평균이다. 즉, $\alpha=0$은 가지치기를 적용하지 않는 풀 트리(full tree)를 의미하며, α 값을 증가시키면서 가지치기가 진행된다. α 값의 선택을 위해 K-fold cross-validation이 적용되며 이로부터 유도된 오차값들을 계산한다(one-SE rule).

CART는 그 범용성에도 불구하고 분할 변수 선택 편이(splitting variable selection bias) 문제를 가지고 있다. 분할점이 많은 자료(예를 들어, 연속형 자료〉다항 자료〉이항자료 순)를 분할 변수로 선호하는 경향이 있다 보니 잘못된 방향을 가진 tree를 만들게 되는 경우가 발생한다.

이러한 단점을 보완하기 위해 분할 변수의 선택과 분할 지점 선택 문제를 동시에 진행하는 대신에 순차적으로 시행하는 것을 고려한 conditional inference tree (Hothorn et al., 2006)가 적용되었다. 즉, 모든 잠재적 분할 변수와 반응변수와의 연관성을 측정하기 위해 다음의 검정 통계량(test statistics)이 적용된다.

$$T_j(L_{n,}w) = vec\left(\sum_{i=1}^{n} w_i g_i(x_{ji}) h(y_i,(y_{1,} \cdots, y_n))'\right) \in R^{p_j} \qquad (9.1)$$

이때 $g_j : \chi_j \to R^{p_j}$로 공변량 x_j의 가능한 변환을 의미하며 $h : y \times y^n \to R$는 영향력 함수가 된다. 예를 들어, 연속형 반응변수에서는 $h(y_i,(y_{1,} \cdots, y_n)) = y_i$이며 다항(이항) 반응변수에서는 해당하는 범주에 대해 $h(y_i,(y_{1,} \cdots, y_n)) = 0/1$의 값을 가지게 된다. T_j의 분포를 유도하기 위해 permutation 기법을 적용한다. 유의수준 α(보통 0.05)하에서 전체 독립성 귀무가설(global independence null hypothesis)을 위해 개별적 독립 귀무가설 검정을 조정하게 된다. 이는 일원 분산 분석에서 귀무가설 기각 후 적용되는 사후 다중 비교(본페르니 검정, HSD 검정)와 비슷한 개념이다.

survival tree는 생존자료에 적용한 것으로 딸 노드로 분할하기 위해 로그 순위검정, 비례위험과 같은 불순도 척도가 적용될 수 있다. 이들 중에 다음의 비례위험모형에 기반한 노드 h의 위험함수를 고려한다.

$$\lambda_h(t) = \theta_h \lambda_0(t)$$

θ_h는 노드 h의 상대 위험도(relative risk)를 의미하며 노드 h에 포함된 모든 관측 개체들은 동일한 위험도 θ_h를 공유한다. 각 노드에서는 부모 노드의 이탈도(deviance)와 비교하여 더 큰 이탈도를 생성하는 분할 즉, 딸 노드를 구하게 된다. 여기서 이탈도(deviance)는 누적 위험 추정량인 Nelso-Aalen에 기반하여 계산된다. 생존자료에 대해 conditional inference tree가 적용될 경우, (9.1)의 영향력 함수 h_i는 로그 순위 score가 적용된다(Hothorn and Lausen, 2003, Fu and Simonoff, 2017).

$$h_i = \delta_i - \sum_{j=1}^{r_i(t)} \frac{\delta_j}{n - r_j(t) + 1}$$

여기서 $r_j(t) = \sum_{i=1} I(t_i \le t_j)$로 시점 전에 사건을 경험하거나 중도절단된 환자의 총수를 의미한다.

예제 9.2

5장에서 논의한 BMT 자료에 대해 두 가지 tree 방법 CART와 conditional inference tree를 적용한다. R 패키지에서 rpart와 ctree를 이용한다.

백혈병 환자의 생존시간에 대해 유의한 공변량을 선택하는 문제이며 고려되는 공변량으로 백혈병 종류(group), 환자, 기부자의 나이, 성별 FAB(0/1), 골수이식까지의 대기 시간(waiting)이 사용되었다. 두 방법의 트리 결과에서 백혈병 종류(group) 변수와 FAB 변수를 주요 변수로 선택하였다. rpart에서는 Mallow's Cp 값을 이용하여 노드 수를 결정하였는데, 4개의 최종 노드를 위해 Cp=0.05를 사용하였다. 즉, 0.05보다 작은 값 중 가장 큰 값을 가지는 분할의 결과를 원하는 것이다. 〈그림 9.2〉과 〈그림 9.3〉을 통해 두 결과가 매우 유사하다는 것을 알 수 있다. rpart에서는 (group, FAB, page)가 tree를 구성하는 변수이다. AML-LOW는 사망 위험이 다른 두 그룹(AML-HIGH, ALL)보다 훨씬 낮았다. 이후 FAB 변수가 1(FAB 수준이 4 이상이거나 ALL)인 경우 생존율이 감소하였다. rpart 결과에 의하면 FAB 변수가 0인 환자 중에 page1〉-0.5, 즉 환자의 나이가 평균보다 -0.5살 많은 환자군(즉, 환자의 나이가 27.5 이상)이 생존할 확률이 감소하였다. 이러한 유의한 공변량의 결과는 5장의 비례위험모형에서 유의한 변수(백혈병 종류, FAB, waiting(유의하지 않음))와 동일한 결과를 보여 준다.

```
bmt$dage1=bmt$z2-28   ## (기증자-평균 연령)
bmt$page1=bmt$z1-28
fit.r1<-rpart(Surv(t2,d2)~group+page1+dage1+psex+dsex+waiting+FAB,data=bmt)
print(fit.r1)
summary(fit.r1)
n= 137
          CP   nsplit  rel error    xerror       xstd
1 0.07877892      0    1.0000000  1.0182634  0.08819022
2 0.05818824      1    0.9212211  1.0564462  0.08505089
3 0.05243846      2    0.8630328  1.0109261  0.08289076
4 0.04009380      3    0.8105944  0.9951987  0.08500779 ##3번의 분할
5 0.02421733      4    0.7705006  0.9116526  0.08306915
6 0.02018102      5    0.7462832  0.9073009  0.08401026
7 0.01960871      6    0.7261022  0.8977804  0.08361336
8 0.01206177      7    0.7064935  0.9478601  0.08994888
9 0.01000000      9    0.6823700  0.9676104  0.09307696

pfit2 <-prune(fit.r1, cp = 0.05)
par(mar = rep(0.1, 4))
plot(as.party(pfit2), gp=gpar(fontsize = 8))   ## 그림 9.2
fit.r1<-ctree(Surv(t2,d2)~group+page1+dage1+psex+dsex+waiting+FAB,data=bmt)
plot(fit.r1)   ## 그림 9.3
```

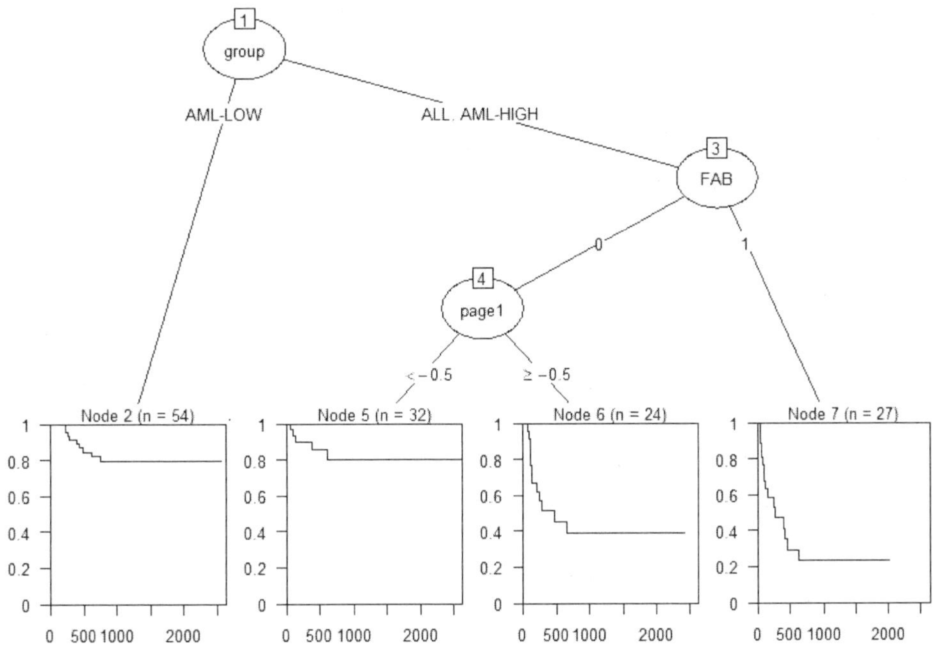

그림 9.2 CART(rpart)알고리즘에 기반한 bmt 분석 결과

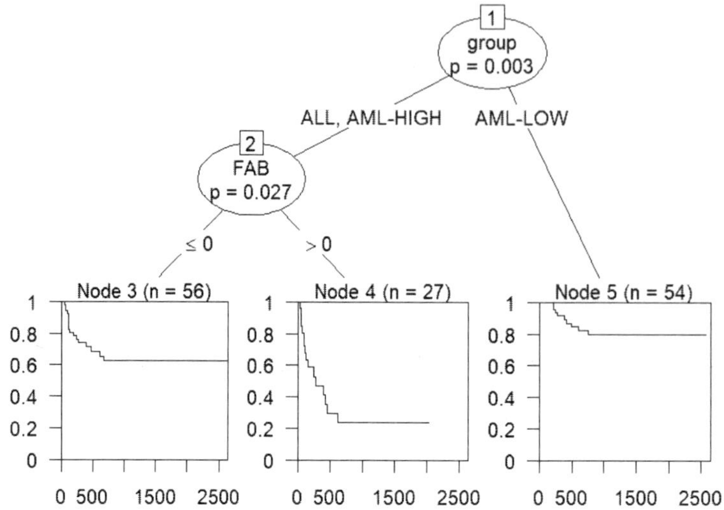

그림 9.3 conditional inference에 기반한 bmt 분석 결과

random forest는 트리 방법(CART: Classification and regression tree)의 결과를 안정화하기 위해 여러 개의 붓스트랩 표본을 통해 얻은 tree의 결과를 통합시킨 것으로 이해할 수 있다. 생존분석에서도 random forest를 확장한 random survival forest가 예측 모형으로 사용된다. 저차원 공변량에서는 비례위험모형과 비교하여 비슷한 예측력을 보여 주기도 한다. 본 절에서는 random survival forest 방법을 소개한다. 좀 더 자세한 내용은 Mogensen et al.(2012)과 Ishwaran et al.(2008)을 참고하기를 바란다.

유도 과정은 다음과 같다.

[step 1] B개의 붓스트랩 표본에 대해 최적의 예측 요인을 선택한다.

(1) log-rank test(또는 비슷한 불손도 또는 영향력 함수(cforest) 역할을 하는 척도)를 이용하여 각 노드에서 두 개의 딸 노드로 나눈다.

(2) stopping criterion이 만족할 때까지 분할은 지속된다.

[step 2] 최종 노드(terminal node)에 있는 각 관측 개체에 대해 Kaplan-Meier 추정량을 이용하여 생존함수를 추정한다.

[step 3] [step1]과 [step2]를 통해 구한 트리 값들을 이용하여 B개의 예측 오차(prediction error)의 결과를 평균화한다.

위 과정은 두 개의 R 패키지(randomSurvivalForest, party)를 통해 구할 수 있으며 일반적으로 서로 다른 결과를 보여 준다.

B개의 붓스트랩에 대해 B개의 트리 $(\Im_1, \Im_2, \cdots, \Im_B)$가 생성된다. 각 트리의 최종 노드에 포함된 공변량은 $\Im_b(X)$으로 표시한다. η_{ib}는 i번째 개체가 b번째 붓스트랩 표본에 속함을 의미한다. 따라서 붓스트랩 표본에 대한 counting process와 risk process는 각각 다음과 같이 표현된다.

$$\widetilde{N}_i(t) = I(T \leq T, \delta_i = 1),\ \widetilde{N}_{ib}(s,x) = \sum_{i=1}^{n} \eta_{ib} I(X_i \in \tau_b(x)) \widetilde{N}_i(s),$$
$$\widetilde{Y}_i(t) = I(T > T),\ \widetilde{Y}_b(s,x) = \sum_{i=1}^{n} \eta_{ib} I(X_i \in \tau_b(x)) \widetilde{Y}_i(s)$$

① randomSurvivalForest 패키지에서 제공하는 생존함수는 Nelson-Aalen 추정량을 이용하여 구할 수 있다.

$$\widehat{H}_b(t|x) = \int_0^t \frac{\widetilde{N}_b(ds,x)}{\widetilde{Y}_b^*(s,x)}$$

따라서 앙상블 생존함수추정량은 다음과 같이 유도된다.

$$\widehat{S^{rsf}}(t|x) = \exp\left(-\frac{1}{B}\sum_{b=1}^{B} \widehat{H}_b(t|x)\right)$$

② ctree에서는 node 분할 시 permutation에 기반한 가설 검정을 이용한다. 여기서 예측 오차 계산을 위해 적용될 생존함수로 다음의 가중 카플란 마이어 추정량이 사용된다.

$$\hat{S}^{cforest} = \prod_{s \leq t} \left(1 - \frac{\sum_{b=1}^{B} \widetilde{N}_b(ds,x)}{\sum_{b=1}^{B} \widetilde{Y}_b(s,x)} \right)$$

Forest는 tree에 포함된 모든 변수를 사용한다. 랜덤 포레스트의 가장 큰 장점은 prediction error의 계산에 있다. 이때 OOB(out of bag) 자료를 이용하여 예측 오류율을 계산한다.

예제 9.2 계속

Random survival forest의 두 가지 방법의 적용 결과를 살펴보자.

```
> library(randomForestSRC)
> fitrsf <- rfsrc(fitform, data =bmt, forest = TRUE, ntree = 1000)
> fitrsf
Sample size: 137
Number of deaths: 42
Number of trees: 1000
Forest terminal node size: 15
Average no. of terminal nodes: 5.903
No. of variables tried at each split: 3
Total no. of variables: 7
Resampling used to grow trees: swor
Resample size used to grow trees: 87
Analysis: RSF
Family: surv
Splitting rule: logrank *random*
Number of random split points: 10
(OOB) CRPS: 0.15339278
(OOB) Requested performance error: 0.33102319
```

한편 cforest를 이용한 결과에서 500개의 붓스트랩에 기반한 500개의 tree를 구하게 된다. 이 중 특정 붓스트랩에 기반한, 예를 들어 첫 번째와 두 번째 tree의 결과는 다음과 같다.

```
> gettree(bst, tree = 1)

Model formula:
Surv(t2, d2) ~ group + page1 + dage1 + psex + dsex + waiting + FAB
Fitted party:
[1] root
|   [2] group in ALL, AML-LOW
|   |   [3] group in ALL
|   |   |   [4] psex <= 0: 230.000 (n = 8)
|   |   |   [5] psex > 0: Inf (n = 21)
|   |   [6] group in AML-LOW
|   |   |   [7] dage1 <= 0: Inf (n = 13)
|   |   |   [8] dage1 > 0
|   |   |   |   [9] psex <= 0: Inf (n = 10)
|   |   |   |   [10] psex > 0: Inf (n = 10)
|   [11] group in AML-HIGH
|   |   [12] FAB in 0: Inf (n = 13)
|   |   [13] FAB in 1: 100.000 (n = 11)

Number of inner nodes:    6
Number of terminal nodes: 7
> # S3 method for cforest
> gettree(bst, tree = 2)
Model formula:
Surv(t2, d2) ~ group + page1 + dage1 + psex + dsex + waiting + FAB

Fitted party:
[1] root
|   [2] FAB in 0
|   |   [3] group in ALL, AML-HIGH
|   |   |   [4] page1 <= 7
|   |   |   |   [5] psex <= 0: 467.000 (n = 10)
|   |   |   |   [6] psex > 0: Inf (n = 19)
|   |   |   [7] page1 > 7: 176.000 (n = 7)
|   |   [8] group in AML-LOW
|   |   |   [9] page1 <= -3: Inf (n = 7)
|   |   |   [10] page1 > -3: Inf (n = 16)
|   [11] FAB in 1
|   |   [12] waiting <= 180: 381.000 (n = 18)
|   |   [13] waiting > 180: Inf (n = 9)

Number of inner nodes:    6
Number of terminal nodes: 7
>
```

CHAPTER

10

결합모형

종단 연구의 가장 큰 장점은 여러 가지 변수들을 반복적으로 측정할 수 있으며 이를 종말 사건과의 연관성 연구에 적용할 수 있다는 점이다. 이번 장에서는 두 모형의 결합을 통해 표현될 수 있는 치유율 모형과 다양한 결합모형을 공부한다. 치유율 모형은 기존의 생존분석에서 적용되었던 위험 그룹에 대한 가정이 위배되는 경우에 적용할 수 있다. 즉, 관측 대상 중 일부는 사건을 경험할 가능성이 없으며, 이에 따라 그들을 치유 그룹(cure group) 또는 무위험(risk free) 그룹으로 간주하게 된다. 이러한 모형과 분석 예를 10.1절에서 논의한다. 경시적 자료와 생존자료에 대한 모형을 동시에 고려하기 위해 두 개 이상의 서로 다른 확률 분포의 결합모형을 10.2절에서 공부한다.

10.1 치유율 모형

생존분석의 목적은 시간을 매개로 사건 발생의 패턴과 사건 발생에 영향을 주는 요인을 찾아 그 효과를 추정하고 유의성을 검정하는 것이다. 이때 모든 관측 개체들이 언젠가는 사건을 경험할 거라고 가정한다. 이를 표현하기 위해 위험 그룹(risk set, risk group)이라는 용어를 자주 사용한다. 시간이 지나면 위험 그룹은 공집합이 되며 생존함수는 0으로 수렴한다.

그러나 이러한 가정이 적합하지 않은 경우가 종종 있다. 예를 들어, 의학의 눈부신 발전으로 암 생존율은 계속하여 증가하고 재발률은 낮아지고 있다. 치료받은 환자 중 상당수가 재발을 경험할 가능성이 없다면 완치 판정을 받게 된다. 치유율 모형(cure rate model)은 위험 그룹의 단조 감소에 대한 가정이 부적절한 경우에 적용될 수 있다(Kim and Jhun, 2008). 관측이 충분히 경과된 어느 시점에 이르면 더 이상 생존함수는 감소하지 않고 평원(plateau)을 보여 주는 경우가 발생한다. 이런 경우에 우중도절단자료에 대한 로그 순위검정(log rank test)과 Cox의 비례위험모형(proportional hazard model)을 적용하면 적절하지 않은 결론이 도출된다. 치유율 모형(cure rate model)은 사건 취약 그룹(susceptible group)과 완치 그룹(cured group)으로 나눈 후 취약 그룹에 대해서만 일반적인 생존분석 방법을 적용하는 혼합 모형(mixture model)

을 적용해 왔다(Berkson and Gage(1952), Peng and Dear(2000)). 또 다른 방법으로 a bounded cumulative hazard model(Yakovlev et al. 1993)이 있다. Sy and Taylor (2000)는 비례위험모형과 로지스틱 모형을 결합한 혼합 모형(mixture model)을 제안하였다. 사건 발생 시간 T와 완치 여부 $R=(0,1)$, $R=0$은 완치됨을, $R=1$은 취약 그룹을 표시한다. 치유율 모형하에서 생존함수는 다음과 같이 정의된다.

$$S_{pop}(t)=\Pr(R=1)P(T\geq t|R=1)+\Pr(R=0)P(T\geq t|R=0)=pS(t)+(1-p)$$

여기서 $p=\Pr(R=1)$는 취약 그룹에 속할 확률을 의미한다. 만약 사건이 발생한다면 $\delta=1$이고 $R=1$임이 자명하다. 만약 $\delta=0$인 경우에는 중도절단 이후의 사건 경험 여부를 알 수 없으며, 따라서 R의 값은 알 수 없다. 여기서 R에 대한 확률을 구하기 위해서는 공변량 벡터 $Z_i=(Z_{i1},\cdots,Z_{ip})$를 이용하여 다음의 로지스틱 회귀모형을 적용해야 한다.

$$p_i=\Pr(R_i=1|X_i)=\frac{\exp(\gamma' X_i)}{1+\exp(\gamma' X_i)},\quad X_i=(1,Z_i) \tag{10.1}$$

취약 그룹에 대해 사건 발생 위험률을 위해 다음의 PH 모형과 AFT 모형을 적용할 수 있다.

$$S(t|Z_i,R_i=1)=S_0(t)^{\exp(\beta' Z_i)} \tag{10.2}$$

$$S(t|Z_i,R_i=1)=S_0(t\exp^{\beta' Z_i}) \tag{10.3}$$

(10.1)과 (10.2), 또는 (10.3)을 이용하여 다음의 완전 자료 우도함수(complete data likelihood)를 유도한다.

$$L(\theta)=\prod_{i=1}^{n}p_i^{R_i}(1-p_i)^{1-R_i}\lambda(t|z_i,R_i=1)^{\delta_i d_i}S(t|z_i,R_i=1)^{d_i}$$

여기서 $S(t|Z,R=1)=S_0(t|R=1)^{\exp(\beta' z)}$이며 로그 우도함수는 다음과 같이 표현될 수 있다.

$$l_{c1}=\sum_{i=1}^{n} R_i \log p_i + (1-R_i)\log(1-p_i),$$

$$l_{c2}=\sum_{i=1}^{n} R_i\delta_i \ \log[\lambda(t_i|Z_i,R_i=1)]+R_i\log[S(t_i|Z_i,R_i=1)]$$

모수의 최대 우도 추정값을 구하기 위해 로그 우도함수에 포함된, 알려지지 않은 R_i 값의 조건부 기댓값을 구하기 위해 EM 알고리즘이 적용된다. 즉,

$$E(R_i|O,\theta^{(m-1)})=\delta_i+(1-\delta_i)\frac{p_i S(t|Z_i,R_i=1)}{1-p_i+p_i S(t|Z_i,R_i=1)}=w_i^{(m)} \tag{10.4}$$

이다. Sy and Taylor(2000)는 위 조건부 기댓값을 계산하기 위한 PH 모형하에서의 생존함수값에 대해 두 가지 방법을 제안하였다. smcure 패키지에서는 사건 발생 시간 $t_{(1)}<t_{(2)}<\cdots<t_{(r)}$에 대해 다음의 공식으로 추정된 생존함수를 적용하였다.

$$\widehat{S_0}(t|R=1)=\exp\left(-\sum_{j:t_{(j)}\le t}\frac{d_j}{\sum_{i\in R(t_{(j)})} w_i^{(m)} e^{\widehat{\beta^m}x_i}}\right) \tag{10.5}$$

여기서 d_j 는 j 시점에서 사망 사건 수를 의미한다. EM 알고리즘의 반복 과정으로 추정된 모수 $\widehat{\theta^m}=(\widehat{\beta^m},\widehat{\gamma^m})$을 통해 (10.4)에서 정의된 $w_i^{(m)}$이 다시 업데이트된다. 위 값을 로그 우도함수에 대입하여 최대화 과정을 통해 $\hat{\theta}^{m+1}$이 다시 업데이트되며 (10.4), (10.5)와 M-step을 반복수행한다. 추정된 모수의 분산을 추정하기 위해 Louis' 공식을 적용할 수 있다. smcure 패키지는 생존함수에 대해 (10.2), (10.3)을 반영한 두 가지 옵션 ph와 aft를 선택할 수 있다. 추정량의 분산 추정을 위해 붓스트랩 표본에 기반하여 계산된 값을 보여 준다.

예제 10.1 Eastern Cooperative Oncology Group(ECOG) 자료에 완치율 모형의 적용

종양을 제거한 285명의 피부암(melanoma) 환자를 대상으로 고용량 interferon(IFN)의 보조 치료(adjuvant therapy)에 대한 효과를 평가하고자 한다. 위약 그룹(TRT=0)과 비교하여 재발 발생 여부의 차이를 조사한다. 145명(TRT=1)과 140(TRT=0)명이 각 그룹에 포함된다. 〈그림 10.1〉은 두 그룹의 추정된 생존함수를 보여 준다. 왼쪽의 위약 그룹은 치료 그룹보다 낮은 생존율을 보여 준다. 또한 치료 그룹의 생존율은 6년 이후로 40% 근방에서 더 이상 감소하지 않고 그대로 유지되는 것을 알 수 있다. 이러한 자료 특성을 반영하기 위해 치유율 모형의 적용을 고려해 본다. 비례위험모형과 로지스틱 회귀 모형이 각각 적용되며 공변량으로는 나이(age)와 trt(보조 치료 여부)가 고려된다. 회귀계수의 표준오차 추정을 위해 300개의 붓스트랩 표본이 사용된다(nboot=300).

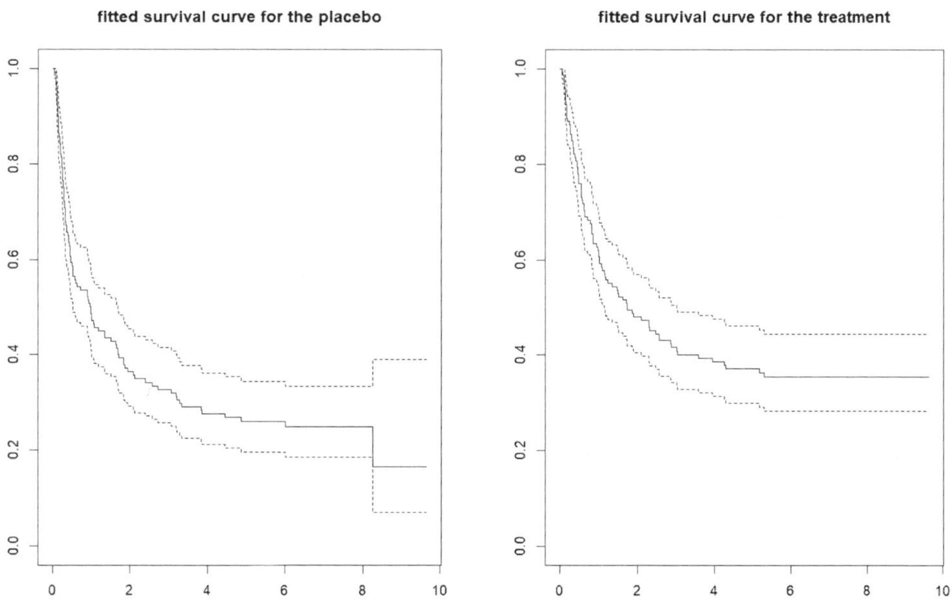

그림 10.1 두 그룹의 추정된 생존함수

```
pd1< smcure(Surv(FAILTIME,FAILCENS)~TRT+AGE, cureform=~TRT+AGE,data=e1684,model
="ph", nboot=300)

①Cure probability model:
             Estimate    Std.Error    Z value     Pr(>|Z|)
(Intercept)  1.353547   0.24052748   5.627412  1.829338e-08
TRT         -0.604906   0.31582108  -1.915344  5.544864e-02
AGE          0.020826   0.01349342   1.543420  1.227290e-01

②Failure time distribution model:
          Estimate       Std.Error       Z value      Pr(>|Z|)
TRT  -0.141986686   0.173889312   -0.8165349   0.4141943
AGE  -0.007519774   0.006974967   -1.0781090   0.2809851
```

①의 결과를 통해 IFN 그룹이 위약 그룹보다 재발 발생률(incidence rate)이 더 낮음을 알 수 있다. 반면 생존함수분포(latency distribution)에 대해서는 두 그룹 간에 차이가 유의하지 않았다. 이 결과는 치유율을 고려하지 않은 Cox의 비례위험모형의 적용 결과와 비교될 수 있다. 아래의 결과를 통해 치유율이 고려되지 않는 경우 두 그룹의 생존함수의 차이는 유의적임을 보여 준다.

```
> pd0<-coxph(Surv(FAILTIME,FAILCENS)~TRT+AGE, data=e1684)
> summary(pd0)

          coef      exp(coef)    se(coef)      z       Pr(>|z|)
TRT   -0.359167    0.698258     0.143439    -2.504    0.0123*
AGE    0.004932    1.004944     0.005307     0.929    0.3527
Concordance= 0.559   (se = 0.021 )

Likelihood ratio test= 7.1   on 2 df,    p=0.03
Wald test            = 7.09  on 2 df,    p=0.03
Score (logrank) test= 7.15   on 2 df,    p=0.03
```

만약 새로운 환자의 치료 여부와 나이가 제공되었다면 위 결과를 통해 그 환자의 재발 발생률을 예측할 수 있다. 예를 들어, 환자 A는 IFN을 처방받았고 나이(중심화된, 즉 평균을 뺀 나이)가 0.7이라고 하자. 즉, $Z=(1,0.7)$이며 $X=(1,Z)$이 되어 추정된 생존함수를 구할 수 있다. 비슷하게 환자 B의 재발 발생률과 생존함수를 구하고자 한다. 이때 환자 B는 환자 A와 나이는 같지만, 환자 A와 달리 위약 그룹에 속한다고 가정한다. 아래 결과를 통해 IFN을 처방받은 환자 A의 재발 발생률은 0.682, 환자 B의 재발 발생률은 0.797로 IFN을 처방받지 않은 환자 B의 재발률이 높음을 알 수 있다(①). 〈그림 10.2〉는 이러한 효과가 반영되어 추정된 생존함수 그래프를 보여 준다.

```
> newX=cbind(c(1,0), c(0.7,0.7))
> newX
      [,1] [,2]
[1,]    1  0.7     ## patient 1
[2,]    0  0.7     ## patient 2
> predictsmcure(pd1, newX=cbind(c(1,0), c(0.7,0.7)), newZ=cbind(c(1,0),c(0.7,0.7)), model= "ph")
$newuncureprob
          [,1]       [,2]
[1,] 0.6820523  0.7970771 ①
$prediction
                           Time
1   0.5664622  0.4518897  1.15068
2   0.6741933  0.5799734  0.62466
3   0.4832355  0.3585231  1.89863
4   0.7382074  0.6590824  0.45479
5   0.4728647  0.3473255  2.09041
6   0.3179477  0.2029229  9.38356
7   0.5136579  0.3919729  1.69863
9   0.8479986  0.7989895  0.25753
10  0.3179477  0.2029229  9.64384
11  0.5269613  0.4068595  1.61370
12  0.7063565  0.6194718  0.51507
13  0.6384772  0.5367474  0.85479
14  0.3884659  0.2612180  3.93973
15  0.8879169  0.8510190  0.18082
16  0.7763000  0.7070583  0.35616
17  0.3179477  0.2029229  9.03288
```

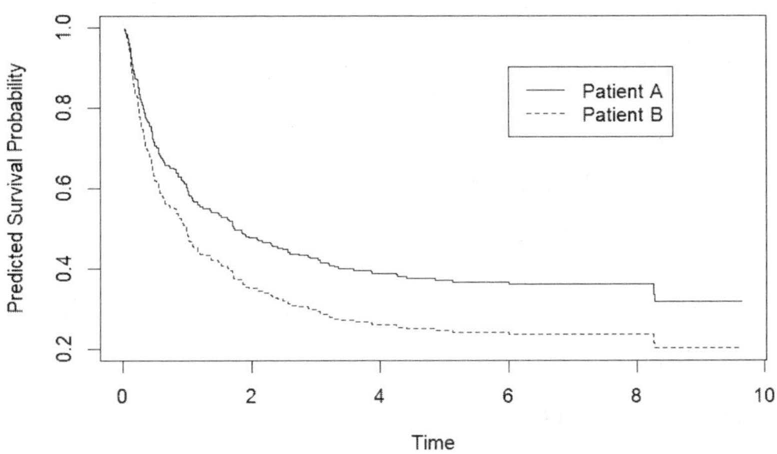

그림 10.2 나이가 같은 두 환자의 치료 여부에 따라 추정된 생존함수

10.2 경시적 자료와 생존자료의 결합모형

본 절에서는 생존자료에서 자주 발생하는 시간 가변 공변량(time-vaying covariate)이 연속형인 경우에 고려될 수 있는 결합모형을 공부한다. 시간 가변 공변량이 이항자료(예를 들어, 5.2 절에서 논의된 스탠포드 심장이식 자료에서 심장이식 여부)인 경우 (start, stop] 형식의 시간 포맷을 적용하여 분석하는 법을 공부하였다. 연속형인 경우에도 비슷한 방법으로 각각의 관측 시점과 이전 관측 시점을 이용하여 (start, stop)=$(t_{k-1}, t_k]$에 적용할 수 있다.

만약 이때 관측된 시간 가변 연속형 공변량이 오차를 가진 확률변수이고 다른 공변량들과 연관된 마커의 역할을 한다면, 이 연속형 공변량은 반복 측정 자료로 간주하여 적절한 모형을 가정하게 된다. 이와 관련된 핵심적인 연구는 Wulfshon and Tsiatis (1997)에 의해 본격적으로 시작되었다. 그들의 논문에서는 개체마다 서로 다른 관측 시점에서 측정된 연속형 공변량을 반복 측정 자료로 y_{ij}라고 표현한다. 이후 잘 알려진 성장 곡선(growth curve)모형을 적용하였다.

$$y_{ij} = y_i(t_{ij}) = b_{i0} + b_{i1}t_{ij} + \epsilon_{ij} \tag{10.6}$$

여기서 (b_{i0}, b_{i1})는 이변량 랜덤 변수로, b_{i0}은 개체별 절편(subject-specific intercept)이며 연구 시작 시점에서 개체 간의 변이를 의미한다. 가장 근본적인 개체별 이질성을 반영하는 것이다. b_{i1}는 개체별 기울기(subject-specific slope)로 개인별 성장 과정을 모형화한다. 만약 (b_{i0}, b_{i1})에 대해 이변량 정규분포를 가정할 경우, $cov(b_{i0}, b_{i1})$를 통해 두 변수 간의 연관관계를 추정할 수 있다. 경시적 자료 분석을 위해 혼합 효과 모형(mixed effect model), 주변 모형(marginal model)인 일반화 추정 방정식(generalized estimating equation: GEE) 등이 적용되며 여러 가지 다양한 분석 방법론이 제안되어 왔다(Diggle et al.(2002), Kim(2020)).

10.2.1 결합모형

사건 발생 위험률에 대해 공변량 y_{ij}의 모형 (10.5)의 효과를 반영하기 위해 Wulfsohn and Tsiatis(1997)는 다음의 위험률 모형을 적용하였다.

$$\lambda_i(t|b_i) = \lambda_0(t)\exp(\eta(b_{i0} + b_{i1}t)) \tag{10.7}$$

여기서 $\eta = 0$은 y_{ij}가 사건 발생 위험률과 무관함을 의미하고, $\eta > 0$은 y_{ij}가 큰 값일수록 사건이 일찍 발생함을 의미한다. Rizopoulos(2012)는 결합모형을 다양한 자료 분석에 적용하며 R 패키지 JM, JMbayes를 개발하였다.

(10.6)를 확장하여 경시적 자료(longitudinal data)에 대한 선형 혼합 효과 모형(linear mixed effect model)을 적용함으로써 다른 공변량과의 연관성과 변이를 반영한다.

$$y(t_{ij}|b_i) = \mu_0(t_{ij}) + x_{ij}\beta + b_{i0} + b_{i1}t_{ij} + \epsilon_{ij} = \mu(t_{ij}) + \epsilon_{ij},$$

여기서 $\mu_0(t)$는 경시적 자료의 시간별 추세를 보여 주는 함수이며 β는 고정 효과(fixed effect)를 $b_i = (b_{i0,}\, b_{i1}) \sim BVN(0, \Sigma)$는 개체별 효과(random effect)로 이변량 정규분포를 가정한다. $\epsilon_{ij} \sim N(0, \sigma_e^2)$는 오차이며 b_i와 독립을 가정한다.

다음은 위 모형과 관련되어 고려될 수 있는 위험률 모형의 여러 가지 예이다.

① 결합모형 1 :

$$\lambda_i(t|b_i) = \lambda_0(t)\exp(b_{i0} + Z_i^{'}\gamma)$$

공변량 Z_i의 효과를 동시에 고려하면서 개인별 효과 b_{i0}를 그대로 모형에 적용한다. 6장에서 공부한 프레일티 효과를 떠올려 볼 수 있다. 위 모형은 경시적 자료(시간 가변 공변량)와 사건 발생 위험률 간에 양의 관계가 있음이 확실한 경우에만 고려된다.

② 결합모형 2 :

$$\lambda_i(t|b_i) = \lambda_0(t)\exp(\eta(b_{i0} + b_{i1}t) + z_i'\gamma)$$

경시적 자료의 개인별 효과 $(b_{i0} + b_{i1}t)$를 공변량으로 간주한다. 여기서 η 값을 통해서 경시적 자료(시간 가변 공변량)와 사건 발생 위험률 간의 상관관계를 모형화하게 된다.

③ 결합모형 3 :

$$\lambda_i(t|b_i) = \lambda_0(t)\exp(\eta\mu_i(t) + z_i'\gamma)$$

연구종료 시점에서 추정된 경시적 자료의 평균이 공변량으로 적용된다.

④ 결합모형 4 :

$$\lambda_i(t|b_i) = \lambda_0(t)\exp(\eta M_i(t) + z_i'\gamma), \qquad M_i(t) = \int_0^t \mu_i(s)ds$$

연구종료 시점에서 추정된 경시적 자료의 누적 평균이 공변량으로 적용된다. 위 네 가지 모형 외에도 자료의 특성에 따라 다양한 위험률 모형이 적용될 수 있다(Rizopoulos, 2012).

10.2.2 모수 추정을 위한 EM 알고리즘의 적용

경시적 자료 모형과 생존자료의 위험률 모형은 개체별 효과를 매개로 결합되며, 각 모형을 이루는 모수 $\theta = (\gamma, \sigma_e^2, \beta, \eta, \lambda, \Sigma)$를 추정하기 위해 여러 가지 방법이 적용된다. 이 절에서는 우도함수를 이용하는 방법을 설명한다.

자료 $\{y_i = (y_{i1}, \cdots, y_{in_i}), (t_i, \delta_i), i = 1, \cdots, n\}$와 관련된 공변량 (x_{ij}, z_i)에 대해 위에서 설

명한 위험 모형 중 적절한 모형이 적용된 후 우도함수는 다음과 같이 표현될 수 있다.

$$L(\theta) = \prod_{i=1}^{n}\left\{\prod_{j=1}^{m_i} f_1(y_{ij}|\theta) \times f_2(t_{i,}\delta_i|\theta)\right\}$$

$$f_1(y_{ij}|b_{i,}\theta) = \frac{1}{\sqrt{2\pi\sigma^2}} e^{-\frac{(y_{ij}-\mu_i(t_{ij}))^2}{2\sigma^2}}, \qquad \mu_i(t_{ij}) = z_{ij}\beta + b_{i0} + b_{i1}t_{ij}$$

$$f_2(t_i,\delta_i|b_i,\theta) = \lambda_i(t_i|b_{i,}\theta)^{\delta_i} S_i(t_i|b_i,\theta,)\ , \qquad S_i(t_i|\theta) = \exp(-\Lambda_i(t_i|\theta))$$

여기서 모수를 추정하기 위해 알려지지 않은 랜덤 효과와 관련된 부분을 처리할 필요가 있다. 이를 위해 EM 알고리즘이 적용된다.

E-step에서 랜덤 효과의 함수 $h(b_i)$에 대한 조건부 기댓값은 다음과 같이 표현된다.

$$E(h(b_i)|\hat{\theta},D_i) = \frac{\int_{-\infty}^{\infty} h(b_i)\prod_{j=1}^{n_i} f_1(y_{ij}|\hat{\theta}) f_2(t_{i,}\delta_i|\hat{\theta}) f_3(b_i|\hat{\Sigma}) db_i}{\int_{-\infty}^{\infty}\prod_{j=1}^{n_i} f_1(y_{ij}|\hat{\theta}) f_2(t_{i,}\delta_i|\hat{\theta}) f_3(b_i|\hat{\Sigma}) db_i} \tag{10.8}$$

이때 분자와 분모 계산을 위해 다음의 완전 자료우도함수(complete data likelihood)가 필요하다.

$$L_c(\theta) = \int_{-\infty}^{\infty}\prod_{i=1}^{n}\left\{\prod_{j=1}^{m_i} f_1(z_{ij}|b_{i,}\Sigma)\right\}\times f_2(t_{i,}\delta_i|b_i) f_b(b_i|\Sigma) db_i$$

하지만 랜덤 효과를 적분한 결과는 닫힌 형태를 취할 수 없으며, m-point Gauss-Hermite 구적법과 같은 수치 적분 또는 Laplace 방법, MCMC(Markov Chain Monte Carlo) 등이 적용될 수 있다.

Cox의 비례위험모형에서 기저 위험함수 $\lambda_0(t)$는 β 추정과 별도로 추정되는 반면, 결합모형에서는 우도함수에 포함되어 다른 모수와 함께 유도되어야 한다. 하지만 무한차수(infinite dimension)로 정의되는 $\lambda_0(t)$에 대해서는 적절한 처리가 적용된다. 예를 들어, 모수 분포 가정(지수분포, 와이블 분포), 조각 상수(piecewise-constant) 기저 함수, 또는 스플라인(spline)을 가정할 수 있다. JM 패키지에서는 관련된 여러 가지 옵션을 제공한다.

① method="weibull-AFT-GH" : Weibull 분포를 기저 함수로 하는 AFT 모형을 사용
② method="weibull-PH-GH" : Weibull 분포를 기저 함수로 하는 COX 모형을 사용
③ method="piecewise-PH-GH" : 다음의 조각 상수 기저 함수를 사용

$$\lambda_0(t) = \sum_{q=1}^{Q} \xi_q I(v_{q-1} < t < v_q),$$

M-step에서 위에서 구한 랜덤 효과의 조건부 평균 (10.7)을 이용하여 모수의 최대우도 추정량을 유도한다. 위험률에 포함된 회귀계수에 대해서는 one-step Newton-Raphson 알고리즘이 적용된다.

예제 10.2

1.3.7절에서 설명한 AIDS 환자의 바이오 마커로써 CD4와의 연관성을 고려한다. 467명의 HIV 양성 확진자의 CD4 마커의 변화 패턴과 그들의 사망 위험률 간 연관관계를 조사하기 위해 다음의 결합모형을 적용한다. 먼저 결합모형의 효과를 비교하기 위해 결합모형을 고려하지 않은 비례위험모형 적용을 고려한다.

[방법 1] 사망 시점에서 관측된 CD4 값만 이용한 경우(시간 가변 마커를 무시)

```
> Cox0 <- coxph(Surv(Time,death) ~ drug + sqrt(CD4), data = aids.id)
> summary(Cox0)
  n= 467, number of events= 188
                 coef     exp(coef)   se(coef)      z      Pr(>|z|)
drugddl        0.26461    1.30292    0.14644    1.807    0.0708.
```

```
sqrt(CD4)     -0.79154    0.45315     0.08442     -9.376   <2e-16***
```

위 결과에서 drug(ddI, ddC) 간 사망 위험률에 통계적으로 유의한 차이는 없다 (p-value=0.0708). 하지만 $\hat{\beta}=0.2646$을 통해 ddI는 ddC보다 사망 위험률이 높다는 사실을 알 수 있다. CD4가 작은 환자는 사망할 위험률이 증가하게 된다.

[방법 2] Naive 모형(CD4를 시간 가변 공변량으로만 간주)

결합모형에 적용하는 대신, 각 시점에 관측된 CD4를 시간 가변 공변량으로 간주하여 분석한다. 따라서 (start, stop] 포맷이 적용된다. 아래 결과를 보면 drug와 CD4 변수 모두 유의적인 효과를 보여 주었다. 즉, drug=ddI이고 CD4 값이 작아질수록 위험률이 증가함을 알 수 있다.

```
td.Cox <- coxph(Surv(start, stop, event) ~ drug + sqrt(CD4), data = aids)
summary(td.Cox)
 n=1405, number of events= 188
                  coef     exp(coef)     se(coef)       z        Pr(>|z|)
drugddI         0.32678     1.38650      0.14708      2.222      0.0263*
sqrt(CD4)      -0.72302     0.48528      0.07997     -9.042     <2e-16***
```

[방법 3] 결합모형 적용(CD4를 경시적 자료로 모형화)

기저 위험함수에 대해 조각별 상수를 가정한 결과이다. 관련된 7개의 추정치값 log(xi.1)~log(xi.7)은 서로 비슷한 값을 보여 주었다.

```
fitLME <- lme(sqrt(CD4) ~ obstime + obstime:drug, random = ~ obstime | patient, data =
aids)
fitSURV <- coxph(Surv(Time, death) ~ drug, data = aids.id, x = TRUE)
fit.JM <- jointModel(fitLME, fitSURV, timeVar = "obstime",method = "piecewise-PH-GH")
summary(fit.JM)

Data Descriptives:
Longitudinal Process              Event Process
```

```
Number of Observations: 1405    Number of Events: 188 (40.3%)
Number of Groups: 467

Joint Model Summary:
Longitudinal Process: Linear mixed-effects model
Event Process: Relative risk model with piecewise-constant baseline risk function
Parameterization: Time-dependent

   log.Lik      AIC      BIC
 -2107.647 4247.295 4313.636

Variance Components:
              StdDev    Corr
(Intercept)   0.8660    (Intr)
obstime       0.0388    0.0680
Residual      0.3754
Coefficients:
①Longitudinal Process
                   Value   Std.Err   z-value   p-value
(Intercept)       2.5558   0.0372    68.7961   <0.0001
obstime          -0.0423   0.0046    -9.1931   <0.0001
obstime:drugddl   0.0051   0.0065     0.7821    0.4342

②Event Process
             Value  Std.Err  z-value  p-value
drugddl     0.3511   0.1537   2.2839   0.0224
Assoct     -1.1016   0.1180  -9.3388  <0.0001
log(xi.1)  -1.6489   0.2498  -6.6000
log(xi.2)  -1.3393   0.2394  -5.5940
log(xi.3)  -1.0231   0.2861  -3.5758
log(xi.4)  -1.5802   0.3736  -4.2299
log(xi.5)  -1.4722   0.3500  -4.2069
log(xi.6)  -1.4383   0.4283  -3.3584
log(xi.7)  -1.4780   0.5455  -2.7094
Integration:
method: Gauss-Hermite
quadrature points: 15
Optimization:
Convergence: 0
```

랜덤 효과의 함수에 대한 적분 계산을 위해 Gauss-Hermite 구적법을 디폴트로 사용하였으며, 구적수는 m=15가 적용되었다.

$$CD4_{ij} = \mu(t_{ij}) + \epsilon_{ij} = \beta_0 + \beta_1 t_{ij} + \beta_2 t_{ij} ddI + b_{i0} + b_{i1} t_{ij} + \epsilon_{ij}$$

$$\lambda(t) = \lambda_0(t)\exp(\gamma I(ddI) + \eta\mu_i(t))$$

CD4에 대한 경시적 모형(longitudinal data model)의 회귀계수 값을 통해 시간의 경과에 따라 감소하는 추세를 보이지만 두 약제 간 차이는 유의하지 않았다(①). 한편 CD4와 사망 위험률과의 연관성은 Assoct=-1.1016이며 p-value<0.001로, CD4와 사망 위험률 간 음의 관계를 보여 준다. 이는 [방법 2]보다 더 작은 p-value를 보여 준다. 또한 [방법 1]과 달리 ddI는 ddC보다 사망 위험률에 유의적인 차이를 보여 준다(②).

결합모형의 예측력 평가를 위해 다음과 같이 정의되는 다이나믹 민감도(dynamic sensitivity)와 다이나믹 특이도(dynamic specificity)를 정의한다. 즉, t시점에서 발생된 사건을 예측하기 위해 두 시점 $(s<t)$에서 관측된 정보를 이용한다.

$$se(s,t,c) = \Pr(\pi(t|s) < c | T \in (s,t]), \qquad sp(s,t,c) = \Pr(\pi(t|s) > c | T > t)$$

여기서 위험점수는 $\pi_j(t|s)$는 두 시점에서 추정된 생존함수의 비율로 기존의 민감도와 특이도와 달리 위험점수가 값이 작을수록 사건 발생 가능성이 높다.

$$\pi_j(u|s) = \frac{S_j(u|H_j(u,\hat{b}_j),\hat{\theta})}{S_j(s|H_j(s,\hat{b}_j),\hat{\theta})}$$

이때 $H_j(s,b_j)$는 j번째 관측 대상의 경시적 자료의 history를 보여 주며 경시적 자료의 시간적 추세 영향력을 반영하기 위해 두 시간대(s,t)를 고려한 민감도와 특이도가 계산된 것을 확인할 수 있다. 이에 근거한 다이내믹 AUC는 다음과 같이 정의된다.

$$AUC(s,t) = \Pr(\pi_i(t|s) < \pi_j(t|s) \mid T_i \in (s,t) \cap T_j > s)$$

예를 들어, $s=14,\ t=17$인 경우 위 결합모형의 AUC는 다음과 같은 프로그램을 이용하여 구할 수 있다. 14 시점까지 생존해 있는 두 사람 중에 (14,17) 시점에 사건을 경험한 사람이 생존할 확률이 더 작을 확률을 추정한다.

```
> aucJM(fit.aids, aids, Tstart = 14, Thoriz =17,idVar="patient")

    Time-dependent AUC for the Joint Model fit.aids

Estimated AUC: 0.737
At time: 17
Using information up to time: 14 (198 subjects still at risk)
```

부록

2장 비모수 방법을 이용한 생존함수의 추정

[코드]

```
/* 예제2.1 심근경색 환자와 연관된 임상시험결과를 요약한 자료 */
title'예제 2.1 : 생명표에서 생존함수추정';
DATA;
        INPUT year total status number;
        DATALINES;
        0.5   146    1    27
        0.5   146    0     3
        1.5   116    1    18
        1.5   116    0    10
        2.5    88    1    21
        2.5    88    0    10
        3.5    57    1     9
        3.5    51    0     3
        4.5    45    1     1
        4.5    45    0     3
        5.5    41    1     2
        5.5    41    0    11
        6.5    28    1     3
        6.5    28    0     5
        7.5    20    1     1
        7.5    20    0     8
        8.5    11    1     2
        8.5    11    0     1
        9.5     8    1     2
        9.5     8    0     6
        ;
        PROC LIFETEST METHOD = LIFE INTERVALS = 1 2 3 4 5 6 7 8 9 10 PLOTS = (S, H);
                TIME year*status(0);
                FREQ number;
RUN;
```

[결과]

예제 2.1 : 생명표에서 생존함수추정

The LIFETEST Procedure

Life Table Survival Estimates															
Interval		Number Failed	Number Censored	Effective Ssmple Size	Conditional Probability ofFailure	Conditional Probability Standard Error	Survival	Failure	Survival Standard Error	Median Residual Lifetime	Median Standard Error	Evaluated at the Midpoint of the Interval			
[Lower,	Upper)											PDF	PDF Standard Error	Hazard	Hazard Standard Error
0	1	27	3	144.5	0.1869	0.0324	1	0	0	3.108	0.504	0.1869	0.0324	0.2061	0.0394
1	2	18	10	111	0.1622	0.035	0.8131	0.1869	0.0324	4.4265	1.6443	0.1319	0.0289	0.1764	0.0414
2	3	21	10	83	0.253	0.0477	0.6813	0.3187	0.0393	5.287	1.7247	0.1724	0.034	0.2896	0.0625
3	4	9	3	55.5	0.1622	0.0495	0.5089	0.4911	0.0438	6.0835	0.3244	0.0825	0.0262	0.1764	0.0585
4	5	1	3	43.5	0.023	0.0227	0.4264	0.5736	0.0445	5.4753	0.307	0.0098	0.0097	0.0232	0.0232
5	6	2	11	35.5	0.0563	0.0387	0.4166	0.5834	0.0446	4.5219	0.332	0.0235	0.0163	0.0579	0.0409
6	7	3	5	25.5	0.1176	0.0638	0.3931	0.6069	0.045	3.6333	0.3697	0.0462	0.0256	0.125	0.072
7	8	1	8	16	0.0625	0.0605	0.3469	0.6531	0.047	2.8529	0.4118	0.0217	0.0212	0.0645	0.0644
8	9	2	1	10.5	0.1905	0.1212	0.3252	0.6748	0.0488	1.9559	0.4765	0.0619	0.0405	0.2105	0.148
9	10	2	6	5	0.4	0.2191	0.2632	0.7368	0.0558	.	.	0.1053	0.0618	0.5	0.3423
10	.	0	0	0	0	0	0.1579	0.8421	0.0667	.	.	.	.	.	.

SummaryoftheNumberofCensoredandUncensoredValues			
Total	Failed	Censored	Percent Censored
146	86	60	41.1

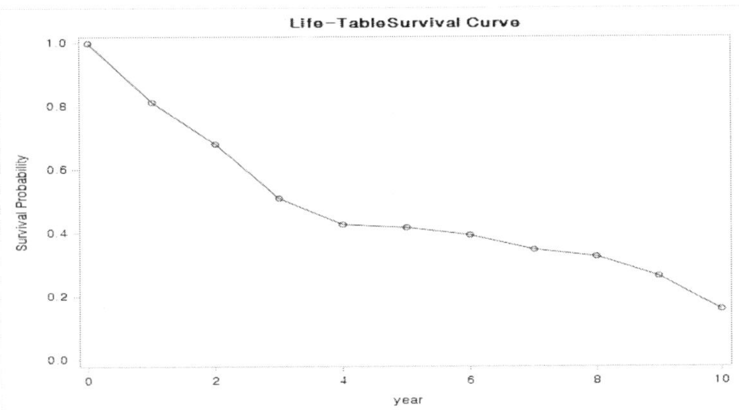

예제 2.1_life table Survival Curve

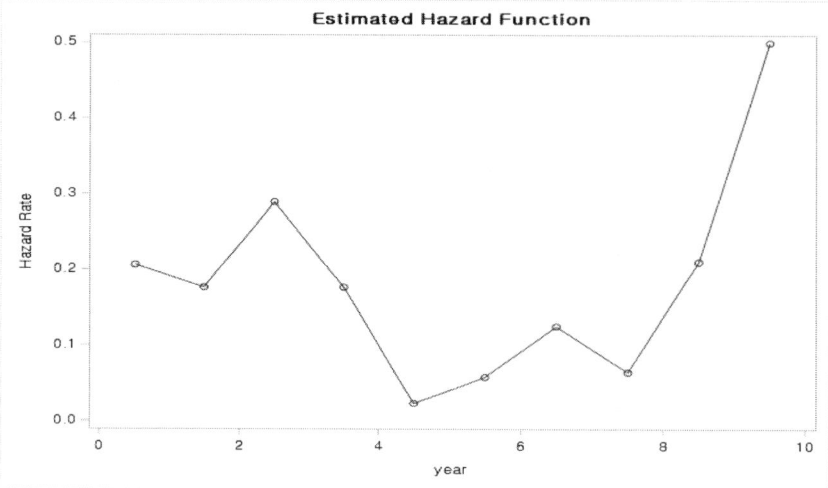

예제 2.1_hazard ft

[코드]

```
/* 2.2 누적 한계 추정량 또는 Kaplan-Meier 추정량 */
/* 예제 2.2 AML 자료 */
   title'예제 2.2 AML자료 : 백혈병';
   DATA AML;
        INPUT aml status;
        DATALINES;
          9   1
         13   1
         13   1
         18   1
         23   1
         28   1
         31   1
         34   1
         45   1
         48   1
        161   1
        ;
ODS GRAPHICS ON;
        PROC LIFETEST METHOD = KM  PLOTS=s OUTSURV = AML CONFTYPE = LOG;
             TIME aml * status(0);
        RUN;
ODS GRAPHICS OFF;
PROC PRINT DATA=AML ;
        Title "예제 2.2 AML자료 : 95% 신뢰구간";
RUN;
```

[결과]

예제 2.2 AML자료 : 백혈병

The LIFETEST Procedure

Product-Limit Survival Estimates					
aml	Survival	Failure	Survival Standard Error	Number Failed	Number Left
0	1	0	0	0	11
9	0.9091	0.0909	0.0867	1	10
13	.	.	.	2	9
13	0.7273	0.2727	0.1343	3	8
18	0.6364	0.3636	0.145	4	7
23	0.5455	0.4545	0.1501	5	6
28	0.4545	0.5455	0.1501	6	5
31	0.3636	0.6364	0.145	7	4
34	0.2727	0.7273	0.1343	8	3
45	0.1818	0.8182	0.1163	9	2
48	0.0909	0.9091	0.0867	10	1
161	0	1	.	11	0

Summary Statistics for Time Variable aml

QuartileEstimates				
Percent	Point Estimate	95% Confidence Interval		
		Transform	[Lower	Upper)
75	45	LOGLOG	23	.
50	28	LOGLOG	13	45
25	13	LOGLOG	9	28

Mean	Standard Error
38.455	12.848

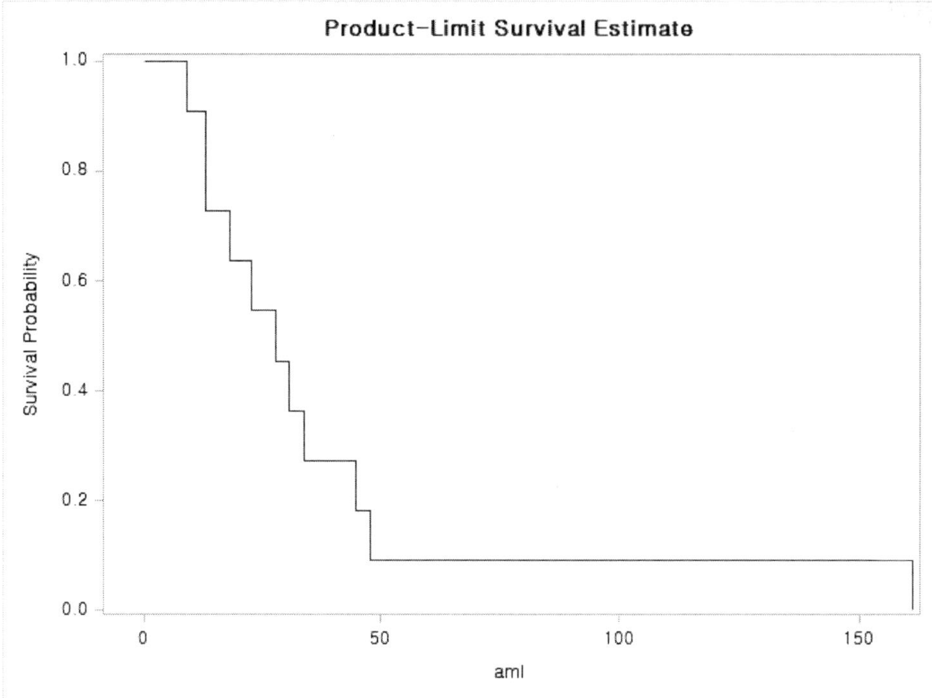

예제 2.2_중도절단자료가 없다는 가정에서 생존함수추정량

SummaryoftheNumberofCensoredand UncensoredValues			
Total	Failed	Censored	Percent Censored
11	11	0	0

예제 2.2 AML자료 : 95% 신뢰구간

OBS	aml	_CENSOR_	SURVIVAL	SDF_LCL	SDF_UCL
1	0	.	1	1	1
2	9	0	0.90909	0.75413	1
3	13	0	0.72727	0.50645	1
4	18	0	0.63636	0.4071	0.99475
5	23	0	0.54545	0.31803	0.9355
6	28	0	0.45455	0.23792	0.8684
7	31	0	0.36364	0.1664	0.79466
8	34	0	0.27273	0.1039	0.71587
9	45	0	0.18182	0.0519	0.63689
10	48	0	0.09091	0.01403	0.58911
11	161	0	0	.	.

[코드]

```
/* 예제 2.3 우중도절단자료의 생존함수추정 AML 자료 */
title '예제 2.3 우중도절단자료의 생존함수추정 - Kaplan-Meir';
DATA AML2;
        INPUT aml status;
        DATALINES;
          9   1
         13   1
         13   0
         18   1
         23   1
         28   0
         31   1
         34   1
         45   0
         48   1
        161   0
        ;
ODS GRAPHICS ON;
        PROC LIFETEST METHOD = KM OUTSURV = AML2  PLOTS=s alphaqt = 0.05
              CONFTYPE = LOG;
              TIME aml * status(0);
        RUN;
ODS GRAPHICS OFF;
PROC PRINT DATA=AML2;
        Title "예제 2.3 AML2자료 : 95% 신뢰구간";
RUN;
```

[결과]

Product-Limit Survival Estimates

aml	Survival	Failure	Survival Standard Error	Number Failed	Number Left
0	1	0	0	0	11
9	0.9091	0.0909	0.0867	1	10
13	0.8182	0.1818	0.1163	2	9
13*	.	.	.	2	8
18	0.7159	0.2841	0.1397	3	7
23	0.6136	0.3864	0.1526	4	6
28*	.	.	.	4	5
31	0.4909	0.5091	0.1642	5	4
34	0.3682	0.6318	0.1627	6	3
45*	.	.	.	6	2
48	0.1841	0.8159	0.1535	7	1
161*	.	.	.	7	0

Note: The marked survival times are censored observations.

Summary Statistics for Time Variable aml

Quartile Estimates				
Percent	Point Estimate	95% Confidence Interval		
		Transform	[Lower	Upper)
75	48	LOGLOG	31	.
50	31	LOGLOG	13	.
25	18	LOGLOG	9	34

Mean	Standard Error
31.843	4.891

Note: The mean survival time and its standard error were underestimated because the largest observation was censored and the estimation was restricted to the largest event time.

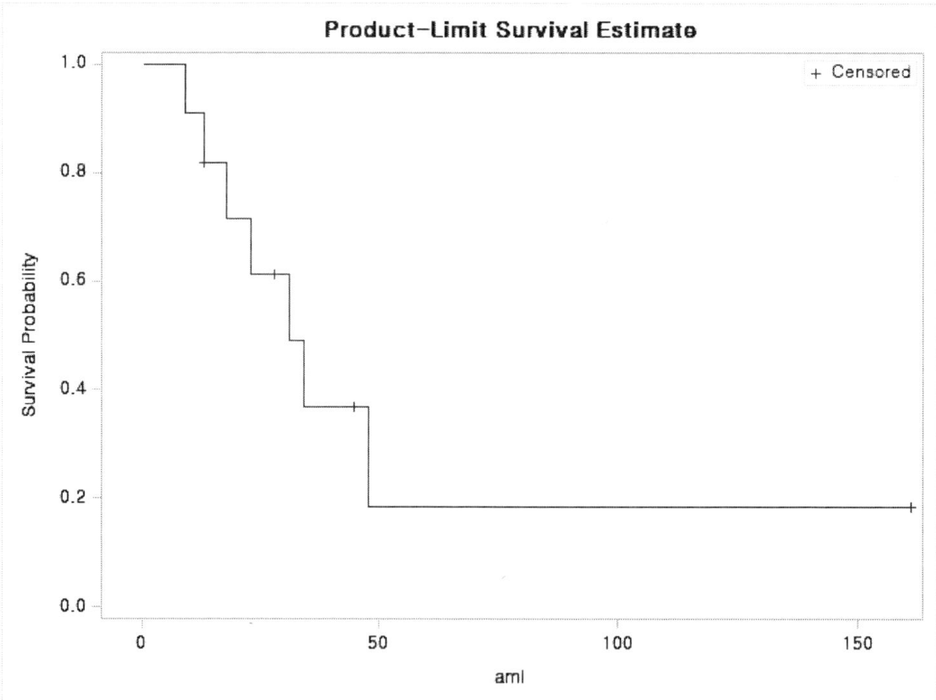

예제 2.3_우중도절단자료 생존함수추정량

Summary of the Number of Censored and Uncensored Values			
Total	Failed	Censored	Percent Censored
11	7	4	36.36

예제 2.3 AML2자료 : 95% 신뢰구간

OBS	aml	_CENSOR_	SURVIVAL	SDF_LCL	SDF_UCL
1	0	.	1	1	1
2	9	0	0.90909	0.75413	1
3	13	0	0.81818	0.61925	1
4	13	1	0.81818	.	.
5	18	0	0.71591	0.48843	1
6	23	0	0.61364	0.37687	0.99916
7	28	1	0.61364	.	.
8	31	0	0.49091	0.25486	0.94558
9	34	0	0.36818	0.15488	0.87526
10	45	1	0.36818	.	.
11	48	0	0.18409	0.03592	0.94353
12	161	1	.	.	.

[코드]

```
/* 예제 2.3 신뢰구간 : log-log */
title '예제 2.3 신뢰구간 : log-log';
  DATA AML2;
        INPUT aml status;
        DATALINES;
          9   1
         13   1
         13   0
         18   1
         23   1
         28   0
         31   1
         34   1
         45   0
         48   1
        161   0
        ;
ODS GRAPHICS ON;
        PROC LIFETEST METHOD = KM OUTSURV = AML2  PLOTS=s CONFTYPE =
LOGLOG;
              TIME aml * status(0);
        RUN;
ODS GRAPHICS OFF;
PROC PRINT DATA=AML2;
        Title "예제 2.3 AML2자료 : log-log 95% 신뢰구간";
RUN;
```

[결과]

예제 2.3 신뢰구간 : log-log

The LIFETEST Procedure

Product-Limit Survival Estimates					
aml	Survival	Failure	Survival Standard Error	Number Failed	Number Left
0	1	0	0	0	11
9	0.9091	0.0909	0.0867	1	10
13	0.8182	0.1818	0.1163	2	9
13*	.	.	.	2	8
18	0.7159	0.2841	0.1397	3	7
23	0.6136	0.3864	0.1526	4	6
28*	.	.	.	4	5
31	0.4909	0.5091	0.1642	5	4
34	0.3682	0.6318	0.1627	6	3
45*	.	.	.	6	2
48	0.1841	0.8159	0.1535	7	1
161*	.	.	.	7	0

Note: The marked survival times are censored observations.

Summary Statistics for Time Variable aml

Quartile Estimates				
Percent	Point Estimate	95% Confidence Interval		
		Transform	[Lower	Upper)
75	48	LOGLOG	31	.
50	31	LOGLOG	13	.
25	18	LOGLOG	9	34

Mean	Standard Error
31.843	4.891

Note: The mean survival time and its standard error were underestimated because the largest observation was censored and the estimation was restricted to the largest event time.

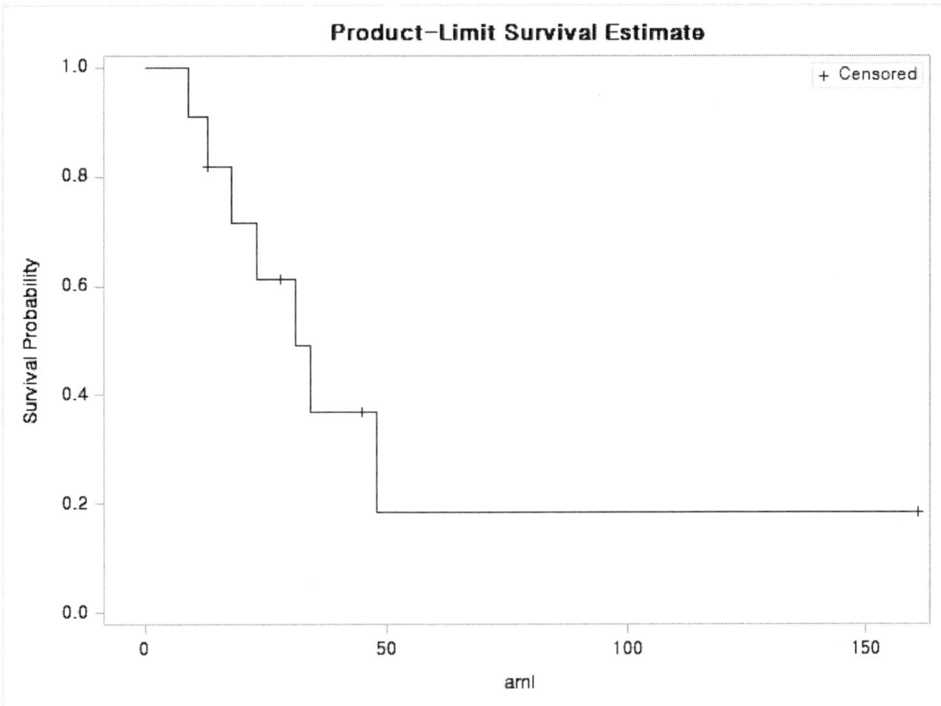

예제 2.3_우중도절단자료 생존함수추정량_log_log

Summary of the Number of Censored and Uncensored Values			
Total	Failed	Censored	Percent Censored
11	7	4	36.36

예제 2.3 AML2자료 : log-log 95% 신뢰구간

OBS	aml	_CENSOR_	SURVIVAL	SDF_LCL	SDF_UCL
1	0	.	1	1	1
2	9	0	0.90909	0.50808	0.98667
3	13	0	0.81818	0.44743	0.95116
4	13	1	0.81818	.	.
5	18	0	0.71591	0.35019	0.89902
6	23	0	0.61364	0.26575	0.8353
7	28	1	0.61364	.	.
8	31	0	0.49091	0.16733	0.7534
9	34	0	0.36818	0.09283	0.65704
10	45	1	0.36818	.	.
11	48	0	0.18409	0.01174	0.52501
12	161	1	.	.	.

[코드]

```
/* 2.3 누적위험함수와 여러 가지 통계량 */
/*Kaplan-Meier 추정량과 Nelson-Aalen 추정량 비교*/
title "Nelson-Aalen 추정량";
  DATA AML2;
        INPUT aml status;
        DATALINES;
          9   1
         13   1
         13   0
         18   1
         23   1
         28   0
         31   1
         34   1
         45   0
         48   1
        161   0
         ;
ODS GRAPHICS ON;
PROC LIFETEST DATA=AML2  NELSON  PLOTS=LS;
        TIME aml * status(0);
RUN;
ODS GRAPHICS OFF;
```

[결과]

Nelson-Aalen 추정량

The LIFETEST Procedure

Survival Function and Cumulative Hazard Rate							
aml	Product-Limit			Nelson-Aalen		Number Failed	Number Left
	Survival	Failure	Survival Standard Error	Cumulative Hazard	Cum Haz Hazard Error		
0	1	0	0	0	.	0	11
9	0.9091	0.0909	0.0867	0.0909	0.0909	1	10
13	0.8182	0.1818	0.1163	0.1909	0.1351	2	9
13*	.	.	.	.	.	2	8
18	0.7159	0.2841	0.1397	0.3159	0.1841	3	7
23	0.6136	0.3864	0.1526	0.4588	0.233	4	6
28*	.	.	.	.	.	4	5
31	0.4909	0.5091	0.1642	0.6588	0.3071	5	4
34	0.3682	0.6318	0.1627	0.9088	0.396	6	3
45*	.	.	.	.	.	6	2
48	0.1841	0.8159	0.1535	1.4088	0.6378	7	1
161*	.	.	.	.	.	7	0

Note: The marked survival times are censored observations.

Summary Statistics for Time Variable aml

QuartileEstimates				
Percent	Point Estimate	95% Confidence Interval		
		Transform	[Lower	Upper)
75	48	LOGLOG	31	.
50	31	LOGLOG	13	.
25	18	LOGLOG	9	34

Mean	Standard Error
31.843	4.891

Note: The mean survival time and its standard error were underestimated because the largest observation was censored and the estimation was restricted to the largest event time.

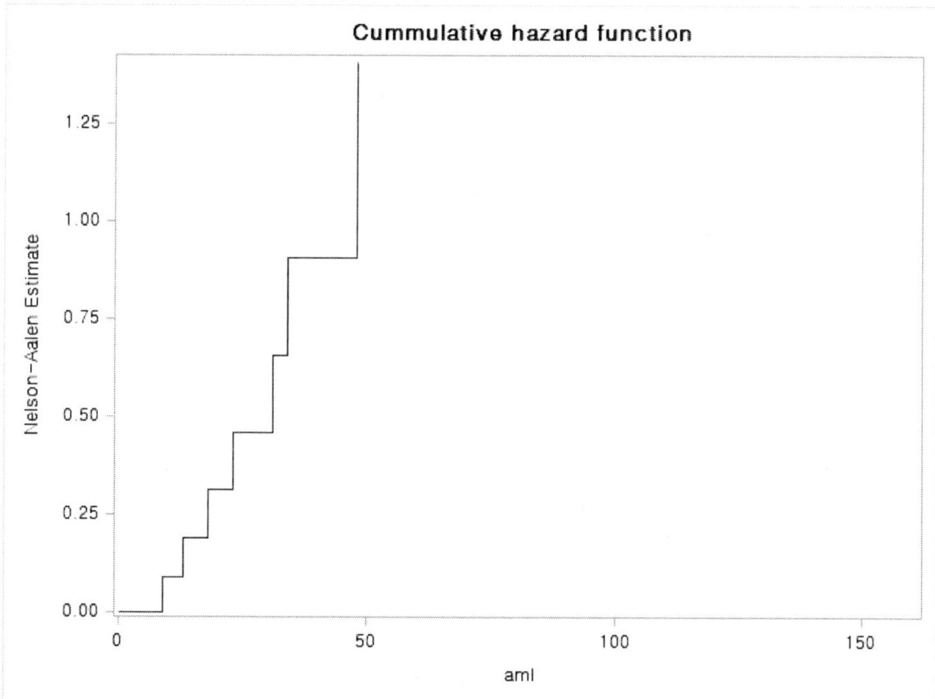

2.3장_cummulatvie hazard ft

[코드]

```
/* 예제 2.5 요양원 자료 */
title '예제 2.5 : 요양원자료, 중도절단자료';
PROC IMPORT OUT = WORK.chan
        DATAFILE = "C:₩data₩channing.csv"
        DBMS = CSV
        REPLACE;
        GETNAMES = YES;
RUN;
ODS GRAPHICS ON;
PROC PHREG  DATA = WORK.chan PLOTS = S;
        MODEL (ageentry, age) * death(0) = gender;
        STRATA gender;
        BASELINE OUT = a SURVIVAL = s LOWER = lcl UPPER = ucl;
PROC PRINT DATA = a;
RUN;
ODS GRAPHICS OFF;
```

[결과]

예제 2.5 : 요양원자료, 중도절단자료

The PHREG Procedure

Model Information	
Data Set	WORK.CHAN
Dependent Variable	ageentry
Dependent Variable	age
Censoring Variable	death
Censoring Value(s)	0
Ties Handling	BRESLOW

Number of Observations Read	462
Number of Observations Used	458

Summary of the Number of Event and Censored Values					
Stratum	gender	Total	Event	Censored	Percent Censored
1	1	96	46	50	52.08
2	2	362	130	232	64.09
Total		458	176	282	61.57

Convergence Status
Convergence criterion (GCONV=1E-8) satisfied.

Model Fit Statistics		
Criterion	Without Covariates	With Covariates
−2 LOG L	1405.520	1405.52
AIC	1405.52	1405.52
SBC	1405.52	1405.52

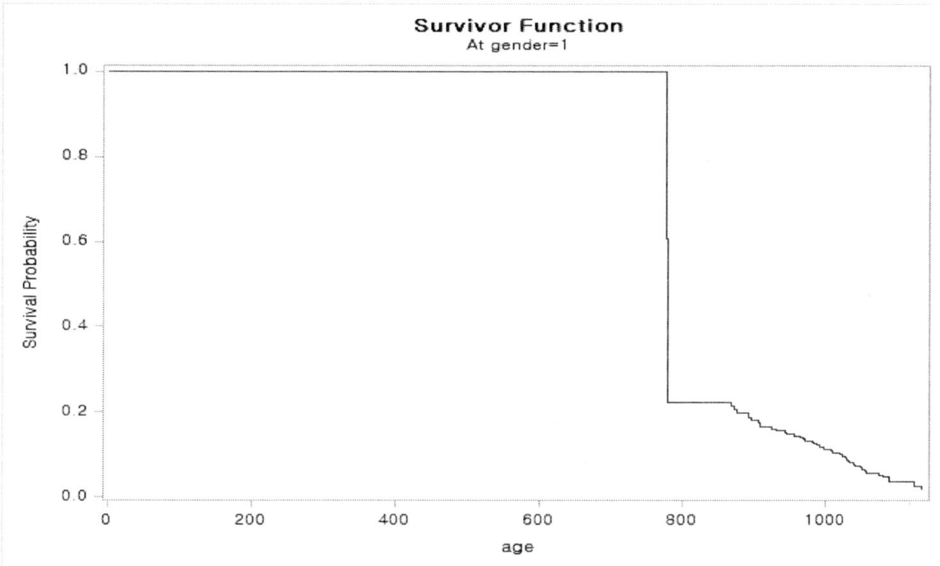

예제 2.5_gender1 survival ft

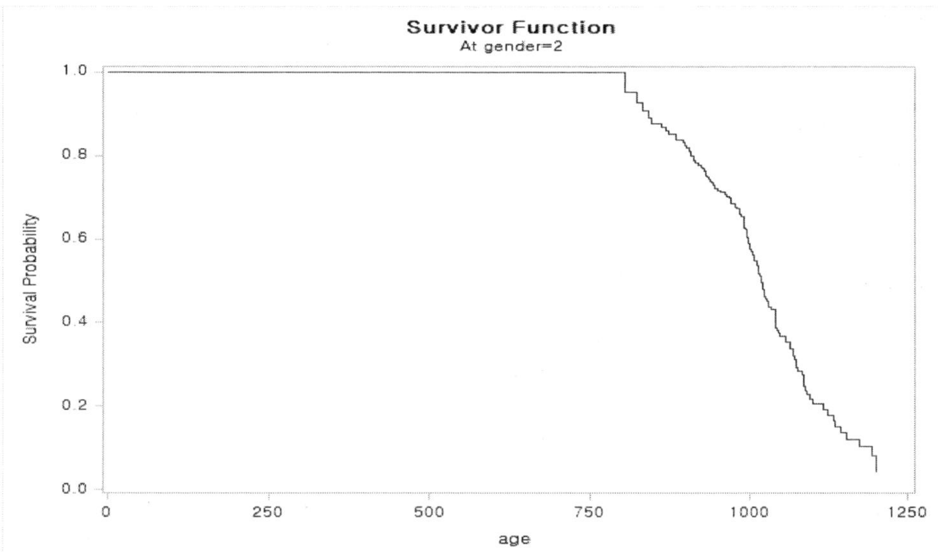

예제 2.5_gender2 survival ft

예제 2.5 : 요양원자료

OBS	gender	age	s	lcl	ucl
1	1	0	1	.	.
2	1	777	0.60653	0.22764	1
3	1	781	0.22313	0.02494	1
4	1	869	0.21402	0.02389	1
5	1	872	0.20563	0.02292	1
6	1	876	0.19757	0.02199	1
7	1	893	0.19167	0.02131	1
			⋮		
45	2	0	1	.	.
46	2	804	0.9535	0.86853	1
47	2	822	0.92738	0.8324	1
48	2	830	0.90743	0.80793	1
49	2	840	0.89192	0.7903	1
50	2	845	0.87851	0.77563	0.99504
51	2	861	0.8688	0.76561	0.98591
			⋮		

[코드]

```
/* ageentry >781인 경우의 dataset : channing01 -> 781개월(약 65세)을 절삭되는 시간 */
title 'channing$ageentry > 781인 경우만 고려';
DATA WORK.chan;
        set WORK.chan;
        IF ageentry > 781 THEN OUTPUT WORK.chan;
RUN;
ODS GRAPHICS ON;
PROC PHREG  DATA = WORK.chan PLOTS = S;
        MODEL (ageentry, age) * death(0) = gender;
        STRATA gender;
        BASELINE OUT = a SURVIVAL = s LOWER = lcl UPPER = ucl;
PROC PRINT DATA = a;
RUN;
ODS GRAPHICS OFF;
```

[결과]

예제 2.5 : channing$ageentry 〉 781인 경우만 고려

The PHREG Procedure

Model Information	
Data Set	WORK.CHAN
Dependent Variable	ageentry
Dependent Variable	age
Censoring Variable	death
Censoring Value(s)	0
Ties Handling	BRESLOW

NumberofObservationsRead	450
Number of Observations Used	446

Summary of the Number of Event and Censored Values					
Stratum	gender	Total	Event	Censored	Percent Censored
1	1	94	44	50	53.19
2	2	352	128	224	63.64
Total		446	172	274	61.43

Convergence Status
Convergence criterion (GCONV=1E−8) satisfied.

ModelFitStatistics		
Criterion	Without Covariates	With Covariates
−2 LOG L	1387.862	1387.862
AIC	1387.862	1387.862
SBC	1387.862	1387.862

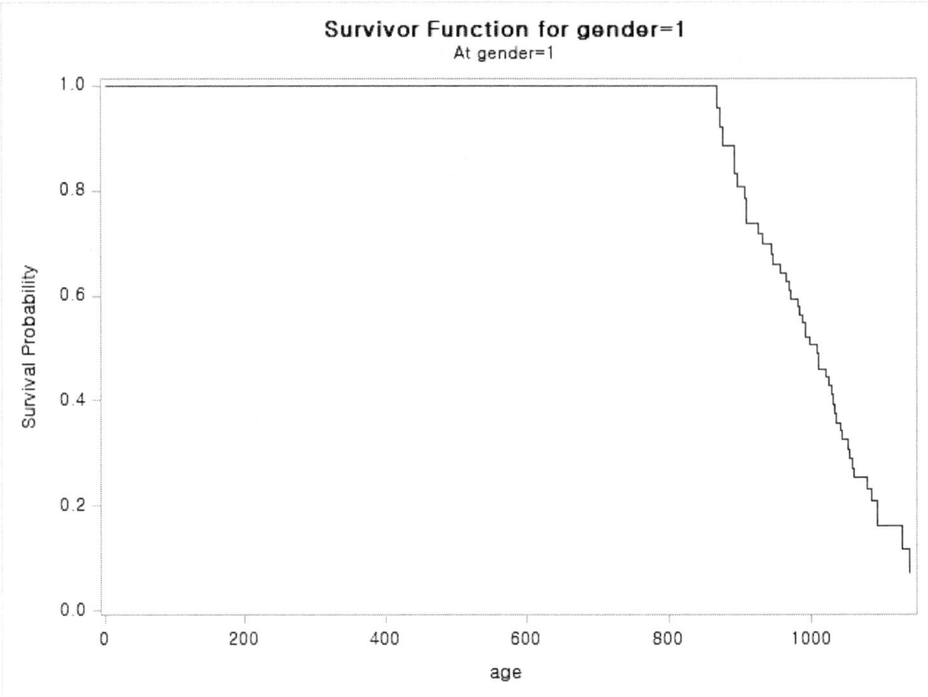

예제 2.5_gender1 survival ft_781 이상

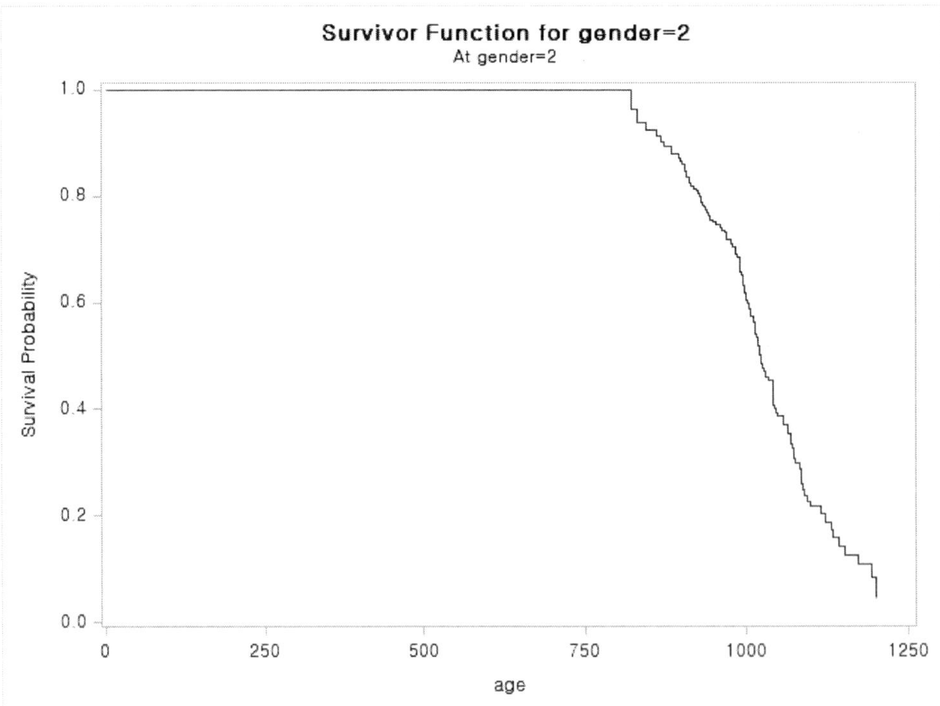

예제 2.5_gender2 survival ft_781 이상

channing$ageentry 〉 781인 경우만 고려

OBS	gender	age	s	lcl	ucl
1	1	0	1	.	.
2	1	777	0.95919	0.88397	1
3	1	781	0.92158	0.82294	1
4	1	869	0.88544	0.77154	1
5	1	872	0.85901	0.73939	0.998
6	1	876	0.83337	0.70923	0.97924
7	1	893	0.80773	0.67973	0.95984
⋮					
45	2	0	1	.	.
46	2	804	0.96492	0.89968	1
47	2	822	0.93985	0.86159	1
48	2	830	0.92406	0.84193	1
49	2	840	0.91312	0.82957	1
50	2	845	0.90346	0.81896	0.99668
51	2	861	0.89456	0.80935	0.98874
⋮					

[코드]

```
/* 예제 2.6 유방암 자료 */
title '예제 2.6';
PROC IMPORT OUT = WORK.bcos
        DATAFILE = "C:\data\bcos.csv"
        DBMS = CSV
        REPLACE;
        GETNAMES = YES;
RUN;
DATA WORK.bcos;
SET WORK.bcos;
IF right='Inf' THEN right2=.I;
ELSE right2=right;
RUN;
ODS GRAPHICS ON;
PROC ICLIFETEST DATA = WORK.bcos PLOT = S;
 TIME (left, right2);
 STRATA treatment;
RUN;
ODS GRAPHICS OFF;
```

[결과]

예제 2.6

The ICLIFETEST Procedure

DataandMethodsInformation	
Data Set	WORK.BCOS
Left Boundary	left
Right Boundary	right2
Estimation Method	EMICM
Number of Observations Read	94
Number of Observations Used	94
Number of Imputations for Standard Errors	1000
Imputation Seed	85296001

예제 2.6

The ICLIFETEST Procedure
Stratum 1: treatment = Rad

Nonparametric Survival Estimates				
		Probability Estimate		Imputation Standard Error
Time Interval		Failure	Survival	
0	4	0	1	0
5	6	0.0463	0.9537	0.0356
7	7	0.0797	0.9203	0.0459
8	11	0.1684	0.8316	0.0584
12	24	0.2391	0.7609	0.0629
25	33	0.3318	0.6682	0.0707
34	38	0.4136	0.5864	0.0739
40	46	0.5344	0.4656	0.0759
48	Inf	1	0	0

NOTE: The estimation algorithm converged.

Quartile Estimates				
Percentile	Point Estimate	95% Confidence Interval		
		Transform	[Lower	Upper)
75	.	LOGLOG	.	.
50	40	LOGLOG	34	48
25	25	LOGLOG	8	34

예제 2.6

The ICLIFETEST Procedure
Stratum 2: treatment = RadCh

Nonparametric Survival Estimates				
		Probability Estimate		Imputation Standard Error
Time Interval		Failure	Survival	
0	4	0	1	0
5	5	0.0433	0.9567	0.0335
8	11	0.0866	0.9134	0.0413
12	16	0.1558	0.8442	0.0568
17	18	0.3012	0.6988	0.0764
19	19	0.4423	0.5577	0.0846
20	24	0.558	0.442	0.0775
25	30	0.6579	0.3421	0.0744
31	35	0.7288	0.2712	0.0673
36	44	0.8896	0.1104	0.0479
48	48	0.9448	0.0552	0.0351
60	Inf	1	0	0

NOTE: The estimation algorithm converged.

Quartile Estimates				
Percentile	Point Estimate	95% Confidence Interval		
		Transform	[Lower	Upper)
75	36	LOGLOG	25	36
50	20	LOGLOG	19	25
25	17	LOGLOG	12	19

Number of Censored and Uncensored Values						
Stratum ID	treatment	Total	Type of Censoring			Uncensored
			Left	Interval	Right	
1	Rad	46	3 (6.5%)	18 (39.1%)	25 (54.3%)	0 (0.0%)
2	RadCh	48	2 (4.2%)	33 (68.8%)	13 (27.1%)	0 (0.0%)
Total		94	5 (5.3%)	51 (54.3%)	38 (40.4%)	0 (0.0%)

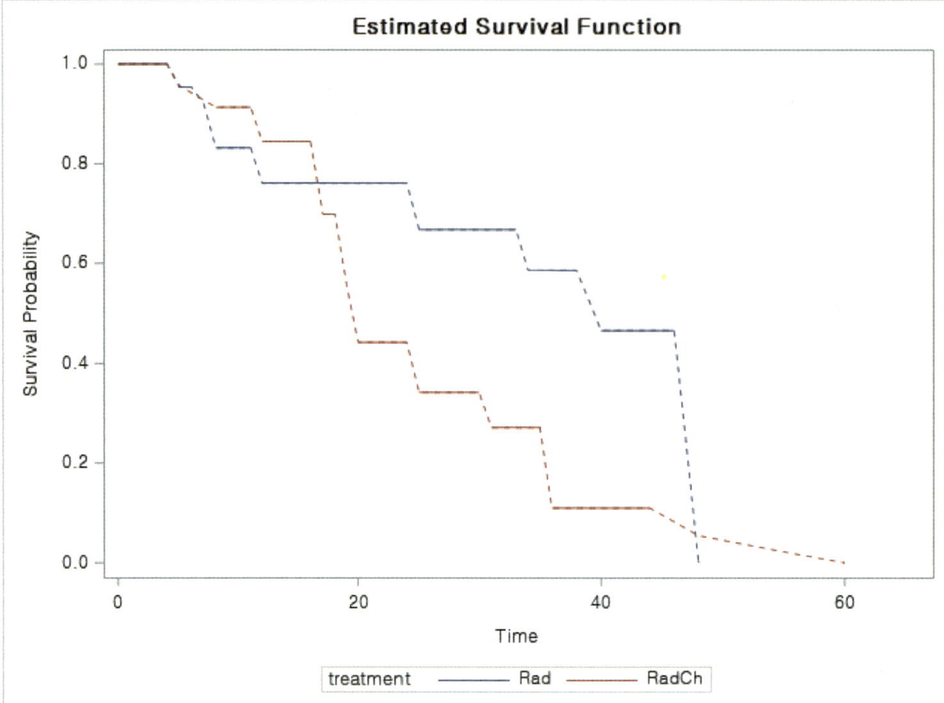

예제 2.6_구간중도절단자료

3장 생존함수의 비교

[코드]

```
/*예제 3.1 로그 순위검정(AML자료)*/
title '로그 순위검정 - [예제 3.1](AML 자료)';
DATA AML4;
INPUT amlt statust group;
DATALINES;
 9    1    1
131   1
130   1
181   1
231   1
280   1
311   1
341   1
450   1
481   1
```

```
161   0   1
  5   1   0
  5   1   0
  8   1   0
  8   1   0
 12   1   0
 16   0   0
 23   1   0
 27   1   0
 30   1   0
 33   1   0
 43   1   0
 45   1   0
  :

ODS GRAPHICS ON;
PROC LIFETEST DATA=AML4;
TIME amlt*statust(0);
STRATA group;
RUN;
ODS GRAPHICS OFF;
```

[결과]

로그 순위검정 – [예제 3.1](AML 자료)

The LIFETEST Procedure
Stratum 2: group = 1

Product-Limit Survival Estimates					
amlt	Survival	Failure	Survival Standard Error	Number Failed	Number Left
0	1	0	0	0	11
9	0.9091	0.0909	0.0867	1	10
13	0.8182	0.1818	0.1163	2	9
13*	.	.	.	2	8
18	0.7159	0.2841	0.1397	3	7
23	0.6136	0.3864	0.1526	4	6
28*	.	.	.	4	5
31	0.4909	0.5091	0.1642	5	4
34	0.3682	0.6318	0.1627	6	3
45*	.	.	.	6	2
48	0.1841	0.8159	0.1535	7	1
161*	.	.	.	7	0

Note: The marked survival times are censored observations.

Summary Statistics for Time Variable aml

QuartileEstimates				
Percent	Point Estimate	95% Confidence Interval		
		Transform	[Lower	Upper)
75	48	LOGLOG	31	.
50	31	LOGLOG	13	.
25	18	LOGLOG	9	34

Mean	Standard Error
31.843	4.891

Note: The mean survival time and its standard error were underestimated because the largest observation was censored and the estimation was restricted to the largest event time.

Summary of the Number of Censored and Uncensored Values					
Stratum	group	Total	Failed	Censored	Percent Censored
1	0	12	11	1	8.33
2	1	11	7	4	36.36
Total		23	18	5	21.74

로그 순위검정 – [예제 3.1](AML 자료)

The LIFETEST Procedure

Testing Homogeneity of Survival Curves for amlt over Strata

Rank Statistics		
group	Log-Rank	Wilcoxon
0	3.6893	50
1	-3.6893	-50

Covariance Matrix for the Log-RankStatistics		
group	0	1
0	4.00755	-4.00755
1	-4.00755	4.00755

Covariance Matrix for the Wilcoxon Statistics		
group	0	1
0	918	-918
1	-918	918

Test of Equality over Strata			
Test	Chi-Square	DF	Pr > Chi-Square
Log-Rank	3.3964	1	0.0653
Wilcoxon	2.7233	1	0.0989
-2Log(LR)	4.0613	1	0.0439

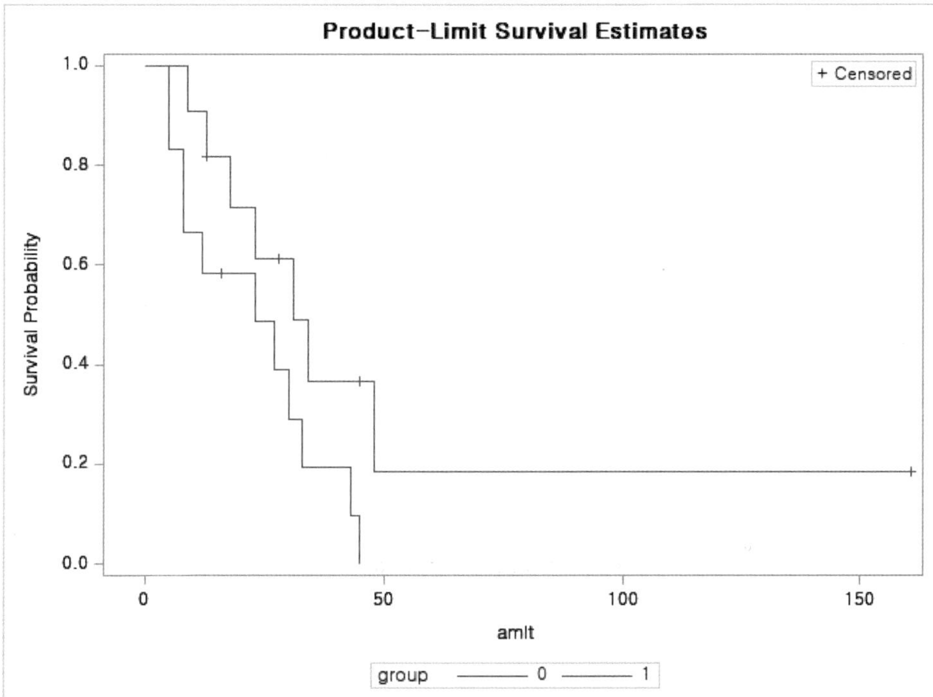

예제 3.1_AML자료에서 두 그룹의 생존함수 비교

[코드]

```
/*예제 3.2 가중 로그 순위검정(신장투석 자료)*/
title '가중 로그 순위검정 - [예제 3.2](kidney 자료)';
PROC IMPORT OUT = WORK.kidney
DATAFILE = "C:₩Users₩skdms₩Desktop₩sas₩나은코드₩data₩kidney.csv"
DBMS = CSV REPLACE;
GETNAMES = YES;
RUN;
ODS GRAPHICS ON;
PROC LIFETEST DATA=kidney;
TIME time*delta(0);
STRATA type / TEST=FH(0,5);
RUN;
ODS GRAPHICS OFF;
```

[결과]

가중 로그 순위검정 – [예제 3.2](kidney 자료)

The LIFETEST Procedure
Testing Homogeneity of Survival Curves for time over Strata

Rank Statistics	
type	Fleming
1	0.016
2	−0.016

Covariance Matrix for the Fleming Statistics		
type	1	2
1	0.000065	−0.000065
2	−0.000065	0.000065

Test of Equality over Strata			
Test	Chi−Square	DF	Pr > Chi−Square
Fleming(0.5)	3.9302	1	0.0474

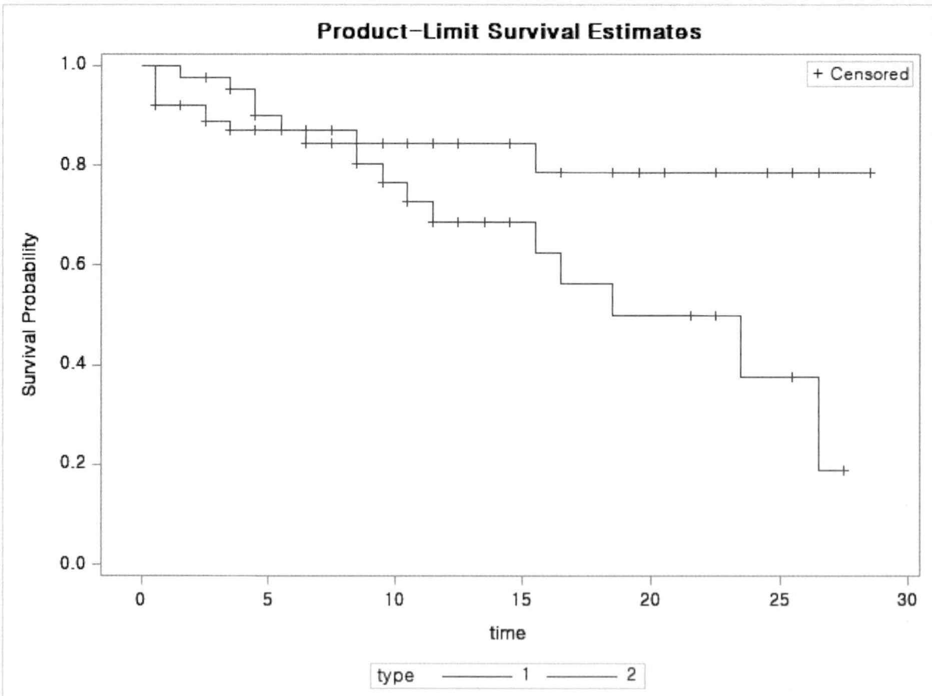

예제 3.2_카테터 자료

[코드]

```
/*예제 3.3 구간중도절단자료에서 두 생존함수의 비교*/
title '구간중도절단자료에서의 로그 순위검정 - [예제 3.3](kidney 자료)';
PROC IMPORT OUT = WORK.bcos
DATAFILE = "C:\data\bcos.csv"
DBMS = CSV REPLACE;
GETNAMES = YES;
RUN;
DATA bcos1;
SET bcos;
IF right='Inf' THEN right2=.I;
ELSE right2=right;
RUN;
title '예제 3.3 : Sun''s Scores';
*SUN의 방법(default);
PROC ICLIFETEST DATA=bcos1;
TIME (left,right2);
TEST treatment;
RUN;
title '예제 3.3 : Finkelstein'' Scores';
*Finkelstein의 방법;
PROC ICLIFETEST DATA=bcos1;
TIME (left,right2);
TEST treatment /WEIGHT=FINKELSTEIN;
RUN;
title '예제 3.3 : Peto-Prentice';
*초기 차이에 큰 가중치를 두는 방법(Peto-Prentice);
PROC ICLIFETEST DATA=bcos1;
TIME (left,right2);
TEST treatment /WEIGHT=FH(1,0);
RUN;
```

[결과]

예제 3.3 : Sun's Scores

The ICLIFETEST Procedure

Generalized Log-Rank Statistics	
treatment	Log-Rank
Rad	-9.14185
RadCh	9.141845

Covariance Matrix for the Generalized Log-Rank Statistics		
treatment	Rad	RadCh
Rad	11.5833	-11.5833
RadCh	-11.5833	11.5833

Test of Equality over Group			
Weight	Chi-Square	DF	Pr > Chi-Square
SUN	7.215	1	0.0072

Number of Censored and Uncensored Values						
Group ID	treatment	Total	Type of Censoring			Uncensored
			Left	Interval	Right	
1	Rad	46	3 (6.5%)	18 (39.1%)	25 (54.3%)	0 (0.0%)
2	RadCh	48	2 (4.2%)	33 (68.8%)	13 (27.1%)	0 (0.0%)
Total		94	5 (5.3%)	51 (54.3%)	38 (40.4%)	0 (0.0%)

예제 3.3 : Finkelstein' Scores

The ICLIFETEST Procedure

Generalized Log-Rank Statistics	
treatment	Log-Rank
Rad	−9.94418
RadCh	9.944182

Covariance Matrix for the Generalized Log-Rank Statistics		
treatment	Rad	RadCh
Rad	13.6163	−13.6163
RadCh	−13.6163	13.6163

Test of Equality over Group			
Weight	Chi-Square	DF	Pr > Chi-Square
FINKELSTEIN	7.2624	1	0.007

Number of Censored and Uncensored Values						
Group ID	treatment	Total	Type of Censoring			Uncensored
			Left	Interval	Right	
1	Rad	46	3 (6.5%)	18 (39.1%)	25 (54.3%)	0 (0.0%)
2	RadCh	48	2 (4.2%)	33 (68.8%)	13 (27.1%)	0 (0.0%)
Total		94	5 (5.3%)	51 (54.3%)	38 (40.4%)	0 (0.0%)

예제 3.3 : Peto-Prentice

The ICLIFETEST Procedure

Generalized Log-Rank Statistics	
treatment	Log-Rank
Rad	-5.65672
RadCh	5.656723

Covariance Matrix for the Generalized Log-Rank Statistics		
treatment	Rad	RadCh
Rad	6.76136	-6.76136
RadCh	-6.76136	6.76136

Test of Equality over Group			
Weight	Chi-Square	DF	Pr > Chi-Square
FLEMING-HARRINGTON(1, 0)	4.7326	1	0.0296

NumberofCensoredandUncensoredValues						
Group ID	treatment	Total	Type of Censoring			Uncensored
			Left	Interval	Right	
1	Rad	46	3 (6.5%)	18 (39.1%)	25 (54.3%)	0 (0.0%)
2	RadCh	48	2 (4.2%)	33 (68.8%)	13 (27.1%)	0 (0.0%)
Total		94	5 (5.3%)	51 (54.3%)	38 (40.4%)	0 (0.0%)

4장 모수 분포를 이용한 생존함수의 추정과 회귀모형

[코드]

```
/*예제 4.1*/
DATA simulation;
INPUT simt simcen;
DATALINES;
 3     1
 5     1
 6     0
```

```
 8    1
10    0
11    0
15    1
20    0
21    1
22    1
23    1
24    0
26    1
27    0
28    1
29    1
32    1
33    0
35    1
40    1
;
title '지수분포 적합 - [예제 4.1]';
PROC LIFEREG DATA=simulation;
MODEL simt*simcen(0)= /DISTRIBUTION=EXPONENTIAL;
RUN;
```

[결과]

지수분포 적합 - [예제 4.1]

The LIFEREG Procedure

Model Information	
Data Set	WORK.SIMULATION
Dependent Variable	Log(simt)
Censoring Variable	simcen
Censoring Value(s)	0
Number of Observations	20
Noncensored Values	13
Right Censored Values	7
Left Censored Values	0
Interval Censored Values	0
Number of Parameters	1
Name of Distribution	Exponential
Log Likelihood	−20.68275563

Number of Observations Read	20
Number of Observations Used	20

Fit Statistics	
−2 Log Likelihood	41.366
AIC (smaller is better)	43.366
AICC (smaller is better)	43.588
BIC (smaller is better)	44.361

Fit Statistics(Unlogged Response)	
−2 Log Likelihood	116.234
Exponential AIC (smaller is better)	118.234
Exponential AICC (smaller is better)	118.456
Exponential BIC (smaller is better)	119.230

Algorithm converged.

Analysis of Maximum Likelihood Parameter Estimates							
Parameter	DF	Estimate	Standard Error	95% Confidence Limits		Chi-Square	Pr > ChiSq
Intercept	1	3.4705	0.2774	2.9269	4.0141	156.58	<.0001
Scale	0	1	0	1	1		
Weibull Scale	1	32.1538	8.9179	18.6703	55.375		
Weibull Shape	0	1	0	1	1		

[코드]

```
/*예제 4.2 지수분포*/
DATA AML2;
INPUT aml status;
DATALINES;
  9    1
 13    1
 13    0
 18    1
 23    1
 28    0
 31    1
 34    1
 45    0
 48    1
161    0
;
title '지수분포 적합 - [예제 4.2](AML자료)';
PROC LIFEREG DATA=AML2;
MODEL aml*status(0)= /DISTRIBUTION=EXPONENTIAL;
RUN;
```

[결과]

지수분포 적합 – [예제 4.2](AML자료)

The LIFEREG Procedure

Model Information	
Data Set	WORK.AML1
Dependent Variable	Log(aml)
Censoring Variable	status
Censoring Value(s)	0
Number of Observations	11
Noncensored Values	7
Right Censored Values	4
Left Censored Values	0
Interval Censored Values	0
Number of Parameters	1
Name of Distribution	Exponential
Log Likelihood	−14.09064556

Number of Observations Read	11
Number of Observations Used	11

Fit Statistics	
−2 Log Likelihood	28.181
AIC (smaller is better)	30.181
AICC (smaller is better)	30.626
BIC (smaller is better)	30.579

Fit Statistics(Unlogged Response)	
−2 Log Likelihood	71.420
Exponential AIC (smaller is better)	73.420
Exponential AICC (smaller is better)	73.865
Exponential BIC (smaller is better)	73.818

Algorithm converged.

Analysis of Maximum Likelihood Parameter Estimates							
Parameter	DF	Estimate	Standard Error	95% Confidence Limits		Chi−Square	Pr > ChiSq
Intercept	1	4.1015	0.3780	3.3607	4.8423	117.75	<.0001
Scale	0	1	0	1	1		
Weibull Scale	1	60.4286	22.8399	28.8083	126.7553		
Weibull Shape	0	1	0	1	1		

[코드]

```
/*예제 4.2 와이블 분포*/
title '와이블 분포 적합 - [예제 4.2](AML자료)';
PROC LIFEREG DATA=AML2;
MODEL aml*status(0)= /DISTRIBUTION=WEIBULL;
RUN;
```

[결과]

와이블 분포 적합 - [예제 4.2](AML자료)

The LIFEREG Procedure

Model Information	
Data Set	WORK.AML2
Dependent Variable	Log(aml)
Censoring Variable	status
Censoring Value(s)	0
Number of Observations	11
Noncensored Values	7
Right Censored Values	4
Left Censored Values	0
Interval Censored Values	0
Number of Parameters	2
Name of Distribution	Weibull
Log Likelihood	−14.08436767

Number of Observations Read	11
Number of Observations Used	11

Fit Statistics	
−2 Log Likelihood	28.169
AIC (smaller is better)	32.169
AICC (smaller is better)	33.669
BIC (smaller is better)	32.965

Fit Statistics(Unlogged Response)	
−2 Log Likelihood	71.408
Weibull AIC (smaller is better)	75.408
Weibull AICC (smaller is better)	76.908
Weibull BIC (smaller is better)	76.204

Algorithm converged.

Analysis of Maximum Likelihood Parameter Estimates							
Parameter	DF	Estimate	Standard Error	95% Confidence Limits		Chi-Square	Pr > ChiSq
Intercept	1	4.0997	0.3665	3.3814	4.818	125.14	<.0001
Scale	1	0.9691	0.2686	0.563	1.6682		
Weibull Scale	1	60.3229	22.1072	29.4125	123.7177		
Weibull Shape	1	1.0319	0.2859	0.5994	1.7762		

[코드]

```
/*예제 4.2 로그 정규분포*/
title '로그 정규분포 적합 - [예제 4.2](AML자료)';
PROC LIFEREG DATA=AML2;
MODEL aml*status(0)= /DISTRIBUTION=LOGNORMAL;
RUN;
```

[결과]

로그 정규분포 적합 - [예제 4.2](AML자료)

The LIFEREG Procedure

Model Information	
Data Set	WORK.AML2
Dependent Variable	Log(aml)
Censoring Variable	status
Censoring Value(s)	0
Number of Observations	11
Noncensored Values	7
Right Censored Values	4
Left Censored Values	0
Interval Censored Values	0
Number of Parameters	2
Name of Distribution	Lognormal
Log Likelihood	-12.55967296

Number of Observations Read	11
Number of Observations Used	11

Fit Statistics	
-2 Log Likelihood	25.119
AIC (smaller is better)	29.119
AICC (smaller is better)	30.619
BIC (smaller is better)	29.915

Fit Statistics(Unlogged Response)	
-2 Log Likelihood	68.359
Lognormal AIC (smaller is better)	72.359
Lognormal AICC (smaller is better)	73.859
Lognormal BIC (smaller is better)	73.154

Algorithm converged.

Analysis of Maximum Likelihood Parameter Estimates							
Parameter	DF	Estimate	Standard Error	95% Confidence Limits		Chi-Square	Pr > ChiSq
Intercept	1	3.6078	0.3230	2.9747	4.2410	124.73	<.0001
Scale	1	0.9608	0.2679	0.5563	1.6595		

[코드]

```
/*예제 4.2 로그 로지스틱 분포*/
title '로그 로지스틱 분포 적합 - [예제 4.2](AML 자료)';
PROC LIFEREG DATA=AML2;
MODEL aml*status(0)= /DISTRIBUTION=LOGLOGISTIC;
RUN;
```

[결과]

로그 로지스틱 분포 적합 - [예제 4.2](AML 자료)

The LIFEREG Procedure

Model Information	
Data Set	WORK.AML2
Dependent Variable	Log(aml)
Censoring Variable	status
Censoring Value(s)	0
Number of Observations	11
Noncensored Values	7
Right Censored Values	4

Left Censored Values	0
Interval Censored Values	0
Number of Parameters	2
Name of Distribution	LLogistic
Log Likelihood	−12.5040003

Number of Observations Read	11
Number of Observations Used	11

Fit Statistics	
−2 Log Likelihood	25.008
AIC (smaller is better)	29.008
AICC (smaller is better)	30.508
BIC (smaller is better)	29.804

Fit Statistics(Unlogged Response)	
−2 Log Likelihood	68.247
LLogistic AIC (smaller is better)	72.247
LLogistic AICC (smaller is better)	73.747
LLogistic BIC (smaller is better)	73.043

Algorithm converged.

Analysis of Maximum Likelihood Parameter Estimates							
Parameter	DF	Estimate	Standard Error	95% Confidence Limits		Chi−Square	Pr > ChiSq
Intercept	1	3.5146	0.3061	2.9146	4.1146	131.81	<.0001
Scale	1	0.5423	0.1722	0.291	1.0104		

[코드]

```
/*예제 4.3 지수 회귀모형*/
PROC IMPORT OUT = WORK.hodg
DATAFILE = "C:\data\hodg.csv"
DBMS = CSV REPLACE;
GETNAMES = YES;
RUN;
title '지수분포 적합 - [예제 4.3](bmt 자료)';
PROC LIFEREG DATA=hodg;
MODEL time*delta(0)=dtype gtype score wtime /DISTRIBUTION=EXPONENTIAL;
RUN;
```

[결과]

지수분포 적합 - [예제 4.3](bmt 자료)

The LIFEREG Procedure

Model Information	
Data Set	WORK.HODG
Dependent Variable	Log(time)
Censoring Variable	delta
Censoring Value(s)	0
Number of Observations	43
Noncensored Values	26
Right Censored Values	17
Left Censored Values	0
Interval Censored Values	0
Number of Parameters	5
Name of Distribution	Exponential
Log Likelihood	-62.49090652

Number of Observations Read	43
Number of Observations Used	43

Fit Statistics	
-2 Log Likelihood	124.982
AIC (smaller is better)	134.982
AICC (smaller is better)	136.603
BIC (smaller is better)	143.788

Fit Statistics(Unlogged Response)	
-2 Log Likelihood	336.632
Exponential AIC (smaller is better)	346.632
Exponential AICC (smaller is better)	348.253
Exponential BIC (smaller is better)	355.438

Algorithm converged.

Type III Analysis of Effects			
Effect	DF	Wald Chi-Square	Pr > ChiSq
dtype	1	6.2467	0.0124
gtype	1	0.0837	0.7723
score	1	64.8976	<.0001
wtime	1	1.661	0.1975

Analysis of Maximum Likelihood Parameter Estimates							
Parameter	DF	Estimate	Standard Error	95% Confidence Limits		Chi-Square	Pr 〉 ChiSq
Intercept	1	2.2685	0.9148	0.4756	4.0614	6.15	0.0131
dtype	1	-1.3185	0.5275	-2.3524	-0.2845	6.25	0.0124
gtype	1	-0.1333	0.4607	-1.0363	0.7697	0.08	0.7723
score	1	0.0758	0.0094	0.0574	0.0942	64.9	〈.0001
wtime	1	0.0093	0.0072	-0.0049	0.0235	1.66	0.1975
Scale	0	1	0	1	1		
Weibull Shape	0	1	0	1	1		

Lagrange Multiplier Statistics		
Parameter	Chi-Square	Pr 〉 ChiSq
Scale	1.9089	0.1671

[코드]

```
/*예제 4.3 와이블 회귀모형*/
title '와이블 회귀모형 적합 - [예제 4.3](bmt 자료)';
PROC LIFEREG DATA=hodg;
MODEL time*delta(0)=dtype gtype score wtime /DISTRIBUTION=WEIBULL;
RUN;
```

[결과]

와이블 회귀모형 적합 - [예제 4.3](bmt 자료)

The LIFEREG Procedure

Model Information	
Data Set	WORK.HODG
Dependent Variable	Log(time)
Censoring Variable	delta
Censoring Value(s)	0
Number of Observations	43
Noncensored Values	26
Right Censored Values	17
Left Censored Values	0
Interval Censored Values	0
Number of Parameters	6
Name of Distribution	Weibull
Log Likelihood	-61.21034611

Number of Observations Read	43
Number of Observations Used	43

Fit Statistics	
-2 Log Likelihood	122.421
AIC (smaller is better)	134.421
AICC (smaller is better)	136.754
BIC (smaller is better)	144.988

Fit Statistics(Unlogged Response)	
-2 Log Likelihood	334.070
Weibull AIC (smaller is better)	346.07
Weibull AICC (smaller is better)	348.404
Weibull BIC (smaller is better)	356.638

Algorithm converged.

Type III Analysis of Effects			
Effect	DF	Wald Chi-Square	Pr > ChiSq
dtype	1	4.5212	0.0335
gtype	1	0.1351	0.7132
score	1	43.2179	<.0001
wtime	1	1.221	0.2692

Analysis of Maximum Likelihood Parameter Estimates							
Parameter	DF	Estimate	Standard Error	95% Confidence Limits		Chi-Square	Pr > ChiSq
Intercept	1	2.2165	1.1591	-0.0553	4.4883	3.66	0.0558
dtype	1	-1.3746	0.6465	-2.6417	-0.1075	4.52	0.0335
gtype	1	-0.208	0.5659	-1.3172	0.9012	0.14	0.7132
score	1	0.0793	0.0121	0.0557	0.1029	43.22	<.0001
wtime	1	0.0104	0.0094	-0.0081	0.0289	1.22	0.2692
Scale	1	1.2733	0.2044	0.9297	1.744		
Weibull Shape	1	0.7854	0.126	0.5734	1.0757		

[코드]

```
/*예제 4.3 로그 정규회귀모형*/
title '로그정규 회귀모형 적합 - [예제 4.3](bmt 자료)';
PROC LIFEREG DATA=hodg;
MODEL time*delta(0)=dtype gtype score wtime /DISTRIBUTION=LOGNORMAL;
RUN;
```

[결과]

로그정규 회귀모형 적합 – [예제 4.3](bmt 자료)

The LIFEREG Procedure

Model Information	
Data Set	WORK.HODG
Dependent Variable	Log(time)
Censoring Variable	delta
Censoring Value(s)	0
Number of Observations	43
Noncensored Values	26
Right Censored Values	17
Left Censored Values	0
Interval Censored Values	0
Number of Parameters	6
Name of Distribution	Lognormal
Log Likelihood	−60.93151115

Number of Observations Read	43
Number of Observations Used	43

Fit Statistics	
−2 Log Likelihood	121.863
AIC (smaller is better)	133.863
AICC (smaller is better)	136.196
BIC (smaller is better)	144.43

Fit Statistics(Unlogged Response)	
−2 Log Likelihood	333.513
Lognormal AIC (smaller is better)	345.513
Lognormal AICC (smaller is better)	347.846
Lognormal BIC (smaller is better)	356.08

Algorithm converged.

Type III Analysis of Effects			
Effect	DF	Wald Chi-Square	Pr 〉 ChiSq
dtype	1	3.6277	0.0568
gtype	1	0.3556	0.5509
score	1	21.5358	〈.0001
wtime	1	1.5309	0.216

Analysis of Maximum Likelihood Parameter Estimates							
Parameter	DF	Estimate	Standard Error	95% Confidence Limits		Chi-Square	Pr 〉 ChiSq
Intercept	1	2.524	1.411	−0.2414	5.2895	3.2	0.0736
dtype	1	−1.3137	0.6898	−2.6656	0.0382	3.63	0.0568
gtype	1	−0.352	0.5902	−1.5088	0.8048	0.36	0.5509
score	1	0.0663	0.0143	0.0383	0.0944	21.54	〈.0001
wtime	1	0.0142	0.0115	−0.0083	0.0367	1.53	0.216
Scale	1	1.6296	0.2441	1.2149	2.1857		

[코드]

```
/*예제 4.3 로그 로지스틱 회귀모형*/
title '로그 로지스틱 회귀모형 적합 - [예제 4.3](bmt 자료)';
PROC LIFEREG DATA=hodg;
MODEL time*delta(0)=dtype gtype score wtime /DISTRIBUTION=LOGLOGISTIC;
RUN;
```

[결과]

로그 로지스틱 회귀모형 적합 – [예제 4.3](bmt 자료)

The LIFEREG Procedure

Model Information	
Data Set	WORK.HODG
Dependent Variable	Log(time)
Censoring Variable	delta
Censoring Value(s)	0
Number of Observations	43
Noncensored Values	26
Right Censored Values	17
Left Censored Values	0
Interval Censored Values	0
Number of Parameters	6
Name of Distribution	LLogistic
Log Likelihood	−61.15252729

Number of Observations Read	43
Number of Observations Used	43

Fit Statistics	
−2 Log Likelihood	122.305
AIC (smaller is better)	134.305
AICC (smaller is better)	136.638
BIC (smaller is better)	144.872

Fit Statistics(Unlogged Response)	
−2 Log Likelihood	333.955
LLogistic AIC (smaller is better)	345.955
LLogistic AICC (smaller is better)	348.288
LLogistic BIC (smaller is better)	356.522

Algorithm converged.

Type III Analysis of Effects			
Effect	DF	Wald Chi-Square	Pr > ChiSq
dtype	1	4.6895	0.0303
gtype	1	0.3518	0.5531
score	1	24.0413	<.0001
wtime	1	1.4635	0.2264

Analysis of Maximum Likelihood Parameter Estimates							
Parameter	DF	Estimate	Standard Error	95% Confidence Limits		Chi-Square	Pr > ChiSq
Intercept	1	2.7046	1.3067	0.1436	5.2657	4.28	0.0385
dtype	1	−1.4494	0.6693	−2.7613	−0.1376	4.69	0.0303
gtype	1	−0.3419	0.5764	−1.4715	0.7878	0.35	0.5531
score	1	0.0669	0.0137	0.0402	0.0937	24.04	<.0001
wtime	1	0.0131	0.0108	−0.0081	0.0343	1.46	0.2264
Scale	1	0.9382	0.1567	0.6763	1.3016		

5장 비례위험모형

[코드]

```
/* 5.1 Cox's 비례위험모형 */
/* 예제 5.1 원발성 담백증 경화 (PBC) 자료 */
title '예제 5.1 : PBC자료';
 PROC IMPORT
        OUT = WORK.pbc
        DATAFILE = "C:₩data₩pbc.xlsx"
        DBMS = xlsx
        REPLACE;
        GETNAMES = YES;
        OPTIONS MSGLEVEL= I;
RUN;
DATA WORK.pbc;
        SET WORK.pbc;
        logbili = log(bili);
        logprot = log(protime);
PROC PHREG DATA = WORK.pbc;
        MODEL time*status(0,1) = age logbili edema logprot albumin;
RUN;
```

[결과]

예제 5.1 : PBC자료

The PHREG Procedure

Model Information		
Data Set	WORK.PBC	
Dependent Variable	time	time
Censoring Variable	status	status
Censoring Value(s)	0 1	
Ties Handling	BRESLOW	

Number of Observations Read	418
Number of Observations Used	416

Summary of the Number of Event and Censored Values			
Total	Event	Censored	Percent Censored
416	160	256	61.54

Convergence Status
Convergence criterion (GCONV=1E-8) satisfied.

Model Fit Statistics		
Criterion	Without Covariates	With Covariates
-2 LOG L	1733.946	1504.116
AIC	1733.946	1514.116
SBC	1733.946	1529.492

Testing Global Null Hypothesis : BETA=0			
Test	Chi-Square	DF	Pr > ChiSq
Likelihood Ratio	229.8297	5	<.0001
Score	298.8269	5	<.0001
Wald	232.4107	5	<.0001

Analysis of Maximum Likelihood Estimates							
Parameter	DF	Parameter Estimate	Standard Error	Chi-Square	Pr > ChiSq	Hazard Ratio	Label
age	1	0.03971	0.00766	26.9073	<.0001	1.041	age
logbili	1	0.86199	0.08304	107.7648	<.0001	2.368	
edema	1	0.90035	0.27194	10.9618	0.0009	2.46	edema
logprot	1	2.37222	0.76806	9.5393	0.002	10.721	
albumin	1	-0.75412	0.20906	13.0114	0.0003	0.47	albumin

[코드]

```
/* 예제 5.2 골수이식 환자 자료(bmt) */
title '예제 5.2 : 골수이식 환자 자료(bmt)';
PROC IMPORT
        OUT = WORK.bmt
        DATAFILE = "C:₩data₩bmt.csv"
        DBMS = csv
        REPLACE;
        GETNAMES = YES;
RUN;
DATA bmt2;
        SET bmt;
        if group = 2 then x1 = 1;
        else x1 = 0;
        if group = 3 then x2 = 1;
        else x2 = 0;
        dage1 = z1-28;
        page1 = z2-28;
PROC PHREG DATA = bmt2;
        MODEL t2*d3(0) = x1 x2 page1 dage1 page1*dage1;
RUN;
```

[결과]

예제 5.2 : 골수이식 환자 자료(bmt)

The PHREG Procedure

Model Information	
Data Set	WORK.BMT2
Dependent Variable	t2
Censoring Variable	d3
Censoring Value(s)	0
Ties Handling	BRESLOW

Number of Observations Read	137
Number of Observations Used	137

Summary of the Number of Event and Censored Values			
Total	Event	Censored	Percent Censored
137	83	54	39.42

Convergence Status
Convergence criterion (GCONV=1E-8) satisfied.

Model Fit Statistics		
Criterion	Without Covariates	With Covariates
-2 LOG L	746.719	723.181
AIC	746.719	733.181
SBC	746.719	745.275

Testing Global Null Hypothesis : BETA=0			
Test	Chi-Square	DF	Pr > ChiSq
Likelihood Ratio	23.5378	5	0.0003
Score	27.8176	5	<.0001
Wald	26.2436	5	<.0001

Analysis of Maximum Likelihood Estimates							
Parameter	DF	Parameter Estimate	Standard Error	Chi-Square	Pr > ChiSq	Hazard Ratio	Label
x1	1	-0.66527	0.30475	4.7655	0.029	0.514	
x2	1	0.1535	0.29827	0.2649	0.6068	1.166	
page1	1	0.00336	0.0177	0.036	0.8494	.	
dage1	1	-0.00162	0.01863	0.0076	0.9305	.	
page1*dage1	1	0.00305	0.0009137	11.1625	0.0008	.	page1 * dage1

6장 프레일티 모형

[코드]

```
/* 6.3 군집생존자료 */
/* 예제 6.1 당뇨병 환자의 시력 손실에 대한 레이저 치료의 효과 */
title '예제 6.1 : 당뇨병 환자 시력 레이저 치료 자료(retinopathy)';
PROC IMPORT
        OUT = WORK.retinopathy
        DATAFILE = "C:₩data₩retinopathy.csv"
        DBMS = csv
        REPLACE;
        GETNAMES = YES;
RUN;
PROC PHREG DATA=WORK.retinopathy;
    CLASS id laser;
        MODEL futime*status(0) = trt | laser;
        RANDOM id /dist=gamma;
RUN;
```

[결과]

예제 6.1 : 당뇨병 환자 시력 레이저 치료 자료(retinopathy)

The PHREG Procedure

ModelInformation	
Data Set	WORK.RETINOPATHY
Dependent Variable	futime
Censoring Variable	status
Censoring Value(s)	0
Ties Handling	BRESLOW
Frailty	GAMMA

Summary of the Number of Event and Censored Values			
Total	Event	Censored	Percent Censored
394	155	239	60.66

Testing Global Null Hypothesis			
Test	Chi-Square	Adjusted DF	Pr > ChiSq
Likelihood Ratio	203.0125	87.1	<.0001
Wald	128.6194	87.1	0.0026

Covariance Parameter Estimates	
Cov Parm	Estimate
id	0.8573

Type 3 Tests					
Effect	Wald Chi-Square	DF	Pr > ChiSq	Adjusted DF	Adjusted Pr > ChiSq
trt	12.7456	1	0.0004	0.9682	0.0003
laser	1.2418	1	0.2651	0.6517	0.1659
trt*laser	0.0196	1	0.8887	0.9651	0.8793
id	107.4012	.	.	84.1002	0.0442

Analysis of Maximum Likelihood Estimates								
Parameter		DF	Parameter Estimate	Standard Error	Chi-Square	Pr > ChiSq	Hazard Ratio	Label
trt		1	-0.89359	0.2503	12.7456	0.0004	.	
laser	argon	1	0.28273	0.25372	1.2418	0.2651	.	laser argon
trt*laser	argon	1	-0.04866	0.34777	0.0196	0.8887	.	laser argon * trt

[코드]

```
PROC PHREG DATA=WORK.retinopathy;
    CLASS id laser;
        MODEL futime*status(0) = trt | laser;
        RANDOM id /dist=lognormal;
RUN;
```

[결과]

The PHREG Procedure

Model Information	
Data Set	WORK.RETINOPATHY
Dependent Variable	futime
Censoring Variable	status
Censoring Value(s)	0
Ties Handling	BRESLOW
Frailty	LOGNORMAL

Summary of the Number of Event and Censored Values			
Total	Event	Censored	Percent **Censored**
394	155	239	60.66

Testing Global Null Hypothesis			
Test	Chi-Square	Adjusted **DF**	Pr 〉 ChiSq
Likelihood Ratio	197.8675	74.41	〈.0001
Wald	125.1843	74.41	0.0002

Type 3 Tests					
Effect	Wald **Chi-Square**	DF	Pr 〉 ChiSq	Adjusted **DF**	Adjusted Pr 〉 ChiSq
trt	12.4664	1	0.0004	0.9679	0.0004
laser	1.168	1	0.2798	0.6966	0.1894
trt*laser	0.0125	1	0.9108	0.9648	0.9024
id	104.277	.	.	71.4087	0.0068

Analysis of Maximum Likelihood Estimates								
Parameter		DF	Parameter **Estimate**	Standard **Error**	Chi-Square	Pr 〉 ChiSq	Hazard **Ratio**	Label
trt		1	-0.88402	0.25038	12.4664	0.0004	.	
laser	argon	1	0.26109	0.24158	1.168	0.2798	.	laser argon
trt*laser	argon	1	-0.03893	0.34758	0.0125	0.9108	.	laser argon * trt

[코드]

```
PROC PHREG DATA=WORK.retinopathy;
    CLASS id laser;
        MODEL futime*status(0) = trt | laser;
        ID id;
RUN;
```

[결과]

The PHREG Procedure

Model Information	
Data Set	WORK.RETINOPATHY
Dependent Variable	futime
Censoring Variable	status
Censoring Value(s)	0
Ties Handling	BRESLOW

Summary of the Number of Event and Censored Values			
Total	Event	Censored	Percent **Censored**
394	155	239	60.66

Model Fit Statistics		
Criterion	Without **Covariates**	With **Covariates**
-2 LOG L	1736.119	1712.453
AIC	1736.119	1718.453
SBC	1736.119	1727.583

Testing Global Null Hypothesis: BETA=0			
Test	Chi-Square	DF	Pr > ChiSq
Likelihood Ratio	23.6666	3	<.0001
Score	23.5887	3	<.0001
Wald	22.3184	3	<.0001

Analysis of Maximum Likelihood Estimates								
Parameter		DF	Parameter **Estimate**	Standard **Error**	Chi-Square	Pr > ChiSq	Hazard **Ratio**	Label
trt		1	-0.81063	0.24419	11.0198	0.0009	.	
laser	argon	1	0.16341	0.19915	0.6732	0.4119	.	laser argon
trt*laser	argon	1	0.05602	0.3379	0.0275	0.8683	.	laser argon * trt

[코드]

```
/* 예제 6.2 발암물질과 생존시간의 관계 */
title '예제 6.2 : Rat treatment data from Mantel et al.(rats)';
PROC IMPORT
        OUT = WORK.rats
        DATAFILE = "C:₩data₩rats.csv"
        DBMS = csv
        REPLACE;
        GETNAMES = YES;
RUN;
PROC PHREG DATA=WORK.rats;
    CLASS litter;
        MODEL time*status(0) = rx;
        RANDOM litter /dist=gamma;
RUN;
```

[결과]

예제 6.2 : Rat treatment data from Mantel et al.(rats)

THE PHREG Procedure

Model Information	
Data Set	WORK.RATS
Dependent Variable	time
Censoring Variable	status
Censoring Value(s)	0
Ties Handling	BRESLOW
Frailty	GAMMA

Summary of the Number of Event and Censored Values			
Total	Event	Censored	Percent Censored
300	42	258	86

Testing Global Null Hypothesis			
Test	Chi-Square	Adjusted DF	Pr > ChiSq
Likelihood Ratio	87.409	47.82	0.0004
Wald	66.8569	47.82	0.0358

Type 3 Tests					
Effect	Wald **Chi-Square**	DF	Pr 〉 ChiSq	Adjusted **DF**	Adjusted Pr 〉 ChiSq
rx	5.1459	1	0.0233	0.9657	0.0221
litter	61.609	.	.	46.8245	0.0723

Analysis of Maximum Likelihood Estimates						
Parameter	DF	Parameter **Estimate**	Standard **Error**	Chi-Square	Pr 〉 ChiSq	Hazard Ratio
rx	1	0.72135	0.31799	5.1459	0.0233	2.057

[코드]

```
PROC PHREG DATA=WORK.rats;
        MODEL time*status(0) = rx;
RUN;
```

[결과]

THE PHREGG Procedure

Model Information	
Data Set	WORK.RATS
Dependent Variable	time
Censoring Variable	status
Censoring Value(s)	0
Ties Handling	BRESLOW

Summary of the Number of Event and Censored Values			
Total	Event	Censored	Percent **Censored**
300	42	258	86

Model Fit Statistics		
Criterion	Without **Covariates**	With **Covariates**
-2 LOG L	450.690	445.493
AIC	450.69	447.493
SBC	450.69	449.23

Testing Global Null Hypothesis: BETA=0			
Test	Chi-Square	DF	Pr > ChiSq
Likelihood Ratio	5.1973	1	0.0226
Score	5.5318	1	0.0187
Wald	5.3046	1	0.0213

Analysis of Maximum Likelihood Estimates						
Parameter	DF	Parameter Estimate	Standard Error	Chi-Square	Pr > ChiSq	Hazard Ratio
rx	1	0.7112	0.30879	5.3046	0.0213	2.036

[코드]

```
PROC PHREG DATA=WORK.rats;
    CLASS litter;
        MODEL time*status(0) = rx;
        RANDOM litter /dist=lognormal;
RUN;
```

[결과]

THE PHREGG Procedure

Model Information	
Data Set	WORK.RATS
Dependent Variable	time
Censoring Variable	status
Censoring Value(s)	0
Ties Handling	BRESLOW
Frailty	LOGNORMAL

Summary of the Number of Event and Censored Values			
Total	Event	Censored	Percent Censored
300	42	258	86

Testing Global Null Hypothesis			
Test	Chi-Square	Adjusted DF	Pr > ChiSq
Likelihood Ratio	74.7091	28.76	<.0001
Wald	49.2663	28.76	0.01

Covariance Parameter Estimates		
Cov Parm	REML Estimate	Standard Error
litter	1.0153	0.4839

Type 3 Tests					
Effect	Wald Chi-Square	DF	Pr > ChiSq	Adjusted DF	Adjusted Pr > ChiSq
rx	5.1916	1	0.0227	0.9732	0.0217
litter	44.0466	.	.	27.7641	0.0257

Analysis of Maximum Likelihood Estimates						
Parameter	DF	Parameter Estimate	Standard Error	Chi-Square	Pr > ChiSq	Hazard Ratio
rx	1	0.7188	0.31547	5.1916	0.0227	2.052

[코드]

```
PROC PHREG DATA=WORK.rats;
        MODEL time*status(0) = rx;
        ID litter;
RUN;
```

[결과]

THE PHREGG Procedure

Model Information	
Data Set	WORK.RATS
Dependent Variable	time
Censoring Variable	status
Censoring Value(s)	0
Ties Handling	BRESLOW

Summary of the Number of Event and Censored Values			
Total	Event	Censored	Percent Censored
300	42	258	86

Model Fit Statistics		
Criterion	Without **Covariates**	With **Covariates**
-2 LOG L	450.690	445.493
AIC	450.69	447.493
SBC	450.69	449.23

Testing Global Null Hypothesis: BETA=0			
Test	Chi-Square	DF	Pr > ChiSq
Likelihood Ratio	5.1973	1	0.0226
Score	5.5318	1	0.0187
Wald	5.3046	1	0.0213

Analysis of Maximum Likelihood Estimates						
Parameter	DF	Parameter **Estimate**	Standard **Error**	Chi-Square	Pr > ChiSq	Hazard Ratio
rx	1	0.7112	0.30879	5.3046	0.0213	2.036

7장 재발자료분석

[코드]

```
/* 7.2 자료의 소개 */
/* 7.2 누적평균함수와 강도함수의 추정 */
/* 예제 7.1 bladder2자료를 이용하여 누적평균 추정량 구하기*/
title '예제 7.1';
PROC IMPORT
        OUT = WORK.bladder2
        DATAFILE = "C:₩data₩bladder2.csv"
        DBMS = csv
        REPLACE;
        GETNAMES = YES;
        OPTIONS MSGLEVEL= I;
RUN;
PROC PHREG DATA = WORK.bladder2;
        MODEL (start, stop)*event(0) = rx number size enum;
RUN;
```

[결과]

Analysis of Maximum Likelihood Estimates						
Parameter	DF	Parameter Estimate	Standard Error	Chi-Square	Pr > ChiSq	Hazard Ratio
rx	1	−0.29987	0.20466	2.1469	0.1429	0.741
number	1	0.13828	0.04981	7.7062	0.0055	1.148
size	1	−0.01561	0.06933	0.0507	0.8218	0.985
enum	1	0.52309	0.10229	26.1531	<.0001	1.687

[코드]

```
/* 7.3.1 AG모형 */
title 'AG방법 적용';
PROC PHREG DATA = WORK.bladder2;
        MODEL (start, stop)*event(0) = rx number size;
RUN;
```

[결과]

Model Fit Statistics		
Criterion	Without Covariates	With Covariates
−2 LOG L	923.258	906.485
AIC	923.258	912.485
SBC	923.258	920.641

Testing Global Null Hypothesis: BETA=0			
Test	Chi-Square	DF	Pr > ChiSq
Likelihood Ratio	16.7728	3	0.0008
Score	18.5698	3	0.0003
Wald	18.2097	3	0.0004

Analysis of Maximum Likelihood Estimates						
Parameter	DF	Parameter Estimate	Standard Error	Chi-Square	Pr > ChiSq	Hazard Ratio
rx	1	−0.45979	0.19996	5.2873	0.0215	0.631
number	1	0.17165	0.04733	13.1541	0.0003	1.187
size	1	−0.04256	0.06903	0.3801	0.5375	0.958

[코드]

```
/* 7.3.2 조건부 모형1(전체시간:PWP-CP) */
title '조건부 모형1-전체시간 : PWP-CP';
PROC PHREG DATA = WORK.bladder2;
        MODEL (start, stop)*event(0) = rx number size;
        STRATA enum;
RUN;
```

[결과]

Model Fit Statistics		
Criterion	Without Covariates	With **Covariates**
-2 LOG L	645.831	639.718
AIC	645.831	645.718
SBC	645.831	653.874

Testing Global Null Hypothesis: BETA=0			
Test	Chi-Square	DF	Pr > ChiSq
Likelihood Ratio	6.113	3	0.1062
Score	6.4533	3	0.0915
Wald	6.407	3	0.0934

Analysis of Maximum Likelihood Estimates						
Parameter	DF	Parameter Estimate	Standard Error	Chi-Square	Pr > ChiSq	Hazard **Ratio**
rx	1	-0.3343	0.21609	2.3933	0.1219	0.716
number	1	0.11565	0.05368	4.6416	0.0312	1.123
size	1	-0.00805	0.07273	0.0123	0.9119	0.992

[코드]

```
/* 7.3.3 조건부 모형2(소요시간:PWP-GT) */
title '조건부 방법2-소요시간 : PWP-GT';
DATA WORK.bladder2;
        SET WORK.bladder2;
        gap = stop-start;
PROC PHREG DATA = WORK.bladder2;
        CLASS enum;
        MODEL gap*event(0) = rx number size;
        STRATA enum;
RUN;
```

[결과]

Model Fit Statistics		
Criterion	Without Covariates	With **Covariates**
−2 LOG L	735.076	726.32
AIC	735.076	732.32
SBC	735.076	740.476

Testing Global Null Hypothesis: BETA=0			
Test	Chi−Square	DF	Pr 〉 ChiSq
Likelihood Ratio	8.7559	3	0.0327
Score	9.5977	3	0.0223
Wald	9.457	3	0.0238

Analysis of Maximum Likelihood Estimates						
Parameter	DF	Parameter Estimate	Standard Error	Chi−Square	Pr 〉 ChiSq	Hazard **Ratio**
rx	1	−0.26952	0.20766	1.6845	0.1943	0.764
number	1	0.15353	0.05211	8.6823	0.0032	1.166
size	1	0.00684	0.07001	0.0095	0.9222	1.007

[코드]

```
/* 7.3.4 주변 방법(Marginal WLW) */
title '주변방법';
PROC IMPORT
        OUT = WORK.bladder
        DATAFILE = "C:₩data₩bladder.csv"
        DBMS = csv
        REPLACE;
        GETNAMES = YES;
        OPTIONS MSGLEVEL= I;
RUN;
PROC PHREG DATA = WORK.bladder;
        CLASS enum;
        MODEL stop*event(0) = rx number size;
        STRATA enum;
RUN;
```

[결과]

Model Fit Statistics		
Criterion	Without Covariates	With **Covariates**
-2 LOG L	880.828	856.116
AIC	880.828	862.116
SBC	880.828	870.271

Testing Global Null Hypothesis: BETA=0			
Test	Chi-Square	DF	Pr > ChiSq
Likelihood Ratio	24.7124	3	<.0001
Score	27.8873	3	<.0001
Wald	26.9033	3	<.0001

Analysis of Maximum Likelihood Estimates						
Parameter	DF	Parameter Estimate	Standard Error	Chi-Square	Pr > ChiSq	Hazard **Ratio**
rx	1	-0.57984	0.20118	8.3072	0.0039	0.56
number	1	0.20852	0.04691	19.7591	<.0001	1.232
size	1	-0.05093	0.06967	0.5344	0.4648	0.95

8장 다상태 모형과 경쟁위험모형

[코드]

```
/* 8장 모수분포를 이용한 생존함수의 추정과 회귀모형 */
/* 예제 8.1 */
title '회귀분석 - [예제8.1](bmt 자료)';
*(1);
PROC IMPORT OUT = WORK.bmt
DATAFILE = "C:₩data₩bmt.csv"
DBMS = CSV REPLACE;
GETNAMES = YES;
RUN;
DATA bmt2;
SET bmt;
dage1 = z2 - 28;
page1 = z1 - 28;
RUN;
PROC PHREG DATA=bmt2;
MODEL tp*dp(0) = dage1 page1 dage1*page1 z10;
RUN;
```

[결과]

Testing Global Null Hypothesis: BETA=0			
Test	Chi-Square	DF	Pr > ChiSq
Likelihood Ratio	30.7549	4	<.0001
Score	27.4464	4	<.0001
Wald	25.9884	4	<.0001

Analysis of Maximum Likelihood Estimates							
Parameter	DF	Parameter Estimate	Standard Error	Chi-Square	Pr > ChiSq	Hazard Ratio	Label
dage1	1	-0.02616	0.01477	3.1367	0.0766	.	
page1	1	0.03606	0.01626	4.9175	0.0266	.	
dage1*page1	1	-0.00272	0.0009715	7.8217	0.0052	.	dage1 * page1
z10	1	-1.04226	0.22329	21.7882	<.0001	0.353	

[코드]

```
*(2);
PROC TABULATE DATA=bmt;
CLASS d3 dp;
TABLE d3, dp;
RUN;
```

	dp	
	0	1
	N	N
d3		
0	1	53
1	16	67

```
DATA bmt3;
SET bmt;
IF dp=0 & d3=1 THEN event2=1;
ELSE IF dp=1 & d3=1 THEN event2=2;
ELSE event2=0;
RUN;
PROC TABULATE DATA=bmt3;
CLASS event2;
TABLE event2;
RUN;
```

event2		
0	1	2
N	N	N
54	16	67

```
DATA bmt4;
SET bmt;
IF t2>tp & dp=1 THEN t02=tp;
ELSE t02=t2;
IF t2>tp & dp=1 THEN cen02=0;
ELSE cen02=d3;
RUN;
PROC TABULATE DATA=bmt4;
CLASS cen02;
TABLE cen02;
RUN;
```

cen02	
0	1
N	N
121	16

```
PROC PHREG DATA=bmt4;
CLASS group;
MODEL t02*cen02(0) = group dage1 page1 dage1*page1;
RUN;
```

[결과]

Testing Global Null Hypothesis: BETA=0			
Test	Chi-Square	DF	Pr > ChiSq
Likelihood Ratio	12.4518	5	0.0291
Score	10.9896	5	0.0516
Wald	10.945	5	0.0525

Type 3 Tests			
Effect	DF	Wald Chi-Square	Pr > ChiSq
group	2	2.0212	0.364
dage1	1	8.4898	0.0036
page1	1	6.0774	0.0137
dage1*page1	1	4.1129	0.0426

Analysis of Maximum Likelihood Estimates								
Parameter		DF	Parameter **Estimate**	Standard **Error**	Chi-Square	Pr > ChiSq	Hazard **Ratio**	Label
group	1	1	0.12259	0.76831	0.0255	0.8732	1.13	group 1
group	2	1	1.03734	0.76598	1.834	0.1757	2.822	group 2
dage1		1	0.13803	0.04737	8.4898	0.0036	.	
page1		1	-0.14949	0.06064	6.0774	0.0137	.	
dage1*page1		1	0.00416	0.00205	4.1129	0.0426	.	dage1 * page1

[코드]

```
DATA bmt5;
SET bmt3;
IF t2=tp & dp=1 THEN t12=tp;
ELSE t12=t2;
IF event2=1 THEN cen12=0;
ELSE cen12=d3;
RUN;
PROC TABULATE DATA=bmt5;
CLASS cen12;
TABLE cen12;
RUN;
```

cen12	
0	1
N	N
70	67

```
PROC PHREG DATA=bmt5;
CLASS group;
MODEL t12*cen12(0) = group dage1 page1 dage1*page1;
RUN;
```

[결과]

Testing Global Null Hypothesis: BETA=0			
Test	Chi-Square	DF	Pr > ChiSq
Likelihood Ratio	20.6654	5	0.0009
Score	22.2156	5	0.0005
Wald	21.0016	5	0.0008

Type 3 Tests			
Effect	DF	Wald Chi-Square	Pr > ChiSq
group	2	12.3163	0.0021
dagel	1	1.4406	0.23
pagel	1	1.4214	0.2332
dagel*pagel	1	5.5185	0.0188

Analysis of Maximum Likelihood Estimates								
Parameter		DF	Parameter Estimate	Standard Error	Chi-Square	Pr > ChiSq	Hazard Ratio	Label
group	1	1	−0.02595	0.32715	0.0063	0.9368	0.974	group 1
group	2	1	−0.98233	0.30782	10.184	0.0014	0.374	group 2
dagel		1	−0.02315	0.01929	1.4406	0.23	.	
pagel		1	0.02341	0.01964	1.4214	0.2332	.	
dagel*pagel		1	0.00258	0.0011	5.5185	0.0188	.	dagel * pagel

[코드]

```
/* 예제 8.2 */
title '경쟁위험모형 누적발생함수 추정 - [예제8.2](melanoma 자료)';
PROC IMPORT OUT = WORK.melanoma
DATAFILE = "C:₩data₩melanoma.csv"
DBMS = CSV REPLACE;
GETNAMES = YES;
RUN;
PROC TABULATE DATA=melanoma;
CLASS status;
TABLE status;
RUN;
```

status		
1	2	3
N	N	N
57	134	14

```
DATA melanoma2;
SET melanoma;
IF status=2 THEN status1=0;
ELSE IF status=3 THEN status1=1;
ELSE status1=2;
```

```
IF status=2 THEN status2=0;
ELSE IF status=3 THEN status2=0;
ELSE status2=1;
days2 = days/365;
RUN;
ODS GRAPHICS ON;
PROC PHREG DATA=melanoma2 plots(overlay=stratum)=cif;
MODEL days2*status(2)= / eventcode=1;
RUN;
ODS GRAPHICS OFF;
```

[결과]

-2 LOG L = 571.783

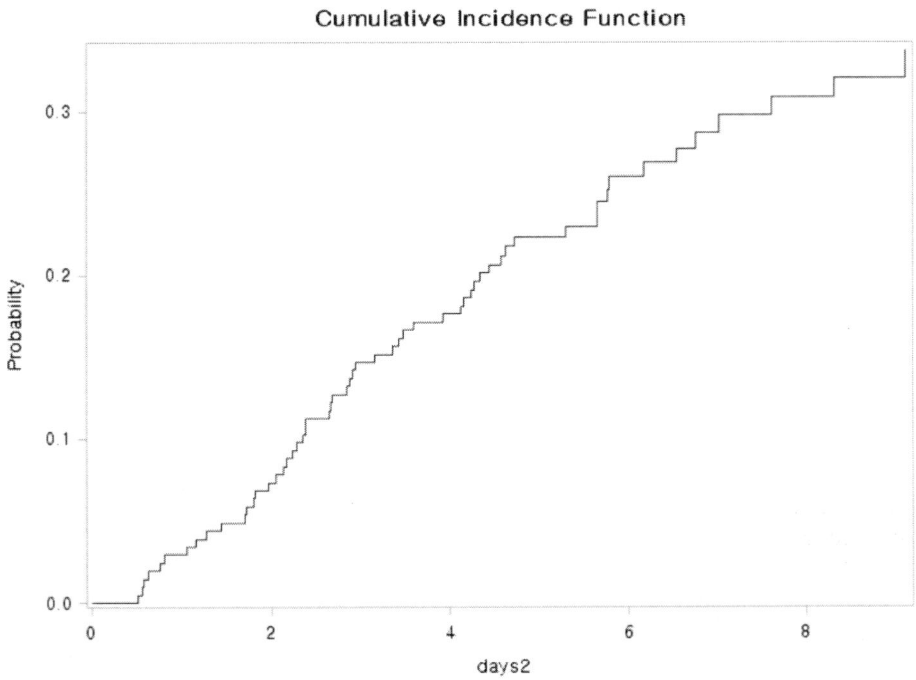

[코드]

```
ODS GRAPHICS ON;
PROC PHREG DATA=melanoma2 plots(overlay=stratum)=cif;
MODEL days2*status2(0)= / eventcode=1;
RUN;
ODS GRAPHICS OFF;
```

[결과]

−2 LOG L = 566.3985

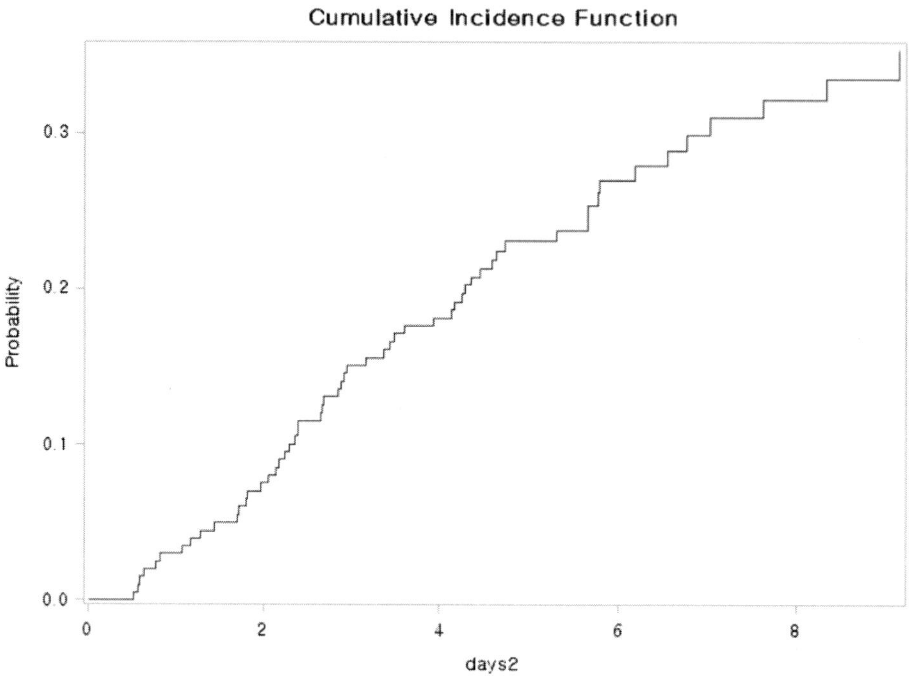

[코드]

```
/* 예제 8.3 */
title '경쟁위험모형 누적발생함수 추정 - [예제8.3](abortion 자료)';
PROC IMPORT OUT = WORK.abortion
DATAFILE = "C:₩data₩abortion.csv"
DBMS = CSV REPLACE;
GETNAMES = YES;
RUN;
PROC TABULATE DATA=abortion;
CLASS cause;
TABLE cause;
RUN;
```

cause		
1	2	3
N	N	N
58	1016	112

```
DATA abortion2;
SET abortion;
time = exit-entry;
RUN;
ODS GRAPHICS ON;
PROC PHREG DATA=abortion2 plots(overlay=stratum)=cif;
CLASS group (order=internal ref=first);
MODEL time*cause(0)=group /eventcode=1;
HAZARDRATIO 'Subdistribution Hazards' Group / diff=pairwise;
RUN;
ODS GRAPHICS OFF;
```

[결과]

Type 3 Tests			
Effect	DF	Wald Chi-Square	Pr > ChiSq
group	1	84.216	<.0001

Subdistribution Hazards: Hazard Ratios for group			
Description	Point Estimate	95% Wald Confidence Limits	
group 0 vs 1	0.082	0.048	0.14
group 1 vs 0	12.23	7.165	20.878

Analysis of Maximum Likelihood Estimates								
Parameter		DF	Parameter Estimate	Standard Error	Chi-Square	Pr > ChiSq	Hazard Ratio	Label
group	1	1	2.50392	0.27285	84.216	<.0001	12.23	group 1

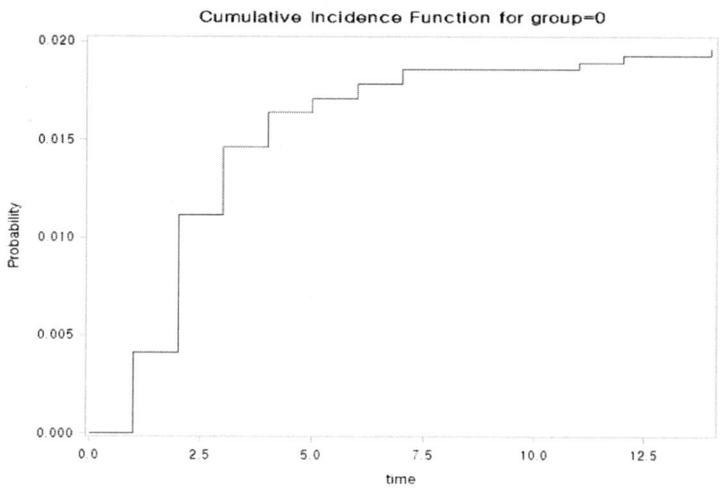

[코드]

```
/* 예제 8.4 */
title '경쟁위험모형 원인별 위험함수 - [예제8.4](melanoma 자료)';
DATA melanoma3;
SET melanoma;
IF status=1 THEN event2=1;
ELSE event2=0;
RUN;
PROC TABULATE DATA=melanoma3;
CLASS event2;
TABLE event2;
RUN;
```

event2	
0	1
N	N
148	57

```
PROC PHREG DATA=melanoma3;
MODEL days*event2(0) = ulc thick sex;
RUN;
```

[결과]

Model Fit Statistics		
Criterion	Without Covariates	With Covariates
−2 LOG L	566.398	527.012
AIC	566.398	533.012
SBC	566.398	539.141

Testing Global Null Hypothesis: BETA=0			
Test	Chi−Square	DF	Pr > ChiSq
Likelihood Ratio	39.387	3	<.0001
Score	44.9562	3	<.0001
Wald	37.7524	3	<.0001

Analysis of Maximum Likelihood Estimates						
Parameter	DF	Parameter **Estimate**	Standard **Error**	Chi-Square	Pr > ChiSq	Hazard Ratio
ulc	1	1.16681	0.31146	14.0342	0.0002	3.212
thick	1	0.00113	0.0003794	8.9432	0.0028	1.001
sex	1	0.45949	0.26676	2.967	0.085	1.583

[코드]

```
DATA melanoma4;
SET melanoma;
IF status=3 THEN event22=1;
ELSE event22=0;
RUN;
PROC PHREG DATA=melanoma4;
MODEL days*event22(0) = ulc thick sex;
RUN;
```

[결과]

Model Fit Statistics		
Criterion	Without **Covariates**	With Covariates
-2 LOG L	134.587	131.675
AIC	134.587	137.675
SBC	134.587	139.593

Testing Global Null Hypothesis: BETA=0			
Test	Chi-Square	DF	Pr > ChiSq
Likelihood Ratio	2.9115	3	0.4055
Score	3.3192	3	0.345
Wald	3.1493	3	0.3692

Analysis of Maximum Likelihood Estimates						
Parameter	DF	Parameter **Estimate**	Standard **Error**	Chi-Square	Pr > ChiSq	Hazard Ratio
ulc	1	0.18979	0.58861	0.104	0.7471	1.209
thick	1	0.0009046	0.0008442	1.1482	0.2839	1.001
sex	1	0.52107	0.54393	0.9177	0.3381	1.684

[코드]

```
* (1) administrative censoring time으로 잠재적 중도절단자료를 대체하는 방법;
PROC SQL;
SELECT MAX(days) as adm
FROM WORK.melanoma;
QUIT;
DATA melanoma5;
SET melanoma;
adm = 5565;
IF status ^= 1 THEN time2=adm+1;
ELSE time2=days;
IF status=1 THEN cen2=1;
ELSE cen2=0;
RUN;
PROC PHREG DATA=melanoma5;
MODEL time2*cen2(0) = ulc thick sex;
RUN;
```

[결과]

Model Fit Statistics		
Criterion	Without Covariates	With Covariates
-2 LOG L	589.585	553.453
AIC	589.585	559.453
SBC	589.585	565.583

Testing Global Null Hypothesis: BETA=0			
Test	Chi-Square	DF	Pr > ChiSq
Likelihood Ratio	36.1313	3	<.0001
Score	40.8709	3	<.0001
Wald	34.6126	3	<.0001

Analysis of Maximum Likelihood Estimates						
Parameter	DF	Parameter Estimate	Standard Error	Chi-Square	Pr > ChiSq	Hazard Ratio
ulc	1	1.15446	0.31424	13.4966	0.0002	3.172
thick	1	0.0009854	0.0003792	6.754	0.0094	1.001
sex	1	0.38608	0.26838	2.0695	0.1503	1.471

사용된 R 패키지

참고문헌

김양진. 2020. 『R과 SAS를 이용한 경시적 자료 분석』. 자유아카데미.

Aalen, O.O. and Johansen, S. (1978) An empirical transition matrix for nonhomogeneous Markov chains based on censored observations. *Scandinavian Journal of Statistics*, 5, 141–150.

Aalen, O.O (1988) Heterogeneity in survival analysis. *Statistics in Medicine*. 7, 1121–1137.

Alan Agresti (2002) *Categorical data analysis (2nd edition)*. New York: Wiley

Allison, P. (1995) *Survival Analysis Using the SAS® System*: A Practical Guide, SAS Institute Inc., Cary, North Carolina.

Andersen, P.K., Borgan, Ø., Gill, R.D. and Keiding, N. (1993) *Statistical Methods Based on Counting Processes*, Springer, New York.

Andersen, P.K., and Gill, R.D. (1982) Cox's regression model for counting processes: A large sample study. Annals of Statistics, 10,1100–1120.

Andersen, P.K. and Keiding, N. (2002) Multi-state models for event history analysis. *Statistical Methods in Medical Research*, 11, 91–115.

Berkson J, Gage RP.(1952) Survival curve for cancer patients following treatment. *Journal of American Statistical Association*. 47, 501-15.

Blanche, P., Dartigues, J. F., & Jacqmin-Gadda, H. (2013). Estimating and comparing time dependent areas under receiver operating characteristic curves for censored event times with competing risks. *Statistics in medicine*, 32, 5381–5397.

Breiman, L., Friedman, J., Olshen, R. and Stone, C. (1984) Classification and Regression Trees. Chapman and Hall, Wadsworth, New York.

Chambless, LE and Diao, G (2006). Estimation of time-dependent area under the ROC curve for long-term risk prediction, *Statistics in Medicine*, 25, 3474-3486.

Collet, David (2003) *Modelling Survival data in Medical Research*. Chapman & Hall.

Cook, R. and Lawless, JF.(2006) *The statistical analysis of recurrent events*. Springer.

Cox, D.R. (1972) Regression models and life tables (with discussion). *Journal of the Royal Statistical Society*, B, 74, 187–220.

Cox, D.R. (1975) Partial likelihood. *Biometrika*, 62, 269–276.

Crowley, J. and Hu, M. (1977) Covariance analysis of heart transplant survival data. *Journal of the American Statistical Association*, 72, 27–36.

Duchateau, L. and Jassen, P. (2008) *The frailty model*. Springer New York.

Diggle, P.J., Heagerty, P., Liang, K.Y. and Zeger, S.L. (2001) *Analysis of Longitudinal data*. 2nd. Oxford Press.

Emburry, S.H., Elias, L., Heller, P.H., Hood, C.E. Greenberg, P.L., and Schrier, S.L. (1977) Remission maintenance therapy in acute myelogenous leukemian. *Western Journal of Medicine*, 126, 267–272.

Faraway, J. (2005) *Extending the Linear Model with R: Generalized Linear, Mixed Effects and Nonparametric Regression Models*. Chapman& Hall/CRC Press.

Farewell, V.T. (1982) The use of mixture models for the analysis of survival data with long-term survivors. *Biometrics*, 38, 1041–1046.

Farrington, C.P. (2000) Residuals for proportional hazards models with interval-censored data. *Biometrics*, 56, 473–482.

Fine, J.P. and Gray, RJ. (1999) A proportional hazards model for the subdistribution of a competing risk. *Journal of the American Statistical Association*, 94, 496–509.

Fine, J. P. Jiang, H., and Chappell, R. (2001) On semi-competing risks data. *Biometrika* 88, 907–920.

Finkelstein, D.M. (1986) A proportional hazards model for interval-censored failure time data. *Biometrics*, 42, 845–854.Finkelstein, D.M. and Wolfe, R.A. (1985) A semiparametric model for regression analysis of interval-censored failure time data. *Biometrics*, 41, 933–945.

Fleming, T.R. and Harrington, D.P. (1991) *Counting Processes and Survival Analysis*, Wiley, New York.

Fu W, Simonoff JS.(2017). Survival trees for left-truncated and right-censored data, with application to time-varying covariate data. *Biostatistics*. 18(2), 352–369.

Gerds, TA, Schumacher, M. (2006). Consistent estimation of the expected Brier score in general survival models with right-censored event times. *Biometrical Journal*. 48, 1029–1040.

Gerds, T.A., Kattan, M.W., Schumacher, M. and Yu, C. (2013), Estimating a time-dependent concordance index for survival prediction models with covariate dependent censoring. *Statistics in Medicine*, 32, 2173–2184.

Ghosh, D. and Lin, DY. (2000). Nonparametric analysis of recurrent events and death. *Biometrics*. 56, 554–62.

Grambsch, P.M. and Therneau, T.M. (1994) Proportional hazards tests and diagnostics based on weighted residuals. *Biometrika*, 81, 515–526.

Hamburg, B.A., Kraemer, H.C., and Jahnke, W. (1975) A Hierarchy of Drug Use in Adolescence Behavioral and Attitudinal Correlates of Substantial Drug Use. *American Journal of Psychiatry*, 132, 1155–1163.

Harrell F, Kerry L, and Mark D (1996). Multivariable prognostic models: issues in developing models, evaluating assumptions and adequacy, and measuring and reducing errors, *Statistics in Medicine*, 15, 361—387.

Heagerty, PJ, Lumley, T., and Pepe, MS (2000). Time-dependent ROC curves for censored survival data and a diagnostic marker, *Biometrics*, 56, 337—344.

Heagerty, PJ and Zheng, Y (2005). Survival model predictive accuracy and ROC curves, *Biometrics*, 61, 92–105.

Hothorn, T., Hornik, K., and Zeileis, A. (2006). Unbiased recursive partitioning: A conditional inference framework. *Journal of Computational and Graphical Statistics*, 15, 651–674.

Hothorn, T. and Lausen, B. (2003). On the exact distribution of maximally selected rank statistics. *Computational Statistics & Data Analysis*, 43, 121–137.

Hougaard, P. (1995) Frailty models for survival data. *Lifetime Data Analysis*, 1, 255–273.

Hung, H and Chiang, CT (2010). Estimation methods for time-dependent AUC models with survival data, *The Canadian Journal of Statistics*, 38, 8–26.

Ishwaran H, Kogalur U, Blackstone E, Lauer M.(2008). Random survival forests. *The Annals of Applied Statistics*. 2, 841–860.

Kamarudin, A.N., Cox, T. & Kolamunnage-Dona, R.(2017) Time-dependent ROC curve analysis in medical research: current methods and applications. *BMC Med Res Methodolpgy*. 17, 53.

Kim, Y-J. (2006) Regression Analysis of Doubly Censored Failure Time Data with Frailty. *Biometrics*, 62, 458–464.

Kim, Y-J. and Jhun, M. (2008) Cure rate model with interval censored data. *Statistics in Medicine*, 3–14.

Kim, Y−J (2022). Review for time−dependent ROC analysis under diverse survival models. *Korean journal of applied statistics*, 35, 35−47.

Kelly, P. and Lim, L. (2000) Survival analysis for recurrent event data: An application to childhood infectious diseases. *Statistics in Medicine*, 19, 13−33.

Klein, J.P. (1992) Semiparametric estimation of random effects using the Cox model based on the EM algorithm. *Biometrics*, 48, 795−806.

Klein, J.P. and Moeschberger, M.L. (1997) *Survival Analysis: Techniques for Censored and Truncated Data*, Springer, New York.

Kuk, A.Y.C. and Chen, C.H. (1992) A mixture model combining logistic regression with proportional hazards regression. *Biometrika*, 79, 531−541.

Lawless, J.F. and Nadeau, J.C. (1995) Nonparametric estimation of cumulative mean functions for recurrent events. *Technometrics* 37, 158−168.

Lee, M. (1992) *Statistical methods for Survival data analysis*. Wiley.

Liang, K.−Y. and Zeger, S.L. (1986) Longitudinal data analysis using generalized linear model. *Biometrika*, 73,13−22.

Lin, DY., and Wei, LJ. (1989) The robust inference for the Cox proportional hazards model. *Journal of the American Statistical Association* 84, 1074-1078.

Lin, D.Y., Wei, L.J. Yang, I., and Ying, Z. (2000) Semiparametric regression for the mean and rate functions of recurrent events. *Journal of Royal Statistical Society*, B, 66, 791−813.

Lindsey, J.C. and Ryan, L.M. (1993) A three state multiplicative model for rodent tumourigenicity experiments. *Applied Statistics*, 42, 283−300.

Lindsey, J.C. and Ryan, L.M. (1998) Methods for interval−censored data. *Statistics in Medicine*, 17, 219−238.

Liu, L. Wolfe, R.A. and Huang, X. (2004) Shared Frailty Models for Recurrent Events and a Terminal Event, *Biometrics*, 60, 747−756.

Martinussen, T. and Scheike,T.H. (2006) *Dynamic Regression Model for Survival data*. Springer, New York.

McCullagh, P. and Nelder, J.A. (1989) *Generalized Linear Models*, 2nd ed., Chapman & Hall/CRC, London.

Mogensen UB, Ishwaran H, Gerds TA.(2012) Evaluating Random Forests for Survival Analysis using Prediction Error Curves. *Journal of Statistical Software*. 50, 1−23.

Nielsen, G.G., Gill, R.D., Andersen, P.K., and Sorensen, T.I.A.A. (1992) A counting process approach to maximum likelihood estimation in frailty models. *Scandinavian Journal of Statistics*. 19, 25−43.

Pan, W. (2000) A two−sample test with interval censored data via multiple imputation. *Statistics in Medicine*, 19, 1−11.

Prentice, R.L., Williams, B.J. and Peterson, A.V. (1981) On the regression analysis of multivariate failure time data. *Biometrika*, 68, 373−379.

Ramlau−Hansen, H. (1983). Smoothing Counting Process Intensities by Means of Kernel Functions. *The Annals of Statistics*, 11, 453-466.

Rizopoulos, D. (2012) Joint Models for Longitudinal and Time−to−Event Data: with Applications in R. Boca Raton: Chapman and Hall/CRC.

Ruan, P.K. and Gray, R.J. (2008) Analyses of cumulative incidence functions via non−parametric multiple imputation. *Statistics in Medicine*, 27, 5709-5724.

Saha P, Heagerty PJ.(2010). Time−dependent predictive accuracy in the presence of competing risks. *Biometrics*. 66, 999−1011.

Schoenfeld, D.A. (1980) Chi-squared goodness of fit tests for the proportional hazards regression model. *Biometrika*, 67, 145–153.

Schoenfeld, D.A. (1982) Partial residuals for the proportional hazards regression model. *Biometrika*, 69, 239–241.

Sun, J. (1996) "A non-parametric test for interval censored failure time data with applications to AIDS studies". *Statistics in Medicine*, 15, 1387–1395.

Sun, J. (2006) *The Statistical Analysis of Interval-censored Failure Time Data*. Springer New York.

Sy, J.P. and Taylor, J.M.G. (2000) Estimation in a Cox proportional hazards cure model. *Biometrics*, 56, 227–236.

Tibshirani, R.(1997). The LASSO method for variable selection in the Cox model. *Statistics in Medicine*, 16, 385-395.

Therneau, T.M., Grambsch, P.M. and Fleming, T.R. (1990) Martingale-based residuals for survival models. *Biometrika*, 77, 147–160.

Therneau, T.M. and P Grambsch, P.M. (2000), *Modeling Survival Data: Extending the Cox Model*, Springer-Verlag, New York.

Turnbull, B.W. (1974) Nonparametric estimation of a survivorship function with doubly censored data. *Journal of the American Statistical Association*, 69, 169–173.

Turnbull, B.W. (1976) The empirical distribution with arbitrary grouped censored and truncated data. *Journal of the Royal Statistical Society, Series B*, 38, 290–295.

Uno, H., Cai, TX, Tian, L, and Wei, LJ (2007). Evaluating prediction rules for t-year survivors with censored regression models, *Journal of American Statistical Association*, 102, 527-537.

Uno, H., Cai, TX, Pencina, MJ. D'Agostino, R.B., and Wei, L. J. (2011). On the c-statistics for evaluating overall adequacy of risk prediction procedures with censored survival data. *Statistics in Medicine* 30, 1105–1117.

Vaida, F. and Xu, R. (2000) Proportional hazards model with random effects. *Statistics in Medicine*, 19, 3309–3324.

van Geloven N, Y. He, A.H. Zwinderman, H. Putter (2021). Estimation of incident dynamic AUC in practice, Computational Statistics & Data Analysis, 154, 107095.

Wei, L. J., Lin, D. Y, and Weissfeld, L. (1989) Regression analysis of multivariate incomplete failure time data by modeling marginal distributions. *Journal of the American Statistical Association*, 84: 1065-1073.

Wulfsohn MS, Tsiatis AA.(1997) A joint model for survival and longitudinal data measured with error. *Biometrics*. 53, 330–339.

Zheng Y, Cai T, Jin Y, Feng Z. (2012) Evaluating prognostic accuracy of biomarkers under competing risk. *Biometrics*. 68, 388–396.

Zou, H. and Hastie, T., (2005). Regularization and variable selection via the elastic net. *Journal of the Royal Statistical Society Series B* 67, 301-320.

찾아보기

저자 소개

김양진(金良眞)
숙명여자대학교 통계학과 학사
고려대학교 통계학과 석사
미국 University of Missouri 통계학 박사
미국 St. Jude Children's Hospital 박사후 연구원
미국 USDA 특별연구원
현) 숙명여자대학교 통계학과 교수

R과 SAS를 이용한 생존분석 제2판

저　　자　김양진
발 행 인　김지영
발 행 처　자유아카데미
주　　소　경기도 파주시 회동길 37-42
　　　　　파주출판도시
전　　화　031-955-1321
팩　　스　031-955-1322
홈페이지　www.freeaca.com
전자우편　main@freeaca.com (대표)
　　　　　editor@freeaca.com (편집)
　　　　　crm@freeaca.com (영업)
등　　록　제406-2003-017호, 1980. 7. 12
제2판1쇄　2023년 2월 28일 발행

저자와의
협의하에
인지생략

ISBN 979-11-5808-335-9 93310